DMOと観光行政のための
マーケティングとマネジメント

Marketing and Management
for DMOs and Tourism Policy Makers

高橋一夫 著

学芸出版社

はじめに

　この本はタイトルのとおり、DMOで汗を流している人たちと行政において観光の政策を担っている人たちに向けて書いたものです。そこで働く人たちは、観光で地域振興を実現しようと献身する情熱を持った人たちがほとんどなのですが、いまDMOに求められているデスティネーション（観光地）マーケティングの知見が不足していて、これまでの経験だけでは地元の関係者の期待に応えられないとか、観光行政への着任は初めてでイベントやプロモーション（情報発信）以外にやるべきことが分からずDMOと同じことしか考えられないなど、葛藤を抱えている人が多いのも事実です。

　この原因は、行政の人事制度と三セク経営にあると私は考えています。DMOは本来、組織の利益追求を目的とするのではなく、自治体の観光政策の実現のために公共性の高い業務をこなしていくプロ集団でなければいけませんが、一方で日本の多くのDMOは観光行政を頂きとする階層組織でもあります。行政はDMOの実力を信頼するとともに、DMOと議論するだけの知識とマインドを持たなければなりません。また、旅行者の満足度を高めたり観光企業を誘致したりするにはインフラ整備や規制緩和が必要で、役所内の各部局との調整機能が求められます。しかし、2、3年で異動することが常である行政マンにこれらのことを求めるのは難しいことが分かってきています。DMOにおいても、出向者の帰属意識、構成メンバーの専門性、人事評価制度の運用、観光行政との役割分担、財源などの課題が明らかになってきており、観光地域づくりの司令塔となりきれないジレンマが横たわっています。

　これらの課題を議論することは必要ですが、本書では深く触れません。本書では、ジレンマを抱えながらも地域観光に献身する人たちに、デスティネーションのマーケティングとマネジメントの「勘どころ」をお伝えすることを目的として執筆しました。

国の文書に DMO が登場するのは、2014 年の「まち・ひと・しごと創生総合戦略」です。その後、観光まちづくりの舵取り役として位置づけられ、デスティネーション・マーケティングを担う役割が与えられました。観光庁は登録 DMO を拠点として地域観光の政策を実施できるようにしたのですが、その政策は高度化し、商学や経営学の視座から観光地のマーケティングやマネジメントの実行を求めています。これまでの経験とそれを基盤にした知識だけではなく、理論やデータを取り込んだ施策展開への切り替えを求めたのです。しかし、いきなりそう言われても、何をどうしてよいか分かりません。そもそもマーケティングとは調査をすることだと理解していた人たちも多く、何をしなければならないか混乱をした地域は多いようです。そのため、業務委託をするのですが、表層的な取り組みとなりがちでした。

　本書は、DMO や観光行政の職員の方々が勘どころを知ることで、事業を内製化できなくとも、しっかりと事業者にディレクションできることを目指した手引書です。各章とも多くの事例をもとに、理解を助けるための図表、写真を用意しています。また、観光実務に関わる理論も多く紹介しています。理論は現場の悩みにストレートに答えを出してはくれませんが、解決に向けての手がかりを与えてくれます。ぜひ実践の中で、理論を乗り越えていってください。

　DMO が地域の「顧客の創造」をマーケティングを通して、観光行政が「地域社会のニーズの充足」を観光地のマネジメントを通して果たすことで、創造的で未来志向の観光地域づくりが実現します。この本が、その一助になれば幸いです。

2024 年 10 月 23 日
高橋一夫

目次

はじめに　3

序章　観光地経営のフレームワーク ……9
「住んで良し、訪れて良し、稼いで良し」の観光振興へ

1. 地域におけるDMOの位置づけと事業目的　10
2. DMOが行う3つのマネジメント機能　13
3. 地域関係者間の機能と役割分担のイメージ　18
4. 観光振興は誰のために行うのか
  ―「住んで良し、訪れて良し、稼いで良し」のバランスの取れた政策推進　21

第1部
観光地(デスティネーション)のマーケティング ……27

第1章　デスティネーション・マーケティングの要点 ……28

1. デスティネーション・マーケティングの導入　28
2. デスティネーション・マーケティングをマネジメントする　30
3. デスティネーション・マーケティングを支える体制づくり　43

第2章　観光資源の特徴と地域の個性づくり ……46
コンテンツとマーケティングの関係

1. 観光資源とその特徴　46
2. あらゆる資源を活用する観光まちづくりの必要性　58
3. 観光行政の役割と姿勢　62

第3章　マーケティングから見た地域の個性 ……… 63
集客における文化資源の活用の難しさについて

1　旅行のモチベーション　63
2　文化と観光の関係　66
3　マーケティングの視座から見た文化資源　69
4　観光と芸術・文化の関係　72

第4章　観光市場に向けた戦略づくり ……… 73
顧客に向き合うためのターゲティングとそれを支えるデータ

1　顧客に向き合う―セグメントの事例から考える　74
2　データを活用したターゲティング　82
3　観光地は顧客と向き合わねばならない　90

第5章　デスティネーション・ブランドの構築 ……… 91
観光地のブランド構築は誰が行うのか

1　ブランドの役割　92
2　デスティネーション・ブランドの構築　95
3　デスティネーション・ブランドの特徴　99
4　旅行者との絶えざるコミュニケーションに向けて　105

第6章　多層化・立体化による効果的なプロモーション … 107

1　観光地域での業態別プロモーション・ミックス　107
2　パブリシティ　113
3　デジタルによる情報流通の変化　119

第7章　デジタルによるプロモーション・ミックス　…126

1　観光地プロモーションのパーチェス・ファネル　126
2　カスタマー・ジャーニーとコンタクトポイント　130
3　旅ナカ・旅アトのコンテンツ・マーケティング──SNSの活用について　137
4　プロモーションからコミュニケーションへ　142

第8章　観光DXで何が変わるのか　…144

1　DXとは何か　144
2　観光DXによるマーケティングサポート　146
3　DXに取り組む覚悟　153

第2部
観光地(デスティネーション)のマネジメント　…155

第9章　旅行者の視座と規制緩和　…156
自治体の観光政策に求められること（1）

1　集客力と満足度を高める方法──デスティネーション・マネジメントの必要性　156
2　規制改革は住んでよし、訪れてよし、稼いでよしのまちを創る　161
3　観光行政の役割はデスティネーション・マネジメントにある　175

第10章　住民の視座とオーバーツーリズム　…177
自治体の観光政策に求められること（2）

1　SNSがもたらす新たなオーバーツーリズム
　　──住宅地や市民利用の場が観光地と化す住民のいらだち　177
2　インフラの許容量のオーバーによるオーバーツーリズム
　　──住民向けのインフラに旅行者の来訪が加わり容量がオーバー　181

3　オーバーツーリズムとその類型　186
4　オーバーツーリズムへの対応　191

第11章　地域内経済循環を高めるツーリズムクラスターの形成施策　196

1　ツーリズムクラスターの分類　197
2　地域創発型集積〈タイプ1〉　199
3　外来企業中心型集積〈タイプ3〉　203
4　インフラ中心型集積〈タイプ4〉　207

第12章　新たなタイプのツーリズムクラスターの形成施策　215

1　規制緩和型集積〈タイプ5〉──アルベルゴ・ディフーゾと日本の事例　215
2　観光ファンド型集積〈タイプ6〉　223
3　ツーリズムクラスターにおけるDMO・観光行政の役割　236

終章　地域エコシステムとしての役割　238

1　地域が人を呼ぶ時代、地域を商品化することの両面性　238
2　地域内部の関係者と行政・DMOの関係　241
3　三セク経営の課題からの脱却　244
4　観光地域をオーケストレイトするために　251

注　253
参考文献　260
索引　267
あとがき　271

序　章
観光地経営のフレームワーク
「住んで良し、訪れて良し、稼いで良し」の観光振興へ

　UN Tourism（世界観光機関、2024年1月に略称をUNWTOから変更）は2007年に『観光地経営の実践ガイド』（*A Practical Guide to Tourism Destination Management*）を出版し、DMOを「一貫した戦略のもとで活動をリードし、多くの組織と連携をしながら共通の目標に向かって協働し調整する組織」として紹介しました。日本政府は、2014年12月の「まち・ひと・しごと創生総合戦略」の脚注でDMOを「効率的な事業を継続的に推進する主体」と紹介しました。それ以来、DMOは日本再興戦略や観光立国推進基本計画などで取り上げられ、国はDMOを観光地経営の主体として、政策資源を集中的に投入してきました。

　しかし、私が各地から講演依頼や相談を受けるテーマの1つは、未だに「DMOとは何か」「何をする組織なのか」という問いかけです。踏み込んで言えば、観光振興を行う目的は何かを共有しないまま、地域の観光行政と観光事業者はDMOを設立し運営をしているのです。そこでこの章では、観光地経営のフレームワークについて整理したいと思います。行政もDMOの会員である観光事業者も市民も、そしてDMOで働く職員も、誰もが納得できるDMOと観光行政の役割について考えたいと思います。これが、観光地経営を考えるにあたって必要なファーストステップです。

① 地域におけるDMOの位置づけと事業目的

　2015年12月から観光庁が日本版DMOの登録制度を始めて以降、登録法人が2024年9月24日時点で、「広域連携DMO」10件、「地域連携DMO」115件、「地域DMO」187件の計312件を数え、候補法人は「地域連携DMO」6件、「地域DMO」29件の計35件となっています。観光庁は「DMO（観光地域づくり法人）」を、「地域の『稼ぐ力』を引き出すとともに地域への誇りと愛着を醸成する地域経営の視点に立った観光地域づくりの司令塔として、多様な関係者と協同しながら、明確なコンセプトに基づいた観光地域づくりを実現するための戦略を策定するとともに、戦略を着実に実施するための調整機能を備えた法人」と定義しており、「地域の観光振興の機能と役

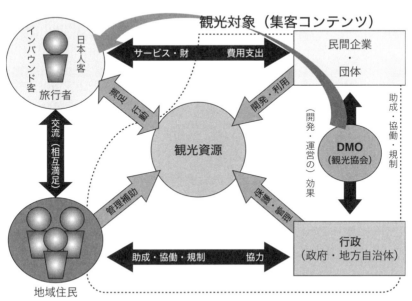

図1　観光事業の構造とDMO（観光協会）の位置づけ
(出所：捧富雄『観光と観光事業』2008年に加筆・修正)

割」を有する組織であることを示しています。

　では、この定義の意味するところを考えてみましょう。まずは、地域の観光事業の構造とDMOの位置づけです（図1）。「多様な関係者」というのは、観光に関わるプレイヤーを指していると考えられます。観光は旅行者が観光対象[注1]（集客コンテンツ）を見たり、体験したり、利用したりする活動です。図1には地域の民間企業・団体、行政、地域住民が観光資源を中心に、お互い関わりを持ちながら観光事業に携わっていることが分かります。民間企業は観光資源（例えば温泉）を開発・利用し、地域に経済効果を創出します。行政は旅行者を受け入れるための二次交通対策やサイン（案内板）、安心・安全など、地域の観光政策やインフラの整備、規制あるいは規制緩和を中心に観光地（デスティネーション[注2]）・マネジメントを行います。地域住民は、ガイド（有償、ボランティア）や民泊、体験プログラムの提供を通じて旅行者との交流を進めます。なお、本書では「観光地」に加え「観光地域」もデスティネーションとしています。これらは自治体単体か複数の自治体をまたぐかの違いであるからです。

　DMOは民間と行政によって設立された「観光ビジネスの共同体」であり、特に旅行者に向けて観光地（デスティネーション[注2]）・マーケティングを展開します。マーケティングを基盤に「戦略を策定するとともに、戦略を着実に実施するための調整機能」を有する組織なのです。

　一方、DMOはデスティネーション・マーケティングを着実に実施するための「調整機能」を何のために有しているのでしょうか。もちろん、デスティネーション・マーケティングは観光市場をセグメントし、ターゲットに対しプロモーションを展開することで旅行者数を増やすことが期待される機能です。しかし、観光は製造業と違い無形性や季節性といった観光に特有のマネジメント特性があります。例えば季節性は、旅行者側の要因と観光地側の要因によって、繁忙期である「オンシーズン」と閑散期である「オフシーズン」が生まれます。オンシーズンにばかり旅行者を集めても宿泊施設が満杯では、地域は需要を取りこぼしてしまうだけでなく、場合に

序章　観光地経営のフレームワーク

よってはオーバーツーリズム現象をもたらすことにもなりかねません。DMOは「多様な関係者」の意見だけでなく、季節性などの地域の環境や集客の現状をくみ取ってマーケティング目標を設定することが必要です。

しかし、それだけでは「調整機能」を十分に果たしているとは言えません。民間企業や観光行政とともに地域の消費拡大・消費単価の向上に取り組むことが求められます。また、観光消費の恩恵が地域全体に及ぶよう、地域内からの調達率を高めていくことも必要です。海辺の旅館で出される夕食の海老の天ぷらの食材が、ベトナムやインドネシアで養殖されているブラックタイガーであったとすれば、旅行者もしらけるばかりか、せっかくの観光消費が地域外に漏出していきます。観光に携わる事業者のすそ野を、観光消費の波及によって広げていくことも必要です。

地域の観光振興とは、旅行者数と消費単価及び域内調達率を掛け合わせ、それら3つの要因の積を大きくすることです。その実行が「地域の『稼ぐ力』を引き出すとともに地域への誇りと愛着を醸成する観光地域づくりの司令塔」につながるのです（図2）。すなわち、DMOの事業目的は、旅行者の増加だけでなく、地域の観光関連産業の振興を通じた観光消費額の拡大、及びその経済波及が地域外に漏出することのないよう地域の1次産業や2

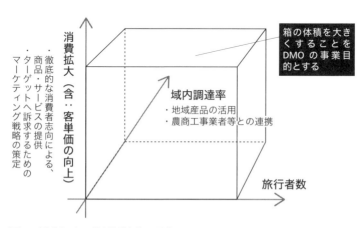

図2　観光による地域活性化の目的　(出所：経済産業省資料に筆者が加筆・修正)

次産業からの域内調達率を高めることです。すなわち、DMOは観光の「地域エコシステム[注3]」の中核として活動することだと言えるでしょう。

② DMOが行う3つのマネジメント機能

前項の目的を達成するための機能はデスティネーション・マーケティングとデスティネーション・マネジメントであり、これまでヒアリングをした欧米のDMOと日本の従来からの観光協会等の観光振興組織とたいした違いはありません。旅行者に向けて情報発信を中心にマーケティングを行い、一方で受入体制を整備する地域マネジメントを行うことは前述のUNWTOのレポート（2007年）にも著されているとおりです。しかし、欧米のDMOと従来からの観光協会の機能が生み出す成果に差があるからこそ、DMOの概念を導入する価値があると私は考えています。

DMOに関するマネジメントは、3つの領域が存在します（図3）。

①は内外の旅行者を誘致するマーケティング・マネジメントで、(i) 効果的なプロモーション、(ii) デスティネーション・ブランドの構築、(iii) DMOと地域の観光関連企業との連携によるデスティネーション・マーケティングを展開します。近年はデジタルを活用したマーケティングに力を注ぐことが求められています。

図3　DMOに関する3つのマネジメント　(出所：高橋、2017年bに筆者加筆)

②は観光地のマネジメントで、デスティネーションを構成する要素（観光資源の魅力向上、清潔感あるまちづくり、安心・安全の確保、アクセス（特に二次交通）の利便性向上、人的資源の確保、街の雰囲気づくりなど）のマネジメントや観光関連事業者とのパートナーシップ、利害関係者管理に関する領域です。旅行者の受入とともに観光消費を促し、地域内での域内調達率を高め経済効果が各所に波及するためのマネジメントと言えるでしょう。ただしこの領域は規制緩和やインフラ整備、法律の執行や条例の制定との関わりがあるため、DMOは観光行政への「先導」（UNWTO、2007年）をしながらも、主体となるのは行政側となるでしょう。

　③はDMO組織そのもののマネジメントで、DMOの組織設計、リーダーシップ、働く職員のモチベーション、雇用と報酬などがこれにあたります。私は、日本の観光振興組織と欧米DMOとの比較分析のなかから、DMOの組織設計と組織運営にあたって欠かせないマネジメント特性の論点として7つの項目を提示しました（表1、高橋、2017年a）。7つのマネジメント特性のうち、実務的に特に重要と位置づけられるのは、組織で働く「人」に関わる論点3と4及びDMOの財源についての論点5ですが、ここでは「人」に関わるポイントについてのみ触れておきたいと思います。

　論点3は、海外で成功をしているDMOはプロパー職員で構成されているということです。日本のDMOや観光協会はプロパー職員だけで運営されていることは稀で、行政や旅行会社など民間企業からの出向者も職員として働いています。出向者は基本的に限られた期間、出向先の組織にとって不足するノウハウ、スキルなどを提供する存在であり、契約期間の終了あるいは一定の役割を果たした時、その任は解かれ元の組織に戻ります。いわば助っ人であり、半永久的に出向先の組織にいるわけではないため、出向者のロイヤリティや所属意識は出向元にあるのが一般的です。また、日本の多くの観光振興組織は手弁当で出向を求めるケースが多いため、必ずしも出向先が求めるノウハウやスキル、知見を持った人物が出向するとも限りません。

表1 欧米DMOと日本の観光振興組織の比較から見たマネジメント特性（詳細は出所参照のこと）

	論点1 意思決定機関の存在感	論点2 行政との機能分担の有無	論点3 プロパー職員による運営（専門人材の存在）	論点4 DMOによる人事評価	論点5 多様な財源の存在（一般財源以外の収入）	論点6 多様なステークホルダー（行政、観光事業者、住民）との緊張感のある関係	論点7 確かな評価指標
バルセロナ観光局	○	○	○	○	○ 自主事業収入約95%	○	○
ロンドン＆パートナーズ	○	○	○	○	× 補助金約70% ランク別の会費制度	○	○
ハワイツーリズムオーソリティ	○	○	○	○	○ 宿泊税	○	○
サンフランシスコ・トラベルアソシエーション	○	○	○	○	○ TID69% 会費（7段階） ＋協賛約24% 補助金7%	○	○
ビジット・ナパバレーデス	○	○	○	○	○ TID約95%	○	○
デスティネーションDC（ワシントンDC）	○	○	○	○	○ ホテル税70% 会費・協賛金25%	○	○
メリーランド州DMO（州政府Tourism Development）	× （政治に影響を受ける）	× （行政そのもの、様々な規制）	△ （約3割は永続的）	×	× （州の一般財源約10億5千万円）	○	○

（出所：高橋、2017年a）

＊TID：Tourism Improvement District。DMOをはじめとするTID団体が観光地経営を行うために、エリア内の宿泊事業者の合意のもと、宿泊収入から一定割合の割賦金を徴収する制度。

　組織で働く人たちのモチベーションを高め、生産性を上げていくのに重要なのは帰属意識です。組織の価値や目的の共有、つまり「この組織で仕事がしたい」とか「組織のために努力したい」という意欲によって特徴づけられるのは、所属組織への情緒的な意志です。帰属意識が形成される要因はいくつか指摘されていますが、特に、個々の職員が担当する仕事内容やその範囲、リーダーとのコミュニケーションやともに頑張ろうと参加を

促すリーダーシップの存在が重要だと指摘されています (松山、2013 年)。リーダーが DMO ではなく出向元に帰属意識を持っていたとしたら、その下で働く若いプロパー職員はリーダーの考えを理解し、しっかりと育っていくのでしょうか。所属組織に帰属意識を持つか否かは、組織運営においてきわめて重要な意味があることが示唆されます。

　論点 4 は DMO による人事評価です。人事評価は所属する組織のなかで行われると考えるのは常識的なことです。海外の DMO はプロパー職員だけで運営されているため、DMO の組織内で成果に基づいた評価が行われています。しかし、日本の場合は、行政・民間からの出向ともに出向元が人事評価をするケースが多いのが現状です。サラリーマンは評価のあり方、評価基準で働き方が変わるのは経験的にもよく分かることで、「ボーナスの増減がその評価で変わる」「昇進・昇格がその評価で早くも遅くもなる」とすれば、どちらに顔を向けて仕事をするのかは、言うまでもなく出向元となることは明らかでしょう。

　こうした事実は、日本の観光振興組織は、古典的な組織管理の主要原則 (野中、1980 年) からもかけ離れた組織マネジメントをしていることを意味しています。ここでは 3 点示しておきたいと思います。

　①階層性の原則

　　トップから最下層の者にいたるまで、組織における上司と部下の直接の権限関係を明確に設定するという原則で、組織の様々な役職の「権限と責任が一致」しなければならないことを指しています。

　　行政や民間企業から派遣をされて、観光振興組織のなかで一定のポストに就くとなれば、「観光の仕事は初めてだ」ということは言い訳にはなりません。自ら判断する権限を持つということはその結果責任を取るということですが、一定のポジションに立ちながら責任ある対応をしていなければ組織はうまく動いていくことはありません。

　②命令一元化の原則

　　複数の上司から命令を受けるべきではなく、命令は一元的に行われる

べきという原則です。

行政や民間組織からの出向者が出向元から人事評価を受けているという現実は、日常業務では出向先の観光振興組織の上司から指示命令を受けているにもかかわらず、人事評価を好餌として出向元は出向者の行動をコントロールしているケースもあるということです。これは、複数の管理者から命令を受けるのと同じで、職員は板挟みの状態に置かれてしまいます。職員のモチベーションを考えると、まともに仕事ができるのか疑問が湧いてきます。

③専門化の原則

組織の様々な活動は、職員が専門化することにより効率的に行うことができ、それぞれの仕事に集中することで専門化が可能になるという原則です。

行政職員は2～3年単位での異動が当たり前になっています。また、自治体は複数の部門にまたがって異動をするため、専門的なスキルや人脈が継承されづらく、プロフェッショナルが育たないという人事制度上の課題があります。

日本のDMOなど観光振興組織をはじめ三セクと呼ばれる組織において、組織管理論の主要原則の欠落が見受けられるという事実は、合理的な組織構造とはなっていない実態をあぶり出しています。日本でDMOが成功するか否かのポイントの1つは、こうしたDMOの組織自身のマネジメントのあり方を、従来の三セクとは違って、ある意味で「常識的な」組織管理をしていくことなのです。普通の企業や行政では当たり前のように行われてきたマネジメントをDMOでもしていくべきという、至極単純ですが一方で本質的な問題が横たわっています。

③ 地域関係者間の機能と役割分担のイメージ

　各地域において DMO に関する取り組みが進められていますが、地域においては DMO に関してその役割や組織のあり方について戸惑う声も少なからず聞かれる注4 として、DMO 全般の底上げに向けた改善の方向性を示す議論が必要だという認識が観光庁にはありました。そこで、2018 年 11 月から翌年 3 月まで「世界水準の DMO のあり方に関する検討会」を 7 回開催し、2019 年 3 月 29 日に「DMO 全般の底上げに向けた改善の方向性」として中間とりまとめを提示しました。そのなかで、「組織マネジメント」及び「人」に関わる方向性として、

- 出向者が中心となっている組織では、専門的なスキルの蓄積や人脈の継承が困難であり、組織としての専門性の維持、向上に課題を抱えている。
- 出向職員を中心とした組織体制から脱却し、組織全体の専門性を維持・向上することが可能となるよう、プロパー職員の確保・育成と、即戦力となる外部人材の登用の両面について取り組みを実施するべき。その際、マネジメントスキルを客観的に測定する外部指標の活用等も検討すべき。
- 国は、DMO における人材確保・育成を支援するため、国際観光旅客税（いわゆる出国税）の活用も視野に入れつつ、人材育成プログラムの創設、人材採用バンクの活用等を検討するべき。
- DMO の形成・確立を通して実現しようとする目標、DMO・自治体をはじめ地域の関係者全体の役割分担・取組内容について改めて確認された際には、その内容を自治体が策定する観光振興計画等に反映させるべき。
- 国は、各地域における役割分担の明確化が促進されるよう、上記の点

に留意して国、JNTO、各層DMO、自治体の役割分担に関する方向性
　　を示すべき。
と記されました。

　欧米DMOのように成果を出し続けることが日本のDMOに求められる課題の本質だとすれば、人材の問題でも財源の問題でも、すべきことは明らかです。しかし、前述の出向者の扱いについては観光だけに限らず、三セク全般に当てはまる課題だけに、簡単に整理がつくことはないと考えたほうが現実的でしょう。そこで、地域の関係者の役割分担をしっかりと示していくことが大切です。

　大阪府のある委員会で、私が三セクの問題を取り上げ出向者にまつわる課題を提示した時、公認会計士をしている委員の方から発言がありました。その方は、企業の株式上場のサポートをよくしているとのことですが、上場するにあたり、他の企業等から出向者を役員で受け入れている際は、その出向者を出向元に帰すか、出向元を辞めて上場する会社のプロパーとして役員にするかの判断を求めているとのことです。利益相反の可能性の芽は摘んでおくことが必要だとのことです。

　表2の「行政とDMOの役割分担案」は2013年に神戸市役所の観光行政の方々とヨーロッパのDMOのヒアリングに行き、議論をしたことがベースになっています。観光行政は観光政策、インフラ整備、規制緩和、新しい魅力づくりのためのハードコンテンツへの投資と観光企業の誘致及びそれらの実現のための庁内調整が役割になっています。DMOは、デスティネーション・マーケティングの推進、ソフトコンテンツの創出による地域魅力の向上、人材育成、地域金融機関との協働による地域の観光ビジネス支援が役割となっています。もちろん、地域の個別事情に合わせて役割分担をしていけば良いと思いますが、基本は図3でも解説したようにDMOはデスティネーション・マーケティングの領域であり、行政は観光地マネジメントの領域になると考えます。

　観光行政とDMOの役割分担を明確にし、それぞれの業務分掌を示すこ

序章　観光地経営のフレームワーク　19

表2　行政と DMO の役割分担案

	項　目	行　政	DMO
①	● 観光政策のとりまとめ、インフラ整備・規制（緩和）、庁内調整（他部門の政策への反映）	◎	―
②	● 予算確保、多様な財源の確保	◎	―
③	● デスティネーション・マーケティング（特にデジタル）、プロモーション（情報発信）、トラベルトレード（旅行代理店対策）	○（補助的）	◎
④	● 各種ツーリズム商品（着地型体験商品）の開発・販売 ● MICE の誘致（コンベンション・ビューロー機能） ● スポーツイベントや合宿の誘致（スポーツコミッション機能）	―	◎（機能設定の範囲による）
⑤	● e-business（着地型体験商品、地域特産品の販売など）	―	◎
⑥	● 地域の観光人材の育成	○（補助的）	◎
⑦	● 地域ビジネスの支援（地域金融機関のサポート）	○（補助的）	◎
⑧	● 観光地のプロダクト開発（新しい魅力づくり－観光産業集積に向けた計画と創発）	◎	○（補助的）

(出所：高橋、2017 年 a に筆者加筆・修正)

とで、「権限と責任を一体化させた運営体制」とすべきです。近代的組織において求められるのは、合理性と効率性であり、組織が継続的に環境に適応していくためには、組織は主体的にその戦略・組織を環境の変化に適合するように変化させなければならないことは、すでに組織マネジメントの研究で明らかになっていることなのです（戸部他、1984 年）。

　欧米では、マーケティング、特にプロモーションは DMO のプロフェッショナル人材に任せ、観光行政は政策のプロとして観光政策を行うよう役割分担が明確に分かれています。観光政策というのは、「二次交通問題をいかに解決するか」「歴史的な建物が取り壊されるのであればファサードだけでも残せるように調整する」「都市計画の用途変更が行われるなら、観光としての意見を反映させられるように努める」など庁内調整を進めながら地域マネジメントを実行することです。都市魅力を増すように努めることで側面から観光振興に努めるのです（第 2 部参照）。

④ 観光振興は誰のために行うのか
「住んで良し、訪れて良し、稼いで良し[注5]」のバランスの取れた政策推進

◼ 観光地経営の目的を明確にする

　観光地経営を担うDMOと観光行政は、観光振興による地域活性化を目的に様々な施策を行っています。ここで言う活性化とは、「ヒト」「モノ」「カネ」が活発に動いている状態をいいます。旅行者が増えるだけでは、従来のインフラの容量では賄いきれなくなり、地域住民の生活環境を悪化させていくオーバーツーリズムの状態になるだけです。地域に経済的価値が創出されてこそ活性化していきます。旅行者数を増やし、観光消費を拡大し、その経済効果が域内に波及するようにしていくことが観光地経営の目的です。この目的が地域の関係者と共有されていれば、ポストコロナの戦略の方向性がはっきりします。「住んでよし、訪れてよし」だけでなく、「稼いでよし」のまちづくりも欠かせない視点なのです。

◼ 地域の観光事業者に寄り添う

　一方で「稼いでよし」と言っても、観光地経営の主体である観光行政もDMOも、彼ら自身が富を生み出すことは基本的にはありません。行政は各種の環境分析から観光政策を策定し、DMOはその政策に基づいて、地域の公共的な観光振興事業をコストミニマムに実行し、成果を出していく自主性を持ったプロ集団でなければなりません。つまり、事業者に稼いでもらうようにお膳立てをする役割です。

　観光地経営において重要なことの1つは、地域の観光関連事業者に寄り添うことです。事業者の経営の現状と課題は何か、それをどのように解決しようとしているのかを知ることが必要です。地域の事業者の考え（経営戦略）を知り、彼らが連携している交通機関や旅行会社の経営戦略を知ることで、行政・DMOの立場で何を行うべきかが見えてくるのです。

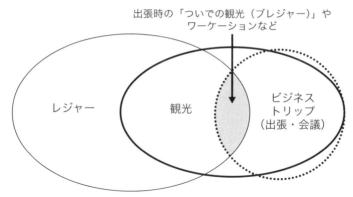

図4　観光需要のイメージ図（DMOの守備範囲）(出所：筆者作成)

　図4は観光需要のイメージ、すなわちDMOの守備範囲を示しています。UN Tourismは旅行者（Tourist）の定義を「ふだん居住している国（地域）以外の国（地域）に24時間以上（1年以内）滞在する人」としています。宿泊する際に、旅行目的を問われることはありません。観光事業者の立場からすれば、レジャー目的でもビジネス出張目的でもお客はお客なのです。そう考えれば、レジャー目的だけでなく、ビジネス出張や会議などMICEで来訪することも事業の対象となる観光需要だと理解できます。DMOの守備範囲は、MICE誘致（コンベンションビューロー機能）も含めた図4全体が守備範囲となるのです。出張の際、帰りの新幹線の時間まで博物館を見てまわること（ブレジャーという）も、ワーケーションも地域の事業者の顧客となるのですから、DMOのマーケティング対象となるのです。
　そこで本書では、観光の定義を「24時間以上、日常生活圏を離れる行為」として日帰りレジャー目的は「レジャー」とし議論を進めたいと思います。

3 戻らない出張需要とその対策

　では、地域の観光事業者にとって、課題となることはなんでしょうか。その1つは「ビジネス出張がどの程度戻ってくるのか」です。国内旅行は、コロナ禍にあっても、「Go To トラベル」によって2020年11月には2019

年比の90％にまで回復しました。また、「全国旅行支援」などで政府が旅行に行っても良いというサインを出すよりも前の、2021年12月にはすでに2019年を上回っていました。海外の人たちへのアンケートでも、コロナ禍が明けたら海外旅行をする、という人がアジアで9割、欧米豪で8割もあるという調査[注6]が出ていましたから、2022年、23年の需要の戻りは予想されていました。しかしビジネス出張については、コロナ後も「戻らぬ需要」があるのではないかというレポートが出されていました。

　2021年7月に発表された米国の大手コンサルティングファームであるマッキンゼーのレポート『企業旅行の復活（"The comeback of corporate travel"）』では、出張を4つのセグメントに分けて整理しています。

①「決して離れない」セグメント：各地に工場を持っている製造業のマネージャーや現地指導を行う現場社員など、出張がビジネスの遂行に不可欠である人たちは、移動の緩和に伴い出張を再開している。調査をした企業の2019年の出張支出の15％を占めているという。

②「二度と戻らない」セグメント：デジタルテクノロジーの進歩によってオンラインで会議や作業を済ませれば良く、移動の時間を省ける分だけ生産性が上がると気づいた人たちは出張をする必要はない。2019年の出張支出の20％を占める。

③「FOMO（Fear of Missing out、取り残されることを恐れる）」セグメント：重要な顧客との関係性を維持し育むための出張は2019年の出張支出の60％を占めている。企業担当者はライバル企業の出張再開で、相手方が有利な商談につなげることを危惧することは容易に想像できる。出張復活のリバウンド促進となるセグメントだと指摘する。

④「様子見をする」セグメント：例えば公共部門や学会などの専門家の会議では、リアルに代わってオンラインでセミナーや会議を開催しており、旅行の復活により慎重になる可能性があるという。2019年の出張支出の5％を占めている。

　ここに出ているとおりであれば、ビジネス出張は2019年比の75％から

80％としか戻らないということです。2021年に航空会社、鉄道、旅行会社、ホテル、PCO（会議運営会社）の経営企画部門や役員にヒアリングすると、どこも7～8割程度の回復ではないかと予測し、中期経営計画をまとめていました[注7]。

実際、このうち、①と③はコロナ禍から2022年にかけて徐々に戻ってきたとのことです。2024年5月下旬にBTM（企業出張の包括契約を結ぶ旅行会社）、鉄道、ホテル、PCO（会議運営会社）にメールや電話で確認をすると、取扱件数ベースで、海外への出張は6割、国内出張は7割～9割と会社によってまちまちのようです[注8]。

④の関係では、2023年に世界で開催された国際会議の総数は1万187件となりました。しかし、オンラインでの参加が一定数あることが図5から見て取れます。2023年は、中核となるホテルの話では、通期では参加者の7～8割が宿泊するようになったのではないかと見ています。確かに論文を読むだけでなく、発表の合間のピロティで他の研究者とお茶を飲みながら言葉を交わす、懇親会での軽い議論のやり取りのなかから、新たな発想が湧いて共同研究に至るというのは理解できるところです。オンラインで参加していては不可能です。

しかし、②の本格回復の兆しは聞こえてきません。コロナ禍の時に私た

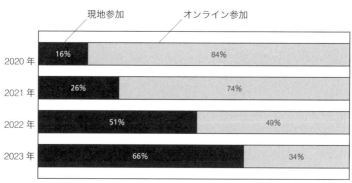

図5　神戸開催の1000人以上の大型コンベンションの参加比率
（出所：神戸観光局、2023年9月）
＊2023年は1～7月開催大型コンベンションから算出。

ちは誰もが遠方の人間と手軽に話ができるオンライン・ミーティングという習慣を身に着けてしまったのです。「せいぜい戻って2019年比の8割だろう」「出張需要は海外を中心に航空運賃、ホテル代、為替、物価高で取扱額は上がっても、取扱件数が増えることは難しい」との声が、出張を専門に取り扱う旅行会社から聞かれます。

出張などのビジネス需要の減少は、平日の宿泊需要をどう創出するかという課題に直結します。そのため、(1) MICE誘致件数の増加、(2)富裕層の受け入れを進めるための高付加価値化による客室単価の向上、(3)平日需要につながるインバウンド・マーケティングの推進、(4)国内高齢者マーケットや教育旅行マーケット対策の施策は必須です。

特にインバウンド需要は平日対策だけではなく、中華系の人たちの春節需要でオフピーク期に集客を進めることができ、季節性の解消にもつながるなど、国内旅行者とのバランスの取れたマーケティングで地元に経済価値をもたらしています。

4 デジタルへの活路

2013年にパリのDMOにヒアリング[注9]をした際、担当者から「マーケティングは特にしていません」と言われたことがあります。その意味するところは、「世界でパリの名を知らない人、イメージが湧かない人はどれほどいるのでしょう」とのことでした。2020年にニューヨークのDMOにヒアリング[注10]をした際も同様で、ニューヨークはすでにブランドが出来あがっているからこそ、「時代を先取りしたコミュニケーションを展開する」ことを自分たちは行っているとのことでした。例えば、「LGBT＋Qに優しい街」だということを映像などで「間接的に」伝えることで、マーケットの拡大ができるとの考え方です。

しかし、こうしたブランド価値を持ったデスティネーションばかりではありません。消費者にその地域の認知度を上げ、訪問意向を高めるために地域への興味・関心をどう持ってもらうのかに知恵を絞っているところが

ほとんどです。そうした「ほとんどの地域」にとって、コストミニマムに、かつインバウンドを対象にしたコミュニケーションを行うには、デジタルでのマーケティングの展開は必須だと言えるでしょう（第6章、第7章参照）。

　魅力のあるまちは、もちろん「住んで良しのまち」だと言えるでしょう。都市計画や景観計画などはこれまで住民視点で政策が作られてきましたが、今後、観光の視座からの意見が反映されるようになれば、二次交通問題など旅行者への対応も取り入れた政策となるでしょう。「住みたい価値・住み続けたい価値」のある魅力的なまちは「訪れたいまち」でもあります。旅行者の満足度がリピーターを生み、住みたいまちとして住民満足度を高めことにもつながると思います。まちづくりには当然資金が必要です。まちづくりと観光の近接が互いにメリットをもたらすとすれば、「稼いで良しのまちづくり」ともなり、DMOの事業目的とも合致することになるでしょう。

　観光振興の本来の目的である旅行者の増加、観光消費額の拡大及びその経済効果が地域外に漏出することのないよう域内での経済循環を構築することが観光の「地域エコシステム」です。DMOと観光行政が地域エコシステムの役割を果たしていくには、古典的管理論から逸脱しない、当たり前の組織マネジメントのもとDMOが運営され、行政と役割分担をすることで、デスティネーション・マーケティングと観光地（デスティネーション）・マネジメントが実施されなければなりません。

　こうした観光地経営のフレームワークのもと、第1部ではデスティネーション・マーケティングについて、第2部ではデスティネーション・マネジメントについて、それらの「勘どころ」をお伝えしていきたいと思います。

第 1 部

観光地(デスティネーション)のマーケティング

第1章 デスティネーション・マーケティングの要点

　この章では、DMO がなすべきデスティネーション（観光地）・マーケティングの要点について記していきたいと思います。

　千に三つ当たれば良い、という場当たり的な観光振興策では、訪日外国人客の果実を得ることができないばかりか、デジタルに精通した国内旅行者ともコミュニケーションを取ることができません。デスティネーション・マーケティングを実行することで効果的・効率的にアプローチをすることが必要です。

① デスティネーション・マーケティングの導入

　Ｐ＆Ｇの石鹸アイボリー、Ｔ型フォードなど大量生産されるようになった製品を売れ続けるものとしていくために考案され、発展してきたマーケティングは、サービス業、観光業、観光地にもそのウイングを広げてきました。しかしデスティネーション・マーケティングは、企業単位の戦略である一般的なマーケティングとは違います。観光地をマネジメントするDMO や自治体が主体となって、その地域を対象として「旅行者のニーズを見極め、それに応えることで地域の活性化を実現すること」（藤田健、2016 年）を目的とするマーケティングです。すなわち、序章で紹介した観光による地域活性化の目的そのものであり、観光地域への集客、観光消費の拡大、

域内調達率の向上を役割として担っています(序章図2参照)。

　観光は産業のすそ野が広く、地域への波及効果が高いことから、人口減少社会において地域経済の活性化の手段として、地域の関心は年々高まりを見せています。観光庁は、DMOが観光地域づくりの司令塔としての役割を果たすべき組織としており、地域住民や企業など観光に関わる関係者を取りまとめていくことでマーケティングの競争力が高まります。なお、デスティネーション（Destination）とは「目的地、行先」を意味していますが、マーケティングにおいては「観光、MICE、ビジネスを目的とした訪問先」を指しています。パイク（Pike、2015年）は「DMOがマネジメントする地理的な空間」であると主張しており、もっぱらDMOがマーケティングの主体として取り扱う対象そのものだと考えたら良いでしょう。

　一方で、2012年から続く訪日外国人客の伸びは、観光を重視していなかった地域にも意識変化をもたらしました。成長するインバウンド分野の消費を取り込んでいくためには効果的・効率的に訪日外国人客を誘致することが必要で、マーケティングに注目が集まるようになりました。旅行者誘致が激しくなる中、旅行者[注1]に選ばれる観光目的地になるには、適切な情報を提供する手段としてもマーケティングは欠かせないのです。

　また、2015年の日本再興戦略改訂（アクションプラン）では「日本の観光のトップランナーとしてふさわしい地域のなかから世界に通用する観光地域づくりとマーケティングを行う官民一体の観光地経営体（日本版DMO）を選定し、政策資源を集中的に投入する」と記されました。国が地方創生における観光振興政策としてDMOを取り上げるようになったことも、デスティネーション・マーケティングに対する関心が高まった要因と言えるでしょう。

② デスティネーション・マーケティングをマネジメントする

　観光庁は日本版DMOの登録にあたっての形成・確立計画のなかでマーケティングの責任者（CMO：チーフ・マーケティング・オフィサー）を指名し、デスティネーション・マーケティングを具体的に実践していくことを求めています。CMOは地域で行われる様々な活動を組み合わせてデスティネーション・マーケティング全体を計画し、効果的に実行（マーケティング・マネジメント）する役割を持ちます。図1はマーケティング・マネジメントの要点を示していますが、詳細はそれぞれ後の章に譲りこの章では概要を解説します。

1｜ミッションと目標の設定

　DMOを立ち上げる際には、事業計画が策定されることが一般的です。しかし、そのなかにDMOのミッションがまとめられていないところが一定数あるのが気にかかります。組織体制はミッションがあってこそ、求められる組織のあり方が決まります。組織が果たすべき使命、地域社会への

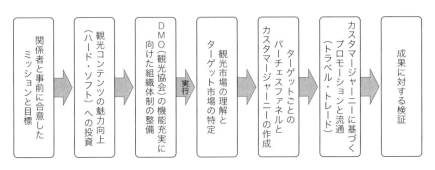

図1　デスティネーション・マーケティングのマネジメントの要点
（出所：藤田、2016年に着想を得て筆者作成）

貢献のあり方、DMOの存在意義や役割などを定かにしないで、組織体制、求めるべき人材、予算・財源をクリアにすることはできません。

　DMOは組織そのものが収益を上げるよりも、旅行者の増加と満足度の向上を通じて、観光の直接的な受益者となる観光関連事業者に経済的価値をもたらすことが求められています。せとうちDMOは設立当初、自らのミッションを「せとうちの魅力を国内外に向けて発信し来訪者（交流人口）の増加を図るとともに、せとうちブランドを確立する。そのことで域内事業者と住民の意欲を喚起し、新しい産業と雇用の拡大を促進し、定住人口の増大につなげ、自律的かつ永続的な成長循環を創り上げる」（せとうちDMO、2016年）としました。そのためにマーケティング機能（一般社団法人せとうち観光推進機構）と観光ファンド（株式会社瀬戸内ブランドコーポレーション）を持ち、「顧客（需要）の創造」と「地域の魅力（商品・サービス）向上」を一体的に推進できる体制を整えたのです。ミッションは「誰のために、何をしたいのか」を考え、経済的価値と社会的価値が両立するように考えるのです。せとうちDMOは、「地域内の事業者と住民のために持続的な経済価値を創りたい」と記しています。

　こうしたミッションを具体化するために、DMOは毎年の目標数値を設定します。日本版DMOの登録において、観光庁はDMOの必須KPIとして(1)旅行消費額、(2)延べ宿泊者数、(3)来訪者満足度、(4)リピーター率の4項目を挙げています（表1参照）。確かにこれら4項目は、地域において観光の経済効果をマーケティングの視点から明らかにすべき指標です。しかし、これらの項目は果たして年度ごとのDMOのマーケティングの成果を測る指標かと言えば、そうとは言い切れないでしょう。例えば、自治体が長年にわたって企業誘致を進め産業立地としての基盤をつくり上げてきた地域では、宿泊者のほとんどはビジネス出張を目的としています。また、登山に適した山がある地域では当然リピートする旅行者は多いのですが、必ずしもDMOがビジネス出張やリピーターに向けて何らかの働きかけをしたのかと言えば、そうではないでしょう。観光庁の推奨するKPIはその

表1　観光庁の推奨するKPI（重要業績評価指標）

シーン	目的	指標
旅前	旅行先としての興味を高める（興味を持たせる）	・**WEBアクセス数**
旅中	来訪を実現し、経済規模を高める（実際に来てもらい経験させる）	・**入込客数推移** ・**延べ宿泊者数** ・**旅行消費額**
旅後	持続性を高める（ファンになってもらう）	・**来訪者満足度** ・**リピーター率**

＊太字は必須KPI：日本版DMOの登録に必須の指標　　　　　　　　　　　　　　（出所：観光庁）

地域の観光事業の総合力であり、観光行政が観光政策を作ったりDMOが事業方針を取りまとめたりするには欠かせない指標です。しかし、これだけでDMOの業績評価とするとなると物足りなさを感じます。

> ※観光庁の2024年9月25日の会議で、DMOの登録要件を見直すとともに観光地として目指すビジョンやそれを実現するための取り組みを「観光地経営戦略」として策定し、2025年10月から実施する方針が示されました（時事通信社10月21日官庁速報）。KPIも旅行消費額の伸び率、域内調達率、DMO職員の満足度、DMOの外国語サイトのアクセス数、経常収入の5つに変更するとのことです。
>
> 新方針はDMO経営の高度化を求めているだけでなく、登録要件案に二次交通の課題解決方針の提示を記すなど、観光行政と一緒になって地域観光に正対することを求めています。

マーケティングの目標を設定し、DMOの業績評価をまとめていくには、マネジメントする地域の行政、観光関連事業者などの関係者との間で事前に、具体的に、達成期限を決めておく必要があります。第4章で詳述しますが、宿泊客を増やすにしても、オンシーズンでは地域の宿泊施設のキャパシティを超える可能性があるなら、オフシーズンやショルダーシーズン（オンとオフの中間期）に増やすほうが地域全体の観光消費を上げることにつながる可能性があります。また、同じ訪日外国人客の誘致にしても政治的リスク（例えば2019年の日韓関係の悪化による韓国人客の大幅減少、2012年の尖閣問題

による中国人客の減少）や為替リスク、風評被害リスクを考慮すれば、国・民族の多様化を図るマーケティングも求められるでしょう。こうした地域として解決したいマーケティング課題を、地元の事業者と事前に整理し合意をしておくことが、地域の司令塔である DMO には求められているのです。

2 観光コンテンツの魅力向上への投資

　地域が旅行者を誘致するには、観光資源の磨き上げや観光施設への投資が必要で旅行者ニーズを満足させる魅力的なコンテンツがなくてはなりません。心身のリフレッシュや好奇心・向上心の満足、家族や友人との共通の体験など、その時の旅行目的を満足させることができる目的地でなければ、旅行者から選択されることはないからです。

　観光のコンテンツは従来から言われている自然景観や歴史・文化資源だけではありません。積雪があり雪質が良ければ海外からのスキー客を招くこともできます。毎年、全国高校野球が開かれている阪神甲子園球場やラグビーの高校選手権が開催されている東大阪市花園ラグビー場では、「マスターズ甲子園（2004 年より実施）」や「マスターズ花園（2022 年より開催）」という OB チームによるフレンドリーマッチが行われます。スポーツをコンテンツにしたアイデアによって、多くの人が毎年その地を訪れます。

　一方で、人はいつも同じ観光コンテンツに集うわけではありません。立教大学の安島博幸名誉教授（2004 年）は、「人は観光対象に飽きる」と述べています。そのためいろいろな工夫が必要だと指摘します。その 1 つに「常に飽きられないように差異をつくる」ことが必要だと言います。ユニバーサル・スタジオ・ジャパン（USJ）や東京ディズニーリゾート（TDR）はアトラクションに飽きがくることを前提に、3 年から 5 年ごとに大規模な投資を行っています。USJ は入場客数 1000 万人台に回復した 2014 年 7 月に 450 億円をかけてハリーポッターを投入し右肩上がりの集客軌道としていき、コロナ禍で二度の延期を経て 2021 年 3 月に開業したスーパー・ニン

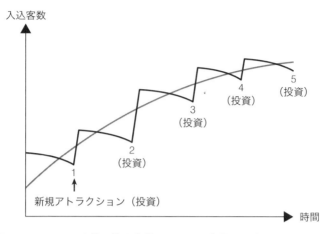

図2 テーマパーク等の施設整備と入り込み客数の関連(出所:安島、2007年)

テンドー・ワールドはUSJ史上最高額となる600億円の投資をしました。TDRは開業4年目にビッグサンダーマウンテンの約80億円、さらにその2年後にはスターツアーズに約101億円を投資しています。特にTDRは来場客のうちリピーターが9割を超えるだけに、常に新たな投資によってこれまでとの違い（差異）をつくり上げることで資源に磨きをかけ続けているのです（図2）。

もう1つは、「2つの観光としての価値」についてです。五感によって感知する「身体的価値」と人間だけがその価値を認めることができる「精神的価値」の2つがあります。安島名誉教授は、身体的な記憶に由来する身体的価値と言語的記憶（非言語的言語＝描く、彫る、歌う、身振りをする、を含む）に由来する精神的価値があると言います。身体的価値を生む「快」と比べ精神的価値は言語的にシンボル化されたものであり、一度見たり、体験したりすると価値は大きく低減します。身体的価値に比べ精神的価値は時間とともに失われやすいのです（図3）。関西では冬になると「城崎温泉にカニを食べに行く」という習慣をお持ちの方がいます。観光庁のDMOの形成計画でも、登山などができる地域や温泉地、リゾートはリピート率が高いことが窺えます。人の根源的な欲求につながる五感で感知することはリ

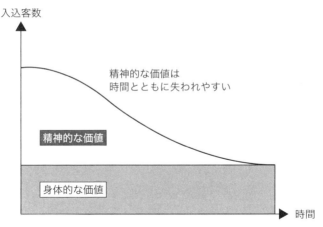

図3 2つの観光の価値のイメージ (出所：安島、2010年の解説資料)

ピートしやすいのだと分かります。

そのため、言語的記憶で認知する精神的な価値は工夫をしないとその価値は持続しづらいのです。確かに金閣寺を一度拝観したら、次に京都に行く時は他の社寺を拝観しようとする人が多いでしょう。そこで安島名誉教授（2007年）は、

①不断に差異を創り出すこと
②人との交流を取り入れること
③常設せず定期的に開催すること
④利用を制限すること・隠すこと
⑤身体的認識による"飽きない"魅力を創り出すこと
⑥文化・芸術と関連づけ場所や対象の価値を高めること

を提案しています。「隠すこと」というのは分かりづらいかもしれませんが、本尊の御開帳などもその1つでしょう。京都の清水寺のご本尊は33年に一度、長野善光寺の御本尊は7年に一度の御開帳で、その時にはリピーターも大勢訪れます。

観光コンテンツのハード・ソフトへの投資も含めた魅力向上を進め、地域としての「売り」を作っていくことが必要です。そして、その価値に合

うターゲットを見つけ、コミュニケーションを取るようにしていくことが求められます。その主体が DMO であり、その機能強化は欠かせません。

3 | 観光市場の理解とターゲティング

■1 ターゲティングとセグメンテーション

　デスティネーション・マーケティングにおいては、どのような旅行者層が増えているのかという調査と地域のコンテンツの魅力が刺さるのは誰かというターゲッティング（ターゲットとする市場の特定と意思決定）が最も労力がかかり知見が発揮されるところだと言われています。消費者一人ひとりの価値観とニーズに応えることが実際にはできないため、よく似た消費者グループにセグメント（市場の細分化）していかなければなりません。セグメントする時の基準は以下の4つです。

　①地理的な距離、時間距離、気候や都市の規模

　　観光は目的地への一次交通に費用がかさむこともあり、どこに住んでいるのかという地理的変数（ジオグラフィック変数）が重要です。高速道路でつながっている地域か、航空路線の直行便が飛んでいるのか、一定の人口があり効率的なプロモーションが可能かなどの判断の軸が見えてきます。

　　アクセスによるセグメンテーションにおいては、出発地（Origin）から観光目的地（Destination）までの交通手段別の費用と時間距離がポイントになります（詳しくは第4章参照）。例えばファミリー層をターゲットにできる目的地として USJ を取り上げてみましょう。自家用車で高速道路を使用して日帰り旅行をしようとした時、片道200 kmが目安[注2]だと言われてきました（鈴木、1984年）。そうすると USJ の日帰り商圏は、東は名古屋圏あたりまでです。家族4人で自家用車利用の場合、新名神高速を使って約180 kmです。高速料金は ETC 利用で片道約6700円、これにガソリン代ですが、燃費の良い車なら15リットル程度で、1リ

ットル160円として片道2400円。自家用車での交通費は9100円です。これが新幹線利用となると大人6680円×2名と子ども3340円×2名で片道合計2万40円になります（料金は2023年1月現在）。

時間距離は、ある2点間のへだたりを人が移動するのに要する時間で表わす指標です。キロメートルで表される物理的距離の代りに「新幹線で名古屋から1時間30分」などと表記されることで、旅行の計画が立てやすくなります。対して自動車の所要時間は約2時間30分（途中休憩なし）で、所要時間は新幹線が1時間程度早く着きますが、ファミリーでの旅行なら移動の費用、ドアツードアで移動できること、子ども含めた荷物の量のことも考えれば、自家用車を利用したほうが、合理性が高いと言えます。

この他に、気候（日本と夏冬が逆転している南半球からのスキー客の集客）や都市の規模（東京、大阪等の大都市圏からの集客）なども地理的変数と考えて良いでしょう。

②年齢、性別等による選択

地域のコンテンツは年齢や性別、学歴、所得などによって好みが出るという人口統計的変数（デモグラフィック変数）です。この属性でよく使われるセグメントに、以下のようなものがあります。

- F1…20～34歳の女性（FはFemaleの略）
- F2…35～49歳の女性
- F3…50歳以上の女性
- M1…20～34歳の男性（MはMaleの略）
- M2…35～49歳の男性
- M3…50歳以上の男性

年齢とともにライフステージについても考慮する必要があります。結婚、子どもの誕生、学齢期、子どもの独立、退職など人生の節目ごとに世帯の可処分所得が変化します。特に日本では、衣食住そして子どもの教育費等の支払いが先にあって、次にレジャー支出となることに

留意しておかなければなりません。もっともライフスタイルが多様化しているため、性別と年齢だけで判断するのも難しくなってきました。この他に、所得（海外の富裕層の誘致）も人口統計的変数と考えられます。

③価値観や嗜好

地域の文化や風土に関心を持ち、それらの価値をよりよく理解する人たちなのか、という心理的変数（サイコグラフィック変数）です。価値観やライフスタイルなどの属性でセグメントをしていきます。同じ国籍でも背景となる文化の違いによってニーズに違いが出てきますから、同じ文化的背景を持った人たちとして民族でセグメントをするということもインバウンドでは必要になることもあるでしょう。

第3章で詳述する文化資源による集客は、価値観や趣味、嗜好、ライフスタイルといった心理的変数によるセグメントをする必要があるでしょう。

④個人旅行か団体旅行か

デスティネーション・マーケティングの特徴的なセグメントとして、旅行形態の違いによる行動変数（ビヘイビアル）のセグメントです。このセグメントは団体（B to B 取引）での旅行行動か個人（B to C 取引）での旅行行動かということです。団体旅行の場合は意思決定が主催企業あるいはオーガナイザー（組織の核となって人を集め旅行を造り上げる人のことで、MICE の場合はその主催者を指す）となるため、意思決定権者とのコミュニケーションは相対で行うことが多くなります。この他にも、出張旅行、家族・友人訪問、休暇滞在型旅行という旅行目的でセグメントしたり、旅行同行者（家族旅行、カップル、一人旅）によるセグメントをしたりすることも可能です。

表2は団体旅行と個人旅行の取引における比較を示したものです。企業が旅行商品を購入するのは、旅行そのものを目的とするのではありません。例えば、優秀な営業マンのやる気を持ち続けてもらうためにはサラリーを上げるだけでは事足りません。営業マンの達成感ととも

表2　団体旅行と個人旅行の取引における比較

	団体旅行（B to B 取引）	個人旅行（B to C 取引）
購買決定への関与者	多層にわたる	多くても数人
顧客数	限定的	多数
購買動機	旅行を手段とした ソリューション	旅行を楽しんだり、 リフレッシュすることが目的
価格弾力性＊	低い	高い
購買場所	取引先	店舗／オンライン
需要の周期性	強い	弱い

（出所：小里貴宏（2016年）に加筆）

＊価格弾力性：価格の変動によって、ある商品やサービスの需要が変化する度合いを「需要の価格弾力性」という。需要の価格弾力性は、需要の変化率／価格の変化率の絶対値で表わされる。この値が1を超えると「価格弾力性が高い（弾力的）」、1未満の場合は「価格弾力性が低い（非弾力的）」ことを表している。弾力的である場合は価格の変化によって需要も大きく変化するが、非弾力的である場合は価格が変化しても需要に大きな変化は生じない。

　に承認欲求を満足させることが必要です。そのために、旅行を手段として利用し、家族ともども表彰式を行うなどのインセンティブツアーを実施することがあります。そんな重要なイベントなら、どこに行くかなど担当者レベルだけでなく役員レベルに至るまで稟議を回しておくことも必要になるでしょう。営業マンと家族の企業へのロイヤリティの涵養が重要ですから、お金に糸目をつけることなく表彰式やパーティを開催したいとも考えることでしょう。企業のマーケティング活動への提案を基軸とするスキームが求められます。

　一方で、個人の旅行は自身の財布からお金を出すわけで、旅行そのものを楽しんだりリフレッシュしたりすることが目的です。このセグメントの違いは、提供する価値がまったく違うことが分かります。

　セグメンテーションをしていくにあたっては、地域の強みや市場の機会をしっかりと分析しておくことが必要です。そのうえで、ターゲティングを行うわけですが、ターゲティングは重要な意思決定ですから、選択する基準も明快にしておきましょう。選択する市場は、適正な規模と成長性を持っていて参入する魅力があるのか、そのセグメントはDMOの目標と観

光コンテンツにあっているかということです。そうでなければ、周りに引きずられてしまい科学的な判断ができなくなります。ターゲットは必ずしも1つとは限りません。今の地域の現状とDMOの事業目的、目標にあったセグメントをターゲットにしていきましょう。

2 ターゲティングの成功例：熊野古道

　熊野三山への巡礼道である熊野古道は2004年の世界遺産登録後も訪日外国人客は増えなかったのですが、2006年の田辺市熊野ツーリズムビューロー設立後は欧米豪の白人系を中心としたSBNR（Spiritual But Not Religious：特定の宗教を信仰しているということではなく、スピリチュアルな豊かさを求める価値観やその価値観を持つ人たち）をターゲットとし、熊野古道の持つ独特の雰囲気を前面に押し出して情報発信をしたことが成果につながりました。このセグメントは、熊野古道のスピリチュアルな雰囲気を形成する豊かな自然・鄙びた温泉・地元食材での料理を通じて、日本人が大切にしてきた精神性を体験するデスティネーション、というポジショニングを創り上げてきました。海外ガイドブックへの取材の働きかけや7か国語で作られたWEBサイトとそこからリンクする宿泊予約システムを中核としながら、「巡礼道」が世界遺産になっているスペインのサンチャゴ・デ・コンポステーラとも共同プロモーションを行ってきました。また、各国の旅行会社とのコミュニケーションも欠かさないことで、旅行事業の取扱を増やしてきました。

　その結果は、2019年度は1.5万人中1.1万人が外国人で取扱件数全体（宿泊、ガイド利用など）の約76％（図4）でしたが、宿泊の延べ泊数で見ると合計3.3万人泊で延べ外国人宿泊者は3.2万人泊（延べ泊数の約97％）です。うち欧米豪からの延べ宿泊数は2.7万人泊で約81％となっています。ターゲット設定をした効果が出ているだけでなく、滞在日数の長い欧米豪からの宿泊は地域に観光消費をもたらしています。

　また、コロナ禍にあっては、インバウンドだけでなく国内旅行もストップするなかで、職員の雇用継続のために金融機関から融資を受ける[注3]など、

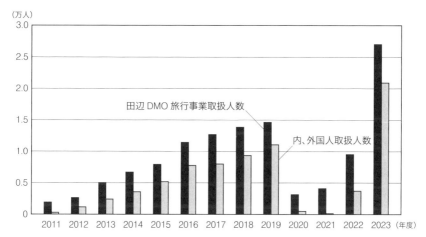

図4　田辺市熊野ツーリズムビューローの旅行事業部門が手配した件数の推移（単位：人、会計年度は毎年4月〜3月）（出所：田辺市熊野ツーリズムビューロー資料）

　たいへんな苦労があったものの、2023年度は取扱件数で外国人客2.1万人、全体で2.7万人、延べ宿泊数外国人客は4.6万人泊、全体で5.9万人泊となり、目を見張る取扱増となりました。コロナ禍も含めた地道なマーケティング成果が表れています。

4　ターゲットとのコミュニケーション

　1993年に米国ノースウエスタン大学のシュルツ教授をはじめロータボーン、タネンバームの3氏が、統合型マーケティング・コミュニケーション（Integrated Marketing Communication、以下IMCという）という概念を提唱しました（シュルツ他、1994年）。IMCは「消費者とブランドや企業とのすべての接点をメッセージ伝達のチャネルと考え、ターゲットの購買行動に直接影響を与えることを目的」とし、「消費者から出発し、あらゆる手法を駆使して、説得力あるコミュニケーションを実践するプロセス」なのだと主張しました。この考え方は、WEBメディア・ソーシャルメディアが普及した現在、消費者の視点から発想し多様なコンタクトポイントを創り上げていくには

分かりやすい理論だと言えるでしょう。

ロータボーン教授は、企業側からの視点ではなく消費者視点からのマーケティングミックスを4Cとして整理しました(図5)。確かに企業は製品を世に出していきますが、これを顧客の側から見ればソリューション(課題解決)であり、製品の価格は顧客が負担するコストです。どこで購入できるのかという流通は顧客にとっては利便性と言えるでしょう。プロモーションも企業からマス(大衆)に対して一方通行の情報を発信するというより、デジタルの時代は、顧客が必要とする情報を必要な時に提供できるようにWEBサイトを充実させるなど、顧客とのコミュニケーションを図ると考えたほうがターゲットに刺さっていくでしょう。コミュニケーションのデジタル化は、顧客とのコンタクトポイントを効果的・効率的に持てるようにしてくれました。

旅行を例として考えてみましょう。次の連休を前に、どこか旅行をしたいとWEBで検索をした後、休暇の頃の天気予報を調べようと天気予報のサイトを見ると、あるOTA (Online Travel Agency)[注4]から温泉のターゲティング広告が天気予報サイトに送られてきました。最近疲れているから温泉もいいな、と広告を開くとキャンペーンでポイントバックが10%も付いてく

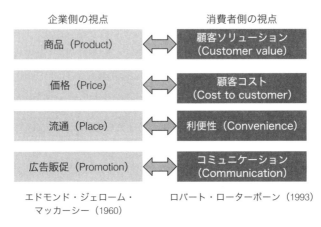

図5 4Pと4Cの視点の比較 (出所：シュルツ、ロータボーン、タネンバーム (1994の翻訳書))

るとなっています。温泉が所在する地域のDMOのサイトを開き、周辺の見どころを確認しトリップアドバイザーで確認すると評判も良いということが分かりました。妻にも相談しOTAお勧めの旅館に連泊することにしました。こうした一連の意思決定プロセスはすべてオンラインの情報に導かれていることが分かります。

　DMOは従来のプロモーションのあり方を消費者視点に切り替え、地域の観光関連事業者や旅行会社が展開するプロモーション内容も熟知したうえで旅行者とのコミュニケーションを設計しなくてはなりません（第6章、第7章参照）。

③ デスティネーション・マーケティングを支える体制づくり

　しかし、各地にDMOは立ち上がったものの、実践的なデスティネーション・マーケティングが行われている例は少ないように思います。これには3つの要因があるのではないかと考えます。

■1 マーケティングの知識不足

　各地のDMO関連の会議に出席して思うのは、マーケティングは調査・分析のことだ、という誤解をしているDMOや観光行政が多いことでした。宿泊者数、旅行者動向、旅行消費額などの調査をし、分析をすることがマーケティングだと思い込んでしまっている発言をよく耳にしました。マーケティングを学んだ、あるいは実務で実践したという人材がDMOには少ないということの傍証でしょう。ターゲティングやプロモーションのための明確な目的をもって分析を行い、戦略策定に生かさなければなりません。ターゲティングやプロモーションさらにはブランディングが、調査とは切り離された別物だとすれば、統合的なマーケティングにはつながりません。

2 デスティネーション・マーケティングの専門人材の不足

　前述したように、マーケティングは製造業において大量生産した製品を売り切るために考案・発達した分野で、観光地域への誘客や観光消費を目的としたデスティネーション・マーケティングとなると、さらにその人材は限定されてしまいます。

　1と関係しますが、観光行政にもDMOにもマーケティングを学んだり、実践してきたりした人は未だ少数です。成果に対し「責任と権限」を持ってマーケティングを行う、と言える人を雇えるだけの特定財源を持てるようにもしなければならないでしょう。一方、専門人材を外から引っ張ってこようとしても、雇う側にマーケティングの知見がなければ真の専門家を見つけ出すことはできません。DMOに派遣された「専門家」がターゲットとするマーケットにヒアリングもアンケートもすることなく、マーケティングに未熟なDMOの職員とのワークショップだけで「マーケティング戦略を構築しました」という話を聞いた時は耳を疑いました。職員とのワークショップは自分の友人の「専門家」に任せたそうで、これでは笑い話です。

　マーケティングはコンサルティングではありません。実践するマーケティング人材はDMO内で育成していくことが必要です。DMOの人材の問題は自治体単位ではなく、地域間や広域で連携して取り組むべき課題ではないでしょうか。

3 意思決定をする組織になっていない

　ターゲティングをすることは、「決断」をすることです。分析によって導かれたものであっても、調査設計のミスやデータに対する知見の不足などからターゲットの設定ミスや思いもよらなかった「予期せぬターゲティング」は存在します。しかし、ターゲットの設定がなければ効果的・効率的なプロモーション、コミュニケーションはできず、総花的に「どこの誰にでも」アプローチをしたり、デジタルだけでなく紙のパンフレットにも費

用をかけたり、新聞にも雑誌にも広告を打ったり、欧米にも中国にも中途半端に予算を使うことになってしまいます。特に、地域の観光振興には様々な関係者からの意見が届きます。「インバウンドだけが観光ではない、国内の団体客には旅行会社へのインセンティブも必要だ」などの「当たり前」の声に、トップが毅然とした判断を下す「責任と権限」があることを行政や関係者が認めることが必要です。

マーケティングはきわめてトップダウンの要素の強い概念です。セグメントの結果、特定のターゲットに集中していくという戦略を取ることになれば、ヒト・モノ・カネの経営資源は必要な所に投下していく判断を下さなければなりません。そうした権限は、責任の取れる立場の人間でなければ行使できないのです。しかし、こうしたガバナンスの効いた組織になっていないところが多いのが実情ではないでしょうか。

デスティネーション・マーケティングの実務運営にはこれらの明白な課題が存在します。課題を解決しようとする動きについては、改めて終章で取り上げたいと思います。

第2章
観光資源の特徴と地域の個性づくり
コンテンツとマーケティングの関係

　第1章では、デスティネーション・マーケティングのフローを確認し、なぜ日本のDMOでは的確なマーケティングが行われていないのかを解説しました。一方で、マーケティングをしようにも、発信すべき観光資源（最近はコンテンツという言葉がよく使われている）がなければ地域の特徴を出していくことはできません。旅行に行きたいという消費者のモチベーションは、観光資源があってのことだからです。この章では、マーケティングの前提となる地域の観光資源について整理したいと思います。

① 観光資源とその特徴

　旅行者はその時々のニーズと自らの価値観により観光対象を選択し観光行動を起こします。まずは、観光対象にはどのような資源があるのかを確認するため図1を参照してください。
　旅行者の観光行動の目的となるものには観光資源と観光施設があり、このうち観光資源は古典的観光資源と時代の価値を基盤とした観光資源に分けられます。

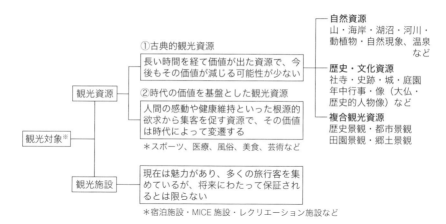

図1　観光資源とその特徴 (出所：溝尾良隆、1998年に筆者加筆・修正)
※観光対象：旅行者が、対象の資源に魅力を感じ、観光行動の目的となるモノ（あるいはコト）をいう。
人が観光資源に知恵や資金を投入し、時間をかけることで観光対象化していく。

1 │ 古典的観光資源

　観光資源というと、富士山や屋久島のような自然資源、清水寺や姫路城のような歴史・文化資源、重要伝統的建造物群保存地区のような歴史景観や摩天楼のような都市景観といった複合観光資源が思い浮かびますが、これらは、長い時間を経て価値を見出された地域資源で、今後もその価値が減じる可能性が少ないモノ、あるいは祭りのようなコトを指しています。こうした「古典的観光資源」を有する地域は、従来から「観光地」と呼ばれており、他に代わる資源がないだけに遠く海外からも訪れます（図1参照）。
　ただし、これらの観光資源はそのままの状態では、旅行者は観光行動を取りづらい場合もあります。富士山も麓から五合目までの開発が進み、富士スバルラインの整備がされたことによって、多くの人が登山できるようになりました。また、ビューポイントが確保されていることにより、誰もが美しい富士山の姿を眺めることができるのです。観光資源は人の知恵や手が加わり、資金をかけてこそ観光の対象となります。そのうえでターゲ

第2章　観光資源の特徴と地域の個性づくり　　47

ットに情報発信をすることで人が訪れるのです。

　古典的観光資源は公共財としての2つの特徴を持っています。1つは特定の旅行者を観光資源の利用や鑑賞から排除することができないという非排除性です。2つ目は複数の旅行者が同時に利用や鑑賞ができ、全員が同時に同量を消費できるという非競合性です。もっとも誰もが大勢で利用・鑑賞できるからこそ、近年では観光資源の持続可能性を担保するために受益者負担を求めるケースも出てきています。観桜期の吉野山[注1]では、最長20kmにも及ぶ交通渋滞の解消と吉野桜の保全のために協力金（2006年4月開始）を要請しています。他にも富士山の登山者に「富士山保全協力金」（2014年7月開始）を要請したり、美しい海岸を守るために沖縄の竹富島（2019年9月開始）では、全国で初めて地域自然資産法に基づく入域料[注2]（竹富島では入島料と呼ぶ）での協力を求めたりするなど、税以外での対応をするようになってきています。

　もっとも竹富町は、ポストコロナで急増し始めた観光客に対し、ゴミ処理やインフラ整備を進めるために、2024年3月現在、竹富町（竹富町は竹富島だけでなく、西表島、波照間島など9つの有人島を抱えている）への訪問につき、1人あたり1000円の訪問税を徴収する条例案が議会に提出されることになりました。竹富町の人口は4000人程度です。コロナ禍前は年間100万人〜120万人の観光客が来ていました。例えば、島々に観光客を目当てに水の使用量が多い宿泊施設やレストランができると、住民向けに整備されている水道設備だけでは不足することは目に見えています。固定資産税と住民税だけでは、できることは限られていますし、自然環境保全のための入域料では観光客の増大で想定される課題に対応できないと考えるのは理解

写真1　2014年から始まった富士山保全協力金　（出所：山梨県WEBサイト）

できることです。

2 時代の価値を基盤とした観光資源

　時代の価値観が反映された観光資源を活用したツーリズムはニューツーリズムと呼ばれています。そのコンテンツとなる資源は芸術、食、スポーツ、医療、風俗[注3]などであり、古典的観光資源を有しない地域でもその活用の仕方次第で多くの旅行者を集めています。

　香川県の直島は瀬戸内海に浮かぶ離島でありながら、地中美術館や3年ごとに開かれている瀬戸内国際芸術祭によって現代アートの島として訪日外国人客が訪れています。現代アートを活用した新しい形のアートツーリズムにより、若者を中心とする都会の人々が、これまで訪問することのなかった遠方の島々や里山を訪れるようになりました。そこには、自分たちが体験したことのない自然や日本の原風景、生活の場があります。その中に、異質な存在である現代アートがうまくマッチしていることで、新鮮な感動を与えてくれるのです。芸術文化観光専門職大学学長で劇作家の平田オリザ氏は、こうした様を「見ている景色が、芸術作品によって刷新される」のだと言います（2020年2月26日筆者との座談の場にて）。現代アートによって瀬戸内の島々に「ここにしかない」観光資源が生み出されていきまし

写真2　直島（草間彌生『南瓜』）
（写真：筆者撮影）

写真3　瀬戸内国際芸術祭に足を運ぶ外国人観光客　（写真：筆者撮影）

た。

　スペイン・バスク地方のサン・セバスチャンは旧市街地の路面飲食店（バル）の集積や人口に比べてミシュランの星付きレストランが多いことで知られ、「食」を売りにした観光地となっています。「ヌエバ・コッシーナ（新しい食）」と呼ばれる食の運動によって、シェフたちは新しい技法（分子調理法など）やレシピを教え合い、サン・セバスチャンのレストランのレベルが一気に上がり始めたとのことです。こうした「レシピのオープンソース化」を進めたキーマンの一人がペドロ・スビハナ（Pedro Subijana）というミシュラン三ツ星レストラン（2017年訪問当時）の１つアケラレ（AKELARE）のオーナーシェフです。ここではレストランの一角に料理研究室があり、「美食の街」を牽引する気概にあふれていました。

　2011年には「バスク・クリナリー・センター」という食の４年生大学も開学し、ヌエバ・コッシーナの精神が生かされています。サン・セバスチャンは「食」で生きていくのだという意思が示されました。単に旅行者に食を提供するというだけに留まらず、「美食」に焦点をあて集積により他にはない雰囲気を作り出すことで、「食」が世界から旅行者を引き付ける観光対象となっていました。

　また、2019年のラグビーワールドカップでも分かりますが、スポーツをモチベーションとして日本を訪れ、各地の観光地にも足を運ぶ人たちが大

写真４　サン・セバスチャンのバル
（写真：筆者撮影）

写真５　バスク・クリナリー・センター
（写真：筆者撮影）

勢いました。観光庁からのプレスリリース (2019 年 12 月 18 日) では、ラグビーワールドカップ観戦客 1 人 1 回あたりの旅行支出は、38 万 5000 円と試算され、同時期の観戦していない通常の訪日外国人旅行者の 15 万 9000 円と比較して約 2.4 倍となったそうです。1 人 1 泊あたりでも通常客 1.95 万円に対して観戦客 2.9 万円と約 1.5 倍の差があり、トップアスリートが集う大会のスポーツツーリストの観光消費の高さが垣間見えました。

　このように、スポーツもニューツーリズムの代表コンテンツです。五輪やワールドカップは「見る」スポーツの代表格です。西宮市の甲子園球場や東大阪市の花園ラグビー場は高校スポーツのメッカ (聖地) として人を集めています。

　最近では、「する」スポーツもツーリズムのコンテンツとなっています。毎年 11 月には高校野球児でありながら、甲子園に出場できなかった人たちに「夢ふたたび」をコンセプトに、「マスターズ甲子園」が開催されています。全国の高校で OB 会を結成し、予選会で選抜されたチームが出場します。東京では、イギリス発祥の「コーポレートゲームズ[注4]」に会社、自治会、商店街、行きつけの店のお客などの様々な単位でチームを作り参加しています。ある会社ではグローバル会議をこの大会の前日に開き、日ごろ顔を合わせたことのないメンバーで参加するなど国際色豊かなものになっています。

写真 6　マスターズ甲子園の入場行進
(写真：筆者撮影)

　この項で紹介した観光資源は、感動や健康維持などの人の根源的欲求により集客を促す資源ですが、そのコンテンツとしての価値は時代によって変容することも十分に考えられるということを理解しておかなければなりません。

第 2 章　観光資源の特徴と地域の個性づくり　　51

3 | 観光施設

　一方、ディズニーランドや富士急ハイランドのようなテーマパーク・遊園地や海遊館のような水族館などの「観光施設」や各地の温泉旅館のような「宿泊施設」も広い意味で観光資源です。しかし、これらの施設は、現在は魅力があり多くの旅行者を集めていても、将来にわたって保証されるとは限りません。第1章で述べたように、旅行者が飽きてしまう可能性があるためで、ディズニーランドもユニバーサル・スタジオ・ジャパン（USJ）も飽きられないようにするため、3年から5年ごとに計画的な投資を行って新たなアトラクションを建設しています。

　これは宿泊施設、MICE施設にも当てはまることですから、そのための資金や会計上の減価償却についても常に頭に入れておくことが必要です。

❶ コンセッション

　最近ではMICE施設で2つの変化が出てきました。その1つはコンセッションの導入です。コンセッションとは、2011年のPFI法改正により導入された制度で、料金徴収を伴う（利用料金[注5]）インフラ施設の運営権を民間事業者が買い取り、長期間にわたって運営・経営する枠組みで、インフラ施設の所有権は、国や自治体など公的主体が保有する方式です。行政と民間事業者それぞれが持つ資源を効果的に組み合わせ、公的主体が所有する公共施設等について、民間事業者による安定的で自由度の高い運営を可能とするとされています（内閣府）。行政側、民間事業者側それぞれメリットがあると指摘されており、今後の少子高齢化に伴う税収減少の時代にあった運営方法と言えるでしょう。

　関西国際空港は、フランスのヴァンシ・エアポート社と日本のオリックスを中心に設立されたSPC[注6]（特別目的会社）関西エアポート株式会社が2016年に44年間の運営権を獲得しました。毎年500億円、合計で約2兆2千

億円の運営権対価を支払う契約を結びましたが、これまで順調に黒字化を実現し能力のある企業によるコンセッションの可能性を示しています。

愛知県が中部国際空港島内に建設した展示場 Aichi Sky Expo（2019年8月30日開業、展示面積約6万m²）はフランスの GL イベンツ社と前田建設工業により設立された「愛知国際会議展示場株式会社」が2018年4月にコンセッションを獲得し、約15年で8億8千万円の運営権対価を支払う契約を結びました。大規模展示場は各種バイヤーのいる東京でないと運営は難しいというのがこの業界の「常識」です。しかし、GL イベンツは世界約40か所で展示場を運営しており、その経験と海外企業とのネットワークを生かして展示会や国際会議を誘致・開催しようとしています。企画や主催、運営に一貫して取り組み、「常識」を乗り越えようとしています。

なお、これらのコンセッションのメリットとクラスター形成については、第11章で詳しく述べたいと思います。

2 IR におけるノンゲーミング（非カジノ）関連施設

2つめは、日本での IR（Integrated Resort＝統合型リゾート）開業です。日本では、公設公営で運営される競馬や競輪、宝くじ、toto（サッカーくじ）しか賭博は認められていませんでした。しかし、2016年12月に成立した「IR 推進法（特定複合観光施設区域の整備の推進に関する法律）」は、カジノを含めた特定複合観光施設をつくることを認め、設置目的を「観光及び地域経済の振興に寄与」すること、「財政の改善に寄与」することとしました。初めて民設民営で賭博が行われることを認めたうえで、その目的も明確に示しました。

2018年7月に IR 整備法（特定複合観光施設区域整備法）が成立し、IR に必要な特定複合観光施設の内容が明らかになりました。カジノ施設の他に、(1)国際会議場施設、(2)展示等施設、(3)我が国の伝統、文化、芸術等を生かした公演等による観光の魅力増進施設、(4)送客機能施設、(5)宿泊施設から構成される一群の施設、(6)その他観光客の来訪・滞在の促進に寄与する施設

であって、民間事業者により一体として設置・運営されるものと法（第2条）で定められました。(1)国際会議場施設、(2)展示等施設については世界で勝ち抜くMICE施設であることを前提に、内閣府がMICEの施設要件を明らかにしました（IR整備法施行令第1条・第2条）。すなわち、

(1) 国際会議場施設については、最大国際会議室の収容人員がおおむね1000人以上、かつ、国際会議場施設全体の収容人員の合計が最大国際会議室の収容人員の2倍以上であること（施行令第1条）。

(2) 展示等施設については、以下の最大国際会議室の収容人員に応じた基準とすること（施行令第2条）。

　① 「一般的規模の国際会議に対応できる国際会議場施設（最大国際会議室の収容人員がおおむね1000人以上3000人未満）である場合には、「極めて大規模な展示会」が開催可能な規模を有する展示等施設（床面積の合計がおおむね12万m^{2}以上）であること（同条第1号）

　② 「大規模な国際会議」が開催可能な規模を有する国際会議場施設（最大国際会議室の収容人員がおおむね3000人以上6000人未満）である場合には、「大規模な展示会」が開催可能な規模を有する展示等施設を超えるもの（床面積の合計がおおむね6万m^{2}以上）であること（同条第2号）

　③ 「極めて大規模な国際会議」が開催可能な規模を有する国際会議場施設（最大国際会議室の収容人員がおおむね6000人以上）である場合には、「一般的な規模の展示会」に対応できる展示等施設を超えるもの（床面積の合計がおおむね2万m^{2}以上）であること（同条第3号）

これによれば、国際会議場施設及び展示施設は3つのカテゴリーがあるものの、図2のように国際会議場で「一般的な規模」であった場合は展示施設においては「極めて大規模」でなければならないとしており、2つの施設の組み合わせが示されています。会議室場の総収容人員は最大国際会議室（全体会議用の大ホール）の2倍以上の収容能力を持ち、分科会にしっかりと対応できることまで求めています。また、こうした基準がまとめられた基本的な考え方は2018年12月の「特定複合観光施設区域整備推進会議

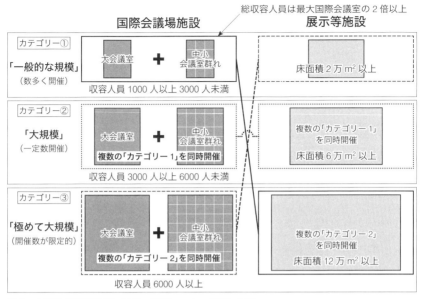

図2　MICEの施設要件 (出所：内閣府、2018年12月資料に加筆)
注）国際会議場施設の総収容人員は最大国際会議室の2倍以上であることが必要

取りまとめ」に示されています。

- これまでにないスケールとクオリティを有する総合的なリゾート施設として世界中から観光客を集める施設であること
- これまでにないような国際的なMICEビジネスを展開し、新たなビジネスの起爆剤となるものであること
- IRで実現されるカジノ以外の中核施設の付加価値が究極のIR制度の目的であること
- IRの中核施設の要件については、IRが立地される地域の特性が様々であることも十分に踏まえつつ、我が国を代表することとなる規模等とすること
- IR事業の効果を最大化するため、中核施設を構成する各施設や立地地域の特性が様々であることを踏まえ、民間の活力と地域の創意工夫を活かせるものとすること

この基準が提示された翌2019年2月には、大阪府・市は大阪IRの基本構想案の概要を提示しました。そこには、国際会議場は、最大会議室6,000人以上、全体で1万2000人以上、展示施設は10万m²以上とし、2つの施設が「極めて大規模」を選択するという挑戦的な案が示されました。国際会議場施設は、今後日本で開催される可能性がある国際会議のすべてに対応し、複数の「大規模な国際会議」を同時に開催することが可能な規模を選択しました。しかし、コロナ禍によって展示施設は見直しが入り、2022年4月の「大阪・夢洲地区特定複合観光施設区域の整備に関する計画」（以下、IR区域整備計画）では、当初は展示ホールの床面積2万m²からスタートするとのことです。

　レジャー需要のみでは、政治的リスク（例えば2019年の日韓関係の悪化による韓国人客の大幅減少、2012年の尖閣問題による中国人客の減少）や為替リスク、風評被害リスクでの減少は避けられません。そもそも観光を地域の産業の柱の1つとしていくためには、地元の観光関連産業が安定的に需要を確保できるようMICE需要（ビジネス出張含む）と両輪で動かしていくことが必要です。

❸ 大阪IRについて

　2023年4月14日に、国（国土交通大臣）は大阪府及び大阪市が大阪IR株式会社と共同して申請したIR区域整備計画を、IR整備法第9条の規定に基づき認定しました。この認定により、2030年に大阪市の人口島「夢洲」で開業が見込まれています。

　表1は大阪IR地域整備計画（2022年4月申請）の概要を提示しています。延べ床面積77万m²、敷地面積49万m²はシンガポールのマリーナベイサンズ（開業時延べ床約60万m²、敷地19万m²）やリゾートワールドセントーサ（同34万m²、49万m²）と同規模です。訪日外国人客を年間600万人予定しており、国の目標である2030年6000万人の10分の1という目標設定です。IRという新たなモチベーション（旅行動機）を持った訪日外国人客の取り込みを図り、IRをきっかけとすることで新しい旅行の魅力を創り出し、関西

表1 大阪IRの地域整備計画の概要

敷地面積	49万m^2
投資規模	1兆2700億円
総延べ床面積	77万m^2（このうちカジノ行為区画は3％が上限）
年間来場者数	2000万人（国内約1400万人、国外約600万人）
年間売上高	5200億円（ノンゲーミング1000億円、ゲーミング4200億円）
国際会議場	最大会議室6000人以上、全体で1万2000人以上 （東京国際フォーラムを上回る）
展示施設	展示ホールの床面積2万m^2
宿泊施設客室数	約2500室（うち20％以上がスイートルーム）、宿泊施設面積28.9万m^2
府市の収入	1060億円（納付金740億円、入場料320億円）

(出所：大阪IR地域整備計画)

注1　ノンゲーミングとは非カジノでの売上、ゲーミングとはカジノによる売上をいう。
注2　府市の収入はカジノ税を30％と想定している。15％ずつ国と折半。入場料も同様に国と折半。
注3　入場料は日本人と在日外国人に対して1回あたり6000円。

が保有する歴史・文化・食・自然・産業・スポーツ・人といった多様な地域の観光資源を顕在化させることが地域には求められています。

　IRが常に集客力を持ち続け、日本・関西各地への送客できる拠点となるためには、飽きさせないことが必要です。そのため、IR整備法は、カジノ収益の内部還元によるIR区域整備を通じた観光及び地域経済の振興等を具体化することを求めています。カジノ事業収益が活用されることで、IR事業が一体的・継続的に行われるようにしなければなりません。

　IRには送客機能、すなわちIRをハブとして日本、関西各地を紹介するショーケース機能、ワンストップで旅行の手配ができるコンシェルジュ機能がIR整備法で求められています。写真7はマカオのIRの1つであるギャラクシーのバスターミナルです。中国本土をはじめ、各地へのバスが出ており集客だけでなくギャラクシーを拠点とした送客機能を持っています。大阪IRもバスターミナルとフェリーターミナルを用意する計画となっていますから、マストラ（マストランジット：大量輸送機関）が直接つながっていない天橋立や高野山、熊野古道などへのバスや、瀬戸内の多島美を楽しみながら四国、九州へとつながるフェリーを誘致し、観光ハブとしての利便

写真7　ギャラクシーのバスターミナル
(写真：筆者撮影)

性を高めようとしています。

　また、この他にも、日本の伝統芸能や文化だけでなく世界的なアーティストによるコンサートや映画・音楽の授賞式などが楽しめるシアターなどの施設、平均客室面積約60～75m²、全客室のうち約20％以上がスイートルームの宿泊施設など、従来とは違うクオリティとスケールで施設を造っていこうと計画されています。

　IRは公共政策として推進されるものであるからこそ、送客機能のようなシンガポールにもない日本型IRの独自性が示されています。また、IRの当初の売上はゲーミングによっていますが、この売上はノンゲーミングの魅力向上に、積極的にまわすようにして頂きたいと思います。ラスベガスの大手IRオペレーター、シーザーズ・エンターテインメント（スティーブン・タイト氏の講演2019年注7)によると、ラスベガスの収益構造は近年大きく変化し、2017年にはカジノの売上が約4割にまで下がっており、6割を占めるノンゲーミングで約10万人の雇用が生まれているとのことです。公共政策としてのIRの行く末を見守っていきたいと思います。

② あらゆる資源を活用する観光まちづくりの必要性

　国は2016年3月に「明日の日本を支える観光ビジョン」を策定し、毎年「観光ビジョン実現プログラム」を取りまとめその実現に動いています。観光ビジョンの課題の1つとして、「我が国の豊富で多様な観光資源を、誇りを持って磨き上げ、その価値を日本人にも外国人にも分かりやすく伝え

ていくことが必要」として、目標数値を掲げてあらゆる観光資源を活用する必要性を指摘しています。実際、赤坂や京都の迎賓館などの魅力ある公的施設やインフラを通年公開したり、国立公園を積極的に観光活用したりする施策が始まっています。他にも「文化財」を「保存優先」から観光客目線で「活用」するため文化財保護法を改正したり、2020年を目途に原則として全都道府県・全国の半数の市区町村で景観計画を策定し美しい町並み景観を造ったりするなど、目に見えた政策が進んでいます。

どの地域においても文化財の活用や景観・歴史まちづくりは関心の高いことでしょう。ここでは、文化財と景観について取り上げたいと思います。

1 文化財の活用

2019年4月1日に施行された改正文化財保護法の改正趣旨は、文化財の滅失や散逸の防止にあたっては、文化財（未指定を含む）をまちづくりに活かしながら、地域をあげてその継承に取り組んでいくことにあると文化庁は述べています。このため、地域において文化財の保存だけでなく、積極的な活用も必要だと指摘しています。これに、文化財の持つ価値を地域住民や来訪者に適切に伝えること及び文化財の活用によって新たな地域創造につながるようにすることを加えて、法改正がされました。改正の背景として文化庁（2019年）は、重要文化財民家の個人所有者の平均年齢は73歳前後となり、特に個人所有者の文化財維持・管理が難しくなってきたこと、地域主体の文化財の掘り起こしやまちづくりへの活用気運の高まりの2点を挙げています。

文化庁は改正のポイントの1つは、都道府県策定の文化財保存活用大綱のもと、市町村が文化財保存活用地域計画を策定することで、市町村が主体となった文化財の保護・活用の取り組みを促す権限委譲（文化財保護法第184条）と必要な規制緩和を行えるようにすることが中核をなしていることです。活用のイメージとしては、「文化財の価値を伝え、活かす」分野として

「重要文化財奈良監獄の宿泊施設としての活用（新たな意義と機能の付与）」や「大阪城のプロジェクトマッピング（文化財とは直接結びつかないイベント・ユニークベニュー）」などがあるでしょう。また、「文化財の面的な活用」として、萩市の「まちじゅう博物館」、大阪市の「生きた建築ミュージアムフェスティバル」などが挙げられるでしょう。

「地域社会総がかり」で文化財を継承し、総合的・一体的な保護・活用を進めることで、新たな観光資源として集客につなげ、文化財による地域活性化を実現させていく。息の長い取り組みではありますが、その価値が多くの人たちに認められることで「古典的観光資源」としてより大きな価値へとつなげることが求められています。

2 景観・歴史まちづくり

2005年6月に全面施行された景観法の第2条は基本理念が書かれており、良好な景観は「国民共通の資産とし、現在及び将来の国民が、その恵沢を享受できるよう、その整備及び保全が図られなければならない」とされているとともに、「観光その他の地域間の交流の促進に大きな役割を担うものである」ことも併記されています。景観はまち並みの美しさだけではなく、まちの賑わいや雰囲気も創り出し、観光を通じて地域の活性化に寄与するものと言えるでしょう。

京都市では、歴史的建造物の保全や景観法規制に加え、屋外広告物の適正化を推進したことで、四条通などの繁華街においても町並みが整備され以前と比べて雰囲気が一変したことが報告されています。このように景観法は、「景観上の不調和をなす建造物の規制というマイナス要因削減を主目的とした法律である」ことが特徴となっていると西村幸夫教授（2018年）は指摘します。一方で、歴史まちづくり法は「歴史を活かしたまちづくりを推進するプラス要因の付加をめざしたものである」と西村教授は指摘します。高山市は歴史まちづくり計画のもと、重要伝統的建造物群保存地区

と他の歴史施設を結ぶための整備や高山祭を伝統的な様式に復元するため記録や衣装の整備を進めています。

　すなわち、景観整備のための規制強化が景観法の役割で、歴史や文化を基調としたまちづくりを支援するのが歴史まちづくり法の役割ということでしょう。この2つが連携し、政策資金を投入することで質の高いまちづくりを進めるのです。

　文化庁は文化財保護法の改正にあたり、こうした近接した計画の連携イメージを図3のように関係づけています。事業活用としての文化財保存活用地域計画と歴史まちづくり計画の連携による文化財活用と周辺整備を一体的に行うことで、より魅力あるまちづくりにつなげるということです。一方で、景観計画、都市計画による規制を意識して展開されるということです。これらが市町村の上位計画である総合計画のなかに盛り込まれていくことが必要です。

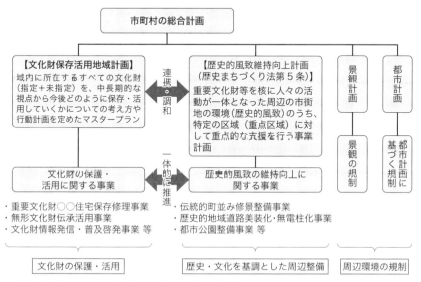

図3　文化・景観に関わる4計画の関係イメージ　(出所：文化庁（2019）p.35の図に加筆・一部修正)

③ 観光行政の役割と姿勢

　自治体にとって、観光地を魅力あるものにしていくとはどういうことでしょうか。そもそも従来から観光振興を行っていた自治体からすると観光政策とは、マーケットに向けての観光プロモーションやイベントを行うことではなかったのではないでしょうか。観光行政もDMO・観光協会も、じつは似通った仕事をしていたのです。「地域が主体となって、自然、文化、歴史、産業、人材など地域のあらゆる資源を活用することによって交流を振興し、活気あふれるまちを実現する[注8]」ことが「観光まちづくり」の一歩だとすれば、景観計画・歴史まちづくり計画・都市計画など、本来は住民向けの政策に対しても積極的に観光側からのアプローチをすること、つまり旅行者も関係人口として政策の対象とすることが必要でしょう。外から来た人たちの評価は市民のシビックプライド（地域への誇りと愛着）を高めていきます。そのためには、観光行政は一過性のイベントやポスター作りにのみ勤しんでいるわけにはいきません。積極的に他部局と庁内調整をすることが必要です。

　「ここにしかない」という地域の個性や真正性を感じさせる資源の発見と開発が旅行者来訪の一番の動機づけになることは言をまちません。また、それは、地域での新しい時間の過ごし方を旅行者に提案していくことでもあります。観光地域に変化や創造を求める旅行者の思いにもつながることではないでしょうか。

　観光の地域における経済的影響を考慮すると、観光は地域政策として取り上げるのが妥当です。観光の経済効果を一時のもので終わらせることなく、地域を支える持続的な産業としていくためには、「地域に思いを寄せる旅行者が訪れたいまちは、住みたい・住み続けたいまちでもある」と考える新たなバランス感覚が、政策にも必要ではないでしょうか。

第3章
マーケティングから見た地域の個性
集客における文化資源の活用の難しさについて

　第2章では、コンテンツとなる地域の観光資源について整理をしました。そのなかに歴史・文化も重要なコンテンツであり、文化財の保護だけでなく積極的に活用していこうとする法改正についても触れました。しかし、「ここはあの有名は大名〇〇公の御内儀が天寿を全うした地です」と地域のアイデンティティを観光資源にしようとしても、それがなかなか集客には結びつかないのが現実です。それはいったいなぜでしょうか。本章では、どうすれば地域の文化資源を観光対象化（集客コンテンツ化）できるのかを考えてみたいと思います。

① 旅行のモチベーション

　観光行動は旅行者が観光資源を中心とした観光対象を利用・消費する活動です。旅行者の観光行動の目的は、(1)心身をリフレッシュさせる、(2)好奇心・向上心を満足させる、(3)一緒に旅行をする家族や友人等と共有する時間を持ち共通の体験をする、(4)自己啓発・自己実現につなげる、と大きく4つに分類されます。観光資源は、その4つの目的のいずれかにかなうものでなければなりません。また、毎回同じ目的で旅行に行くわけではなく、「誰と行くか」によってその目的は変化もするし、1回の旅行で目的が1つとも限りません。

図1と図2は、旅行者がどこの観光地を選ぶかという動機と欲求の構造を示しています。旅行者は自らの個人的な価値観とその時のニーズにより「どこに行くのか」「何をするのか」という旅行先の決定をします。例えば、夏休みに家族との共通の時間を持ちたい、というニーズがある時、アクティブに過ごしたいという価値観を持っているのか、静かに過ごしたいという価値観を持っているのかで行先は変わってきます。そして、行先をどこにするのかという欲求（ウォンツ）の段階では、今までに行ったことがある観光地のなかから選択をするのか（経験的知識による選択でリピーター）、テレビ

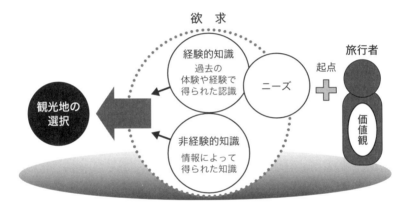

図1　プッシュ・モチベーションを起点とした観光対象の選択 (出所：筆者作成)

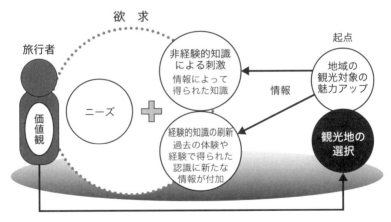

図2　プル・モチベーションを起点にした観光対象の選択 (出所：筆者作成)

やSNSなどで紹介をされた観光地を選択するのか（非経験的知識による選択で初訪問者）で観光目的地が選択されます。

　旅行の行先の選択には、上記のように旅行に行きたいという行動を人に起こさせる個人的要因（プッシュ・モチベーションという）と観光地自らの地域づくり・魅力づくりを進めた結果、行ってみたい場所として認識されるプル・モチベーションの2要因が存在しています。図1のように「旅行」に行きたい（プッシュ・モチベーション）と思っている消費者に、旅行の目的（ニーズ）にあった魅力的な場所だという情報をいかに伝えることができるか（プル・モチベーション）によって「どこ」に行くかが決まります。反対にプル・モチベーションによって「特定の場所」への関心が高まり、プッシュ・モチベーションが刺激されて旅行にいくことが決まる（図2）こともあるのです（小口、花井、2013年）。

　文化資源を集客コンテンツとしてマーケティングを展開しようとする場合、考えなければならないのは、歴史・文化などの文化資源をコンテンツとする場合の特殊性です。富士山の美しさ、沖縄のエメラルドグリーンの海、屋久杉の悠久の生命力など、見れば分かる・五感で感じるというコンテンツと違い、歴史・文化・伝統芸能は受け手である旅行者に、一定の知識や理解などの成熟度がなければ満足度の高い旅行とはなりません。

　これは日本人をターゲットにする場合も同様です。観光地域づくりに取り組む自治体は増えていますが、まちの埋もれた歴史や文化遺産の発掘・再評価による資源の観光コンテンツ化は、そう容易なことではありません。例えば「浅野内匠頭の内儀が天寿を全うした地」だと言われても、忠臣蔵を知らない若者が増えてきている現状では、歴史や時代劇に関心のない人たちにとっては、旅行者の目的地（デスティネーション）にはなりづらいでしょう。埋もれた資源を観光コンテンツ化するにあたっての工夫とターゲットの設定、ターゲットに刺さるプロモーションを実施していかなければ、集客の方法が分からず立往生せざるを得なくなるでしょう。

② 文化と観光の関係

「旅行者の好奇心・向上心への満足」が旅行の目的の1つであることから、国や民族の文化の違いは、海外旅行の主要な動機となっています。実際、日本の旅行会社が企画する海外旅行商品の行程は、各国の有形・無形の文化資源を探訪する内容で埋め尽くされています。旅行者が対象とする文化資源には文化財や歴史・郷土景観だけではなく、その地に行かなければ体験できないような生活様式や習慣、言語などの無形の精神的営みもそのなかに入るでしょう。また、ウィーン・フィルハーモニー管弦楽団のニューイヤー・コンサートやイタリアの夏の野外オペラを楽しみに旅行される方もいるでしょう。

この章でいう「文化」は、高度な精神的所産としての芸術や創作意図を持って生み出された作品を指すだけでなく、様々な精神的活動を生み出す生活様式全般（友岡、2009年）に及ぶと考えてください。

1│受け手側の成熟度

数多くの旅行者がその国の文化に触れる機会を求め、受け入れをする地元がその機会を提供しようとした時、その地元の文化と慣習は演出されたものとなるケースがあります。これは、数多くの旅行者を受け入れるために観光用に踊りのパフォーマンスを短縮したり（例えば、宮崎県高千穂の夜神楽を旅行者には1時間で提供）、現代風にアレンジしたり（後述のケチャダンス）することを指しています。こうしたケースは現地の言葉が理解できないことや、宗教儀式が起源となっているため、あまりに長時間の上演を鑑賞することが不可能なことも原因ではありますが、一方で文化の受け手側である旅行者の成熟度に起因する場合もあるのです。

指揮者で作曲家でもあったピエール・ブーレーズは文化の受け手側の成熟度を４段階に分けて整理しています。すなわち、
　Ⅰ．ある芸術家の作品に初めて触れ、「原初の感動」を持つ段階
　Ⅱ．その芸術家の他の作品など「情報収集への熱狂」を持つ段階
　Ⅲ．知れば知るほど深まるその「芸術性の神秘への畏怖」を感じる段階
　Ⅳ．Ⅲ以前の３段階を経験し、その芸術を生み出した「文化に対し謙虚で高度な境地」に至る段階
と述べています（日本経済新聞、1997年1月25日朝刊）。

　旅行会社の商品のなかには、ウィーン・フィルハーモニー管弦楽団のニューイヤー・コンサートやイタリア・ヴェローナの夏の野外オペラ鑑賞など、なかなか取りづらいチケットを確保し、SIT[注1]と呼ぶツアーに仕立てることがあります。こうした目的が明確な旅行はターゲットもきわめて明解で、ブーレーズの言う「ⅡあるいはⅢの段階」への「旅行サービスの提供」が行われます。

　一般的には、観光と芸術・文化の関わりを考えると、観光の役割は「Ⅰ段階」へのきっかけを提供することです。しかし、旅行者すべてが現地の文化に「原初の感動」を持つとは限らないため、初見の人でも鑑賞しやすいように、また飽きがこないように演出が加えられるのです。プロモーション活動の段階では、受け手側の文化の成熟度を考慮することなく発信されることもあるため、現地で触れる文化への感動にも当然差が出ることを考慮した受け入れが必要だと言えるのです。

2 観光と本物（真正性）の関係

　観光が各地の生活空間、漁業や農作業の商品化を促進する働きをすることから、「観光は地域やコミュニティに商品化をもたらす」と言われることがあります。それは地域の文化や自然を商品化し、その資源の真正性（Authenticity）を変容させる可能性もあることを示しています。一方で、近年

の旅行者ニーズの多様化は、旅行先に「より本物感」のある経験の提供を求めています。

そもそも、旅行商品における真正性の概念をどのように整理したら良いのでしょうか。安村克己教授(2001年)は、社会学者であるコーエン(Cohen, E)の「観光状況」という概念から表1のように整理しています。

コーエンは、(1) 旅行者が、ある観光場面をどう認識するか、(2) その観光場面は実際にどのような特徴を持つかという2つの軸から、表1の観光の状況類型を導いています。それぞれの類型の特徴を以下に紹介します。

①真正（Authenticity）：実際の観光場面での客観的な現実と旅行者が感じ取る真正性が合致した状況を表している。

②演出された真正性（Staged Authenticity）：地元の観光関連事業者や旅行会社などの観光サービス提供者が旅行者のために場面を演出する。旅行者はその演出によって理解しやすいものとなる。一方で、旅行者はそれを現実として受け入れてしまうので、本来の内容はどういうものかを紹介する配慮も必要であろう。

③真正性の否定（Denial of Authenticity）：旅行者が観光場面での客観的状況を誤解して、真正性に疑問を抱くようになる状況を表している。重要伝統的建造物群保存地区の建物に土産物屋や蕎麦屋が入った町並みを見て、「ガイドさん、ここはどこの映画村ですか」と確認している様子は、まさにこの状況であろう。

表1　コーエンの観光状況の類型

		(1) 旅行者による場面の印象	
		現実	演出
(2) 実際の場面の特徴	現実	①真正	③真正性の否定 （演出への疑念）
	演出	②演出された真正性 （暗黙裡の観光空間）	④人為的 （公然の観光空間）

＊各象限の（　）内はコーエンの呼び方

(出所：安村克己 (2001年))

④人為的 (Contrived)：テーマパークのように旅行者も受け入れる側も演出を意識している状況である。

　旅行者は、どのような観光状況を求めているのでしょうか。文化経済学の創始者と言われるジョン・ラスキンは、金銭にも換えがたい感動や体験をもたらす自然環境、文明・文化の成果である町並み、建築物や芸術作品などの価値を「固有価値」と呼び、増田辰良教授（2000年）は、「観光はこうした固有価値を有する地域資源を求めて行動すること」だと述べています。しかし、旅行者は個人として、個別の背景となる文化を有しており、観光状況での認識もそれぞれに異なるのですから、旅行における観光状況は「演出された真正性」を一定の範囲で許容して、旅行者に提供していくほうが地域の文化の理解のきっかけとすることができるのです。旅行者は地域文化の受け手として、すべての人が高い成熟度を持っているとは限らないからです。観光は旅行者に「原初の感動」を与えることが役割です。旅行先で触れた文化に「情報収集への熱狂」を持てるか否かは、旅行者自身の価値観と成熟度に委ねられています。だからこそ、地域は地域の文化を分かりやすく伝える工夫をすることが求められています。

③ マーケティングの視座から見た文化資源

　観光対象となる文化は、誰にも分かりやすく受け入れやすいことが重要です。そのため、中学や高校で学んだ歴史や美術の教科書に掲載された文化財は、観光の対象となりやすいと言えるでしょう。北山文化の象徴である金閣寺やルーブル美術館のモナ・リザなど、なじみ深い文化資源は一生に一度は見ておきたい観光対象となりえます。

　また、近年、分かりやすさを前面に押し出した博物館に人気が集まっています。東京・両国の「江戸東京博物館」や大阪・谷町四丁目の「大阪歴史博物館」、大阪・天神橋筋六丁目の「大阪くらしの今昔館」、新横浜の

写真1　大阪くらしの今昔館（江戸時代の北浜の再現）（写真：筆者撮影）　　写真2　エイジングされ手垢がついた柱（写真：筆者撮影）

「ラーメン博物館」などがその例です。例えば「大阪くらしの今昔館」は江戸時代の大坂の建物や町並みを実物大で再現し、そのなかに生活道具などの実物資料を配して当時の暮らしを含めた「情景再現展示」をしています。

　こうした分かりやすい演出は、サムライ（Samurai）に関心のある訪日外国人客の人気も高く、浴衣を着て江戸時代の町並みに溶け込もうとしています。堀野正人教授（2007年）の言う「『私』を物語の登場人物として演じる空間」がそこにあります。江戸時代の大坂の商家の店先を再現し、当時の賑やかな商家の様子をよみがえらせていますが、その一角の長屋の柱を見てみると、人の手垢がつき、緑色の苔までついているのが分かります。見学者はエイジング[注2]の手法により、江戸時代の再現展示を違和感なく受け入れることができるようになっています。私たちは演出空間において視覚化された歴史的情景を受け入れることで、文化的遺産の歴史が歪められてしまうという批判があることも承知しておかなければなりません。

　しかし、堀野教授は映画「Always 三丁目の夕日」シリーズを撮影した山崎貴監督の、シリーズ第1作を撮った後のインタビューを引用して解説をしています。「僕らが子供の頃の風景を思い浮かべた時に、新品だったはずのものが出てこない。（中略）全部良い具合に汚れていて、しみじみしたものになっている。それはたぶん、今見ている当時の古い建物などの印象をリファレンスして創造している。ということは、昭和30年代のことを

写真3　大分県豊後高田の昭和のまち （写真：筆者撮影）

思い出す人たちも、書き換えられた記憶のはずなんです。（中略）理屈じゃもちろんピカピカのはずだけれども、そのまま描くと絶対違和感を覚える。」（切通理作、2006年）すなわち、私たちが見ている現存の当時の建物を参考に、「人びとの書き換えられた記憶は、博物館のエイジングによる演出空間として具象化されていく」（堀野、2007年）と指摘しています。

　初めて触れる他国の文化や歴史に対し、「原初の感動」とは言わずとも「理解の第一歩」を踏み出してもらうことが、互いを理解し合う観光の目的とも合致するのだと考えれば、観光における演出を否定する必要はないでしょう。

　また、こうした演出空間はまちづくりにも生かされており、大分県豊後高田の商店街「昭和の町」はその代表例と言えるでしょう。そこには必ずしも真正な「昭和」があるわけではなく、「昭和が演出」されているのですが、商店街の人たちは真摯にその様子を再現し、保存し、活用しようと努力を重ねています。旅行者もその様子に感心し、称賛をすることで、演出が「本物」だという評価へと昇華していきます。文化や歴史とは別に、地域の人との体験は受入側の「真摯さ」によって「真正な物語」として創り上げられていくのです（橋本、2018年）。

第3章　マーケティングから見た地域の個性　71

④ 観光と芸術・文化の関係

　観光は、訪れた人に「原初の感動」を与えることが役割です。「演出された真正性」や「真正な物語」という観光状況は、受入地の文化や社会を破壊するのではなく、新しい地方文化と交流を創造するきっかけともなりえることは本章で指摘しました。バリ島のケチャはトランスを伴う儀式のなかだけで行われ、決して旅行者のために行われるものではなかったのですが、1930年代にドイツ人画家ヴァルター・シュピースの助言によって「ラーマーヤナ」の物語と結びつけ、旅行者にも退屈せずに鑑賞できる舞踏劇として創作されました。バリ島で今日、目にすることのできる民族芸能は、バリの伝統に根ざしながらも旅行者のまなざしで、新たに「創造された伝統」(山下、1997年) なのだと言えるでしょう。こうした観光が創りだす文化を否定的にではなく、観光の創造的な側面だと捉えるべきなのです。

　また、インバウンドのマーケティングにおいても、地域の独自の歴史文化をコンテンツとして取り上げることは可能です。魯迅が『藤野先生』という小説で上野公園の桜を綴った文章は、中国の中学校のテキストに収められているとのことです。その冒頭には「上野の桜が満開の季節に、見渡すと、なるほど花くれないの霞たなびくようだ（上野的桜花爛漫的時節、望去確也像緋紅的軽雲）」と綴られています。文豪が描いた景色に憧れを持っている中国人にとっては、上野公園で桜を見ることは日本での歴史文化体験をする意味があり、人気の高いスポットとなっています。

　旅行者目線を意識した文化資源の活用のあり方、すなわち「地域の文化や風俗を知りたい」「先人が体験した日本の文化を自分も体験したい」というニーズに対応するソリューションとして、「原初の感動」につながる演出や受入対応がデスティネーション・マーケティングの視座から求められているのです。

第4章
観光市場に向けた戦略づくり
顧客に向き合うためのターゲティングとそれを支えるデータ

　UN Tourism（世界観光機関、旧略称 UNWTO）によれば、コロナ前、2019年の国際旅行者到着数は14億8000万人と、UNWTOの予測よりも2年早く14億人に達した前年を上回り順調に推移していました。コロナ禍で大きく減少したものの、2023年の国際旅行者到着数は2019年の水準の89％、観光輸出収入は96％まで回復しました（UN Tourism 駐日事務所、2024年5月24日プレスリリース）。旺盛な需要は世界の観光地域や観光産業にとって朗報ではあったものの、それは多種多様のニーズ・ウォンツを持った人たちであり、十把一絡げに巨大な単一市場が存在すると考えることはできません。個人の価値観に合った自由な旅行先の選択を求める動きは、2022年の政府のインバウンド向け水際対策の結果からも分かります。同年10月の緩和策では入国上限をなくし、6月の団体パッケージツアーや9月の個人型パッケージツアーに加えて個人旅行での手配でも良いとしたことで、10月以降の訪日外客数は大きな伸びを示しました。

　DMOのデスティネーション（観光地）・マーケティングの実行は、「顧客は誰か」を見極めることから始まります。「誰に、地域の観光資源の価値を、どのように体験し楽しんでもらうのか」を明確にしていくことが必要です。誰にでも満足してもらえると考えるのは現実的ではありません。地域の観光資源はどういう人たち、あるいはどのような旅行形態[注1]にとって価値あるものかを考え、ターゲットを定めることが必要です。それはプロモーションをする際にも同様で、消費者とのコンタクトポイントを設定する時も

ターゲットが定まらなければ、効果的・効率的な展開はできません。年代によって読んでいる雑誌やWEBサイト、SNSの媒体が違いますし、地域によって購読している新聞も違うからです。

　この章では、市場に向けた戦略づくりにあたって、市場をセグメント（細分化）しターゲットを定め、市場でのポジションを獲得することの重要性とその判断を支えるデータについて整理したいと思います。

① 顧客に向き合う──セグメントの事例から考える

1｜巨大な単一市場などはない

　観光のマーケットは様々なニーズを持った消費者の集まりです。しかし、消費者一人ひとりは、住んでいるところも年齢も価値観もまるで違った人たちですから、それぞれの個別のニーズに応えることは現実的ではありません。そこでマーケティングの理論では、同質的なニーズや属性を持つ人たちをグループとして捉えるようにしています。こうして整理される個別のグループがセグメントと呼ばれることは第3章でも紹介しました。例えば、ホテルにおける市場を細分化する2つの変数を組み合わせることによって、図1のようなマトリクスが出来あがります。所得だけでなく年齢も同じグループは、より同質的な旅行行動を取り、ホテルの選択においても同様のニーズやウォンツを持っていると考えられます。細分化された市場を代表するユーザー像をペルソナと呼び、仮想的な人物像が設定されます。例えば、所得も年齢も高い層は「富裕層」であり、宿泊するホテルに一定のステータスを求めると考えられます。そうであれば、帝国ホテル、ホテルオークラのような高級老舗ホテルがウォンツとして浮かび上がります。

　ホテルなどの観光産業だけでなく地域の観光事業においても、インターネットの出現によって情報量が増大し、売り手に情報が偏っていた「情報

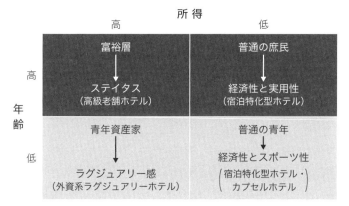

図1 所得と年齢によるホテルの市場細分化の例 (出所：田畑 (2019) を参考に筆者作成)

の非対称性」は崩壊しました。また、EC（Electronic Commerce、電子商取引）の進展により観光商材の流通革命が起き、単一で巨大なマーケットが崩れていきました。これまでのマス・マーケティングからターゲット・マーケティングへと観光業界も方針が明確になっていったのです。「そうだ、こんなところに行ってみたい」と消費者に言わせるように地域の価値を伝えていかなければなりません。そのためには、ターゲットに刺さるプロモーションが必要です。本節では、危機を乗り越えるために素早いターゲットチェンジを行った「チャールストン」とぶれないターゲティングで顧客の求める価値を凝縮した着地型体験商品を造成し5年かけて黒字化をした「ぽけかる倶楽部」を紹介します。

2　9・11（アメリカ同時多発テロ）のチャールストンの対応
地理的変数（ジオグラフィック変数）による細分化の例

　デスティネーション（観光地）のマーケターは市場環境に変化が生じても、自分の地域のコンテンツに対し関心を持つ人たちはどこにいるのか、マーケットを明確に細分化していかなければなりません。ここでは、2001年9月11日のニューヨーク同時多発テロがあった時に、これまでの想定を超える事態にあっても冷静にターゲティングを行い、他都市よりもいち早く

旅行者が戻ったアメリカ・サウスカロライナ州のチャールストンを取り上げます。「事後策としてどうすれば2次被害が起きないか、回復の時間が短縮できるか」とクライシス・マネジメントの発想で考えることの大切さを教えてくれます。

今後の展望や感染の収束が見通せないこの時期に何をすべきか、チャールストンエリア・コンベンション＆ビジターズ・ビューロー（以下CCVB）へのヒアリング（2020年3月）とチャールストン大学のリトビン（Litvin）氏らの論文（2003年）から紐解いてみたいと思います。

チャールストンは、南北戦争の史跡やプランテーションが残る米国最大の歴史保存地区で、温暖な気候とビーチにも恵まれた魅力的な港湾都市です。ナショナルジオグラフィックトラベラーをはじめ、各種の旅行雑誌でもこぞって取り上げられる人気の観光地です。

2001年9月11日の同時多発テロの際は航空会社の運航は止まり、海外はもちろんのこと国内からの旅行者も来なくなってしまいました。CCVBには危機対策チームが立ち上げられ、今後のマーケティング方針が決められていきます。例えば、閉鎖されている空港の再開時には厳重な警備下での搭乗となる可能性が高く、搭乗所要時間が長くなることが予想されること、安全面への心配からもしばらくは家族と一緒に飛行機に乗らないと推測される、という議論のもと、遠方からの飛行機利用客、海外からのインバウンド客はしばらく来ないと結論づけました。そこで、従来ならドライブマーケットの範囲外と考えられていた片道6時間から10時間圏内にまでターゲットエリアを拡大してプロモーションを展開することにしたのです。プロモーション費用は、インバウンド向けに海外での旅行展に出展するつもりだったリソースや航空機でやってくる旅行者向けの旅行会社へのプロモーション経費を振り替え、「A road in road（道は続いている）」のコンセプトでドライブマーケットのプロモーションが展開されました。

全体のキャンペーンのキャッチコピーを"Fall back in time（過去にさかのぼれ）"とすることも決まりました。「過去にさかのぼり、道を少し走ったら、

100万マイル離れたところにチャールストンがある。そこにはアメリカの歴史だけでなく、ワールドクラスのゴルフコースや南部のショッピング、クルーズも楽しめる」と誘いかけました。9月11日から2週間以内と迅速に行われたこれらのプロモーションは、旅行者が感じるほどチャールストンは遠くないという明確なメッセージを送り、休暇予定者にチャールストンへのドライブ休暇を検討するようプロモートしていきました。また、チャールストンエリアでの休暇の予約をスムーズにできるよう、CCVBはOTA（Online Travel Agency）、ホテル、アトラクション事業者と連携しパッケージ化して商品提供できるように努めるなど、エリア

写真1　南北戦争前には奴隷オークションが行われた旧奴隷市場博物館（写真：筆者撮影）

写真2　チャールストンの歴史地区の町並み（写真：筆者撮影）

内の相乗的なマーケティング機会をサポートし、地域内でお金がまわるようにもしていきました。

　こうしたマーケティングの成果が、図2に示されています。2001年9月の全国的な総需要は前年比で14.8%減少し、チャールストンも15.2%の減少でした。しかし、10月は全国で10%近いマイナスであったのに対し、チャールストンは約3%とマイナス幅が縮小し、11月以降のチャールストンは対前年を上回っていくのです。2002年4月には、31万7000人の訪問者となり、同月としては過去最大の旅行者を迎えることとなりました。

　チャールストンの事例は、観光のクライシス・マネジメントにより、い

第4章　観光市場に向けた戦略づくり　　77

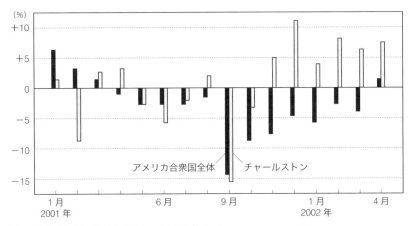

図2　月次別の対前年比旅行需要の増減 (出所：Litvin & Alderson, 2003)

かに回復の時間が短縮できるかという教訓を示してくれています。(1)臨機応変なリソースの振り替え、(2)ドライブ市場の拡大に見られる主要ターゲットの再定義、(3)新たな市場に向けたプロモーション・メッセージの変更、の3点です。マーケティング戦略の変更は、直感的に形成されたものの、デスティネーション・マーケティング理論に適合していると言えるでしょう。日ごろからデスティネーション・マーケティングを意識し、実践に活かしていくことが必要です。

ここで日本の観光地域へのアクセスを変数とした地理的変数でのセグメントに、役立つデータを紹介したいと思います。

図3は距離帯別の利用交通機関の分担率を表しています。300km未満では乗用車等の利用が圧倒的に多いことが分かります。300〜500km未満で鉄道が大きく分担率を上げますが、乗用車等と肩を並べる程度です。鉄道は500〜700kmで最も利用率が高くなり、700〜1000kmで航空機とほぼ同じ数字になります。航空機は1000kmを超えると圧倒的に分担率を上げているのが分かります。もっともこのなかにはビジネス出張や帰省なども含まれていますから、観光（レジャー）目的の場合はもう少し深掘りして考

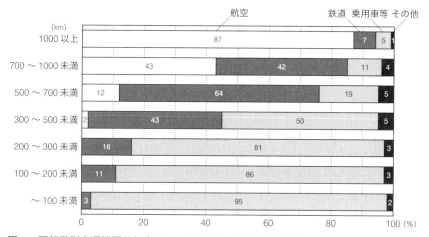

図3　距離帯別交通機関分担率 (出所：国土交通省「第6回全国幹線旅客純流動調査の概要」2015年度)

えることが必要です。

アクセスによるセグメンテーションにおいては、出発地 (Origin) から観光目的地 (Destination) までの交通手段別の費用と時間距離がポイントになります。それについては、第3章で名古屋からUSJへの移動を例に取り上げました。

3 株式会社ぽけかる倶楽部
人口動態変数（デモグラフィック変数）の例

1990年代に入ると、バブル時代のマスツーリズムに対する批判と旅行経験者の増加から、古典的観光資源のある、いわゆる従来からの観光地以外にも旅行しようという多様化が姿を現してきました。グリーンツーリズムやエコツーリズムといった着地中心にコンテンツを整理し、旅行商品を造成して販売するという仕組み作りを国土交通省が後押しするようになりました。こうした役割を担うATA（エリア・ツーリズム・エージェンシー）の概念が2005年に提示され、2年後には第3種旅行業務の範囲の拡大により隣接市町村の範囲で着地型旅行商品の募集が認められるようになります。

しかし、思うように売れませんし、コストが売上を上回るところがほと

第4章　観光市場に向けた戦略づくり　79

んどでした。修学旅行のコンテンツ（田植え体験、農家民泊など）など団体（マス）の現地ランドオペレーター的な役割でないと収益が上がらないのです。時期は 2014 年のことですが、(公財)日本交通公社が全国の観光協会など観光振興組織にアンケートを取ったところ、着地型の事業をしている組織のうち事業として黒字の状態にあると回答したのは 19.1%（表 1）とのことでした（(公財)日本交通公社、2015 年）。

　こうした中、マーケットの変化が起きているという認識のもと、「現地集合・現地解散型お手軽日帰りツアー・体験イベント」を専門に行う㈱ぽけかる倶楽部(以下、「ぽけかる」、現在は㈱イオレ旅行事業部)が設立されました。5 期目の決算で黒字化し、6 期目を迎えた 2013 年 3 月 1 日に水天宮前の本社を訪ね、代表取締役社長の鈴木道夫氏(当時)にヒアリングをさせて頂きました。

　鈴木氏は近畿日本ツーリスト在職中に創業期のメディア販売に携わった後、31 歳で退職、広告代理店を立ち上げました。「ゆこゆこ」というシニア向けの宿泊情報誌と宿泊予約サイトを軌道に乗せ、その後リクルートに株を譲渡し、その資金の一部で「ぽけかる」を立ち上げたのです。

　ここで、「ぽけかる」のマーケティングについて整理してみます。

　事業コンセプトは、旅行会社という概念ではなく、「日帰りのエンターテイメントや遊びを提供する」会社としたということです。旅行商品ではなく、あくまで地元で遊ぶ感覚で「お出かけカルチャー」として展開し、日常のなかの感動体験を通じて新しいライフスタイルを提案することを目的にしています。旅行会社と規定しないのは、午前中や昼下がりのほんの 2、

表 1　観光プログラムの販売を単体の事業として見た場合の採算性

採算性	回答数	比率
採算が合う（事業として黒字の状態にある）	13	19.1%
採算はほぼ収支トントンである	12	17.6%
採算は合わない（事業として赤字の状態にある）	42	61.8%
わからない	1	1.5%
計	68	100.0%

(出所：(公財)日本交通公社、2015 年)

3時間さえあれば、誰でも気軽に参加できるイベントや体験を用意したいからだとのことでした。

　知的好奇心のある70歳前後の女性をターゲットとしてプログラムをつくるのは、よりアクティブな60歳前後は国内、特に海外旅行への関心が強く、旅行会社のターゲットとなるからだと解説をしておられました。地理的には、地元・近場に住む人を狙い、地元で遊べる感覚でお出かけカルチャーとして展開したのです。実際、女性の参加が6割以上、1都3県在住が9割以上、50歳台から70歳台が8割以上となっていました。

　提供するプログラムは、「見て楽しい、食べて美味しい、知ってうれしい」の3つの商品コンセプトに合うものに絞り込みをしました。一見さんお断りの老舗料亭の食事とお座敷遊び、銀座でシャンソンや、迫力のフラメンコ、日本の伝統芸能の能や狂言を楽しんだり、なかなか入ることができない企業見学などをしたりして値ごろ感のある価格で提供します。桜の花も、ホテルでのランチも、そしてちょっとした蘊蓄も盛り込んで、コテコテに仕上げていきます。プログラムタイトルには、あれもこれも含まれているというお得感を詠い上げていきます。それでも40%の粗利が残るように仕入れをし、値ごろ感を感じるプログラムをつくるようにしました。「楽しい、美味しい、うれしい」という価値を提供し、満足度を高めないと値ごろ感は出ません。

　そのため、プログラムのガイドには重点を置いており、ガイド養成には力を入れるようにしていました。語りが面白いのは当たり前で、参加者が良い学びができたと感じ、物語に泣き、感動するというガイド力が最も重要だということです。そのために芸能プロダクションとも関係を持ち、タレントの卵に一定のガイド教育を行いました。日当1万5000円を支払っても、それだけの価値を創り上げてくれるということでした。限定感、特別感、割安感のあるイベント、プログラムが出来あがっていきます。

　黒字化した時は会員が20万人超、15万人の参加者があって損益分岐点を超えたとのことで、毎月宅配される情報誌とWEBによるプロモーショ

ンでリピーターも多いということです。設立からの4年間は赤字でしたが、実践のなかでターゲットを定め、顧客の求める価値が提供できるようにイベントやプログラムを磨き上げていくことで黒字化していったのです。

DMOは、「ぽけかる」のようにイベントや体験プログラムで稼ぐということが主な目的ではないでしょう。体験プログラムの提供事業者が新たな顧客と接点を持ち、事業継続できるように集客のサポートをすることが本来の役割です。旅行者が体験プログラムを通じて地域と関わり、経験することによって地域との絆ができ、地域ブランド構築のきっかけとなることは間違いありません。ターゲティング、プログラム造成、流通、プロモーションの一連のマーケティングを行っていくことが求められています。

② データを活用したターゲティング

欧米系の訪日外国人客を見かけることが多くなったからとか、議会の質問で欧米豪に力を入れるべきと言われたことで、ターゲティングをしたという嘘のような実話が漏れ伝わってきます。観光のマーケターとしての知見を活かすことも重要ですが、地域の観光事業は関係者が多岐にわたるため、データを活用してグラフ化するなど、「意思決定のプロセス」を分かりやすく伝える工夫も必要です。予算が潤沢にあれば調査会社に依頼して、必要なマーケティングデータ（1次データ）を取っていけば良いのですが、公表データ（2次データ）や自社サイトのデータを使うだけでも議論が進みます。議論のきっかけとして何から始めるのかを考えてみましょう。

1｜身近な公表データから考察する

■ 岐阜県高山市のデータ

高山市は観光統計を毎年公開しています。地域の関係者の協力のもと長

年にわたり、観光入込客数、宿泊客数、外国人宿泊客数などの統計調査を行っています。こうしたデータは表として見ていてもなかなかピンときませんが、グラフにすることで様々な考察のきっかけとなります（図4）。

観光には特有のマネジメント特性が8つ[注2]あります。詳細は紙幅の関係で別稿（拙編著『1からの観光事業論』第1章に詳しい）に譲るとして、ここでは季節性を取り上げ、身近なデータの活かし方（考察の仕方）について紹介したいと思います。

観光需要は季節や曜日により大きく変動します。この需要変動は、旅行者側の要因と、観光地側の要因が重なりあって生まれるのです。旅行者側の要因は、学校の行事や企業の休暇制度によるものです。例えば、家族旅行では家族全員が休みを取りやすいゴールデン・ウィークなどの大型連休や、夏休み時期、年末年始に集中します。とりわけお盆や年末年始は、こうした観光需要に加えて、帰省需要も重なるので、鉄道や航空業が繁忙期となります。

一方、観光地側による需要変動要因は、気象条件や観光資源の特徴によって影響を受けます。吉野山は観桜期が需要のピークであり、海水浴場においては夏の観光需要が中心です。白馬のパウダースノーのスキー場や札幌雪まつりのように雪が観光対象であれば、冬が観光需要の中心となるでしょう。こうして、旅行者側の要因と観光地側の要因が重なることで、繁

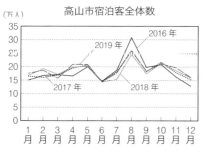
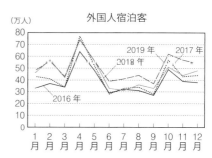

図4　高山市の月別宿泊客数と外国人宿泊客（単位：万人）
(出所：高山市観光統計、2019年をもとに筆者作成)

第4章　観光市場に向けた戦略づくり　83

忙期である「オンシーズン」と閑散期である「オフシーズン」、その中間にある「ショルダーシーズン」が生まれるのです。

特に観光消費の視点からすれば、宿泊客のオフシーズンやショルダーシーズンのマーケティングに力を注ぎたいところです。高山市の2018年度データでは、1人あたりの観光消費は日帰り客7483円、宿泊客3万4692円となっています。このうち宿泊費は1万8672円で、宿泊費以外は飲食物販などに使われますから、宿泊客の獲得は地域にシャワー効果があるのは明らかでしょう。

高山市は8月に宿泊者数がピークを迎え、毎年30万人泊前後になります（図4）。希望をする宿泊施設の予約がなかなか取れなくなる宿泊者数で、他の地域（下呂温泉や富山方面）に宿泊客を取り逃がす可能性があります。一方、8月以外はショルダーシーズン、オフシーズンにあたり、高山の宿泊事業者からすると8月以外の宿泊を高位で平準化していく取り組みが求められます。平準化に向けてのターゲットの1つはインバウンドです。外国人宿泊客比率はオフシーズンほど高く、特に4月は最多の35%（2019年、図5）となっています。4月の高山への関心は、SNSデータ（画像やクチコミ）から推測すると「古い町並み」に加え「桜」「山頂付近の残雪」「なごり雪」「高山祭」であり、これらの資源が複合的に見られることが他の地域の桜との差別化にもなっています。

そこで、観光資源の特徴からインバウンド誘致の重点月を4月として、さらに上積みを図るには、4月に休みの取りやすい環境にある国を確認することが必要です。タイは休暇がソンクラーン（タイ正月）の4月12日から16日（13〜15日は祝日）にかけて取りやすいことが分かります。また、2017年はイースターが4月16日（2023年は4月9日）であり、香港・オーストラリアなどのキリスト教の習慣がある国は、年によっては4月に休暇が取りやすいことも知られています。実際、2017年の香港は対前年129%、オーストラリアは134%でした。

こうした地域の観光資源特性や相手国の休暇制度に合わせたきめ細かな

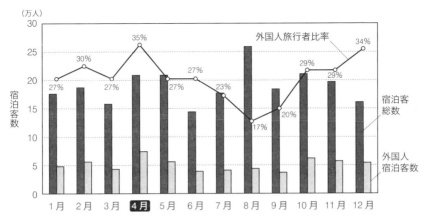

図5　2019年の外国人旅行者比率（宿泊客数は左目盛）
(出所：高山市観光統計、2019年をもとに筆者作成)

ターゲッティングは、地域の事情を深く理解することで可能になるのです。

2 観光庁データの2次利用

　観光庁のWEBサイトには、「訪日外国人旅行者数」「共通基準による観光入込客統計」「宿泊旅行統計調査」「旅行・観光消費動向調査」など多くの統計情報や各種の調査報告が掲載されています。ある意味、宝の山なのですが、地域の観光関係者が積極的に使わなければ、宝の持ち腐れになってしまいます。前項の「データを可視化する工夫」をやってみましょう。

　鎌田裕美氏は著書（2022年）のなかで、観光庁の「訪日外国人消費動向調査2019」の集計結果[注3]を利用して散布図を作成し、訪日外国人客の平均宿泊数と平均消費額から4つのグループを作り、ターゲティングしていくことを例に取り上げています。図6は横軸を平均宿泊数（9.4泊）、縦軸を1回あたりの平均消費額（15.3万円）として散布図を作成しています。この図は、Excelのグラフ機能で散布図を作成したうえで、縦軸と横軸の交点をそれぞれの平均値とします。直交する二直線によって仕切られた4つの象限ができ、それぞれの象限ごとにグループが出来あがります。

　例えば、山の残雪と桜の景観を楽しみにアジアから旅行者が多い観光地

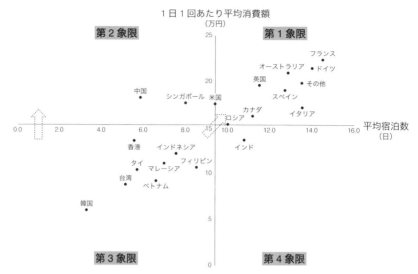

図6 散布図を使ったセグメンテーション （出所：鎌田裕美、2022年をもとに作成[注3]）

域（第3象限からの来訪地）が、滞在日数はそのままで観光消費額を高めようとすれば、次のターゲットは第2象限の国になります。滞在日数を長くし消費額も高めるならば、第1象限の国々になります。ターゲットが違えば、当然コミュニケーションの取り方も違ってきますので、DMOにとっては予算や人員などの資源配分や戦略が違ってくるのです。

2｜デジタルデータを活用する

◼ Googleアナリティクスのデータ

　観光地のデジタル・マーケティングの中核をなすのは、やはりDMOのWEBサイトです。オウンドメディアとしてアクセスや観光資源など様々な情報を掲載しており、旅行者は観光地を選択する際にチェックをしていることが多いでしょう。そのWEBサイトのアクセス解析をするツールがGoogleアナリティクス（以下、GAという）で、無料[注4]で提供されています。トラッキングコードと呼ばれる計測タグをWEBサイトへ設置し、WEBペ

ージが読み込まれると同時に実行され、ユーザーの流入元、検索キーワード、ページの遷移履歴・滞在時間などを計測します。ユーザー属性や行動履歴を知ることができるため、アクセス解析・サイト改善を目的として使われています。

このうちユーザー属性は年代、性別、都道府県（アクセス元の地域）、言語などでセグメントできます。ここを確認するだけでもターゲティングする際の探索ができますし、さらに内訳を見るためにユーザーとWEBサイトのページの2つのディメンションを掛け合わせれば（セカンダリディメンションの追加）、例えば、データ表示の期間、女性はどのような観光資源に関心を持って、どのページを訪問しているか、ということが分かります。

しかし、WEBサイトの構築をした会社に依頼し、毎月送られるレポートを見ているだけでは気づきはありません。GAの解析レポートを読む時は、ターゲティングの仮説を立て、その裏づけとなるデータを得るなどの目的を持った使い方をすることが望まれます。また、GAを始めるにあたって専門用語は必要ありませんが、ユーザー、セッションなどの基礎用語は知っておく必要があります。2023年7月に従来のGA（ユニバーサル・アナリティクス）での計測が終わり、Google Analytics 4にすべてが移りましたので、地域で研修会を行うなどGAに慣れていくことも必要でしょう。

2 観光ビッグデータでできること

ビッグデータが注目されているのは、必ずしもそれが多種・大量であるというだけではありません。そのデータには、リアルな個々人の行動などが反映されていて、それを解析することで従来のデータ解析では捉えきれなかったことを抽出できるという期待があるためです。観光分野においては、個人旅行者の増加がビッグデータを必要としています。個人の観光行動は千差万別であり、ビッグデータの解析を通じて、多様な行動をマクロとミクロの両面から把握することが期待されています。

では、観光ビッグデータはターゲティングにどのような貢献をするので

しょうか。観光ビッグデータでは、ローミングデータ、GPS データ、SNS データを主要データとして活用します。観光庁（2017年）によれば、正確性や信頼性等の高い品質が保証されている公的統計データと異なり、データ取得の仕組みに特徴がある観光ビッグデータは、統計上の精度に限界があるとしています。そのため、各データの特徴や限界を認識したうえで、分析に用いることが重要です。

　各データの取得方法とその活用にあたっての留意点（観光庁、2016年）は以下のとおりです。

　①ローミングデータ

　　訪日外国人旅行者の所持するスマートフォン（以下、スマホ）や携帯電話は、一定間隔で日本の最寄りの基地局を選び通信を行う。そのため、基地局との通信ログデータ（ローミングデータ）から所持者の位置が把握できる。

　　携帯電話会社の多くは国際通信で提携関係にあるため、訪日外国人旅行者が自国で契約している携帯電話を使用することでデータが取得できる。携帯電話会社によっては訪日外国人旅行者の約2割のデータが取得可能で、統計精度は高い。

　② GPS データ

　　訪日外国人旅行者の多くは、スマホやタブレットに日本での経路案内のために商用 GPS アプリをダウンロードしている。これを活用して一定時間ごとに測位情報（GPS データ）が取得できる。

　　このような GPS アプリは種類が多く、それぞれのアプリの利用率（シェア）は1％に満たないため、統計的な精度は保証されない。

　③ SNS データ

　　X（旧 Twitter）や Weibo 等の SNS でのつぶやき等の発言データ（SNS データ）を取得してクレンジング処理※し、ネガティブ・ポジティブの評価や感情・情緒（センチメント）を分析する。

　　使用される SNS が国ごとに多様であること、発言は任意であることな

どから、発言量が訪日数に対応しておらず、統計的な精度は保証されない。

　※クレンジング処理：データの活用に支障が起きないように重複や誤記、表記の揺れなどを見つけ、削除や修正などを行ってデータの品質を高めること。

　これらのデータを重ね合わせて分析をすることで、訪日外国人の観光行動の現状を把握することが可能です。どの観光資源がアイコンとなって集積をしているのか、そこを起点に周遊や枝分かれして需要が派生しているのか、滞在場所はどの地区になるのか、そしてそれらの行動はなぜ起こるのか、を知ることができます。

　観光ビッグデータは訪問客の観光行動の現状を知るのに適していると言われます。じゃらんリサーチセンター（2015年）は、観光行動に観光資源や交通事情などの地域特性を組み合わせて分析することで、ジオグラフィック（国や地域、居住地、現在位置などの地理的属性）でのターゲティング、散在する地域資源の周遊促進、隣接観光地からの流入促進への活用が可能なことを北九州市、飛騨市の事例をもとに示しています。一方で観光庁は先述のように、データ取得の仕組みに特徴がある観光ビッグデータは、統計上の精度に限界があることも指摘しています。GPSデータやSNSデータは、訪日外国人客全般の傾向を把握する目的での利用は適当とは言えないとの指摘です。

　しかし、デスティネーション・マーケティングの実務の立場からすれば、探索的な分析[注5]をどのような目的で活用するのかをはっきりさせたうえで、あくまでも仮説（見通し）として活用すれば良いのではないでしょうか。DMOは研究を行っているのではなく、旅行者誘致の実践です。仮説は、マーケティングの実行とその結果により検証、実証していけば良いのだと思います。そのためには、プロモーションやトラベル・トレード（現地旅行会社とのコミュニケーション）を行ったら、アンケートやヒアリングデータを残していきましょう。やりっぱなしは最も避けたいことだと思います。

③ 観光地は顧客と向き合わねばならない

　この章のテーマである「観光市場に向けた戦略づくり」とは、「誰が地域の観光資源の価値を認めてくれるのか」を見極め、「地域の観光資源をどう体験してもらうと楽しめるのか」を明確にしていくことでした。観光地がこのようなマーケット志向の戦略を推進していくには、「顧客は誰か」を明らかにすることから始まります。顧客に向き合うことを目的に、公表データを活用し、仮説を設定して調査しなければなりません。

　近年の観光を取り巻く環境を振り返ると、東日本大震災などの天災、ウクライナ戦禍、コロナ禍によるパンデミックと、観光は常に外部環境に振り回されています。しかし、コロナ禍で分かったことは、未知のものを見たい、心身のリフレッシュを図りたい、親しい人と共通の体験をしたいというニーズはマグマのように溜まっていき、わざわいが収まり始めた時一挙にあふれ出るということです。チャールストンのターゲットチェンジの例でも分かるように、デスティネーション・マーケティングに携わるDMOや観光行政の関係者は、マーケット志向に根ざした判断を研ぎ澄ませていくことが求められます。

　また、観光は利用権の販売を基本としたビジネスですから、例えば宿泊施設の客室は売れ残ったら、その利用権は消滅してしまいます。反対に満室になっても客室を増やすことはできません。そのため、オンシーズンではなくオフシーズンやショルダーシーズンの誘客が重要だということが分かります。季節性をはじめとした観光のマネジメント特性を念頭にマーケティングを実施することも必要でしょう。

第5章
デスティネーション・ブランドの構築
観光地のブランド構築は誰が行うのか

　2013年8月にパリのDMO（パリ市会議・観光局：OFFICE DU TOURISME ET DES CONGRÈS DE PARIS）を訪問し、レジャー部門のプロモーション／マーケティング・マネージャーにインタビューをしました[注1]。パリのDMOはどのようなマーケティングをしているのかの問いに、意外な答えが返ってきました。WEBサイトを整備し、旅行者ニーズに合わせてホテルやアクティビティの予約もできるようにしているが、特にそれ以上のマーケティングはしていない、と言うのです。それはどうしてですか、と問いを重ねると「パリの地名を知らない人は、世界で何パーセントいると思いますか」と逆に問い返されてしまいました。これはパリの認知度の高さ、明確なイメージがすでに高い領域にあるということを示す言葉だと理解しました。つまり、ブランドが出来あがっている地域のマーケティングは他の地域とは違うのだということでしょう。

　2020年3月にニューヨーク市観光局（NYC & Company）のマネージング・ディレクター（ツーリズム・マーケット・ディベロップメント）を訪ねた時も同じでした[注2]。「私たちは『ニューヨークはいつも皆さんを歓迎』するというメッセージを伝えるだけだ。例えば、LGBTQの人たちも歓迎するという趣旨のビデオをつくり展開している」とのことでした。こうしたブランド価値を持つ地域と地名も知られていない地域では、自ずからマーケティングの展開も違ってきます。そこで、この章では、観光地のブランド（デスティネーション・ブランド）とは何かを知り、ブランディング（ブランド構築）に求

められることとは何かを考えてみたいと思います。

①　ブランドの役割

ブランドに関する教科書を開くと、ブランドの機能とか便益ということが記されています。ここでは、デスティネーション・ブランディングを考えるにあたって知っておくべきブランドの役割を整理しました。

1｜商品（地域）識別の役割

　商品やサービスを他の売り手の商品やサービスと識別するための手段としての役割です。そもそもブランドとは、放牧をする自分の家畜に焼印をして他者の家畜と区別をし、家畜を見分けることを意味する言葉でした。ブランドは消費者が商品を購入する際、商品を識別する手段を提供し、得られる各種の情報をそれらの商品と結びつける役割を果たします。その結果、商品はそれぞれになにがしかの価値を持つものとして識別され、購買が決定されのです（池尾、1997年）。
　デスティネーション・ブランドに当てはめれば、地名として識別を助ける役割ということです。商品やサービスに「消費者に覚えてもらいやすい名前をつけよう」ということと違い、地名はその地域固有で、昔から継続して使用している名前であり勝手に変更することはできません。後の項で述べますが、名前を知っているだけでは消費者の旅行行動につながることはありません。

2｜品質保証の役割

　ブランドは、特定の商品やサービスへの信頼を表す機能を持っています。

ブランドはどの国のメーカーや販売会社のものなのかという出所表示の役割も果たしています。現在では「Made in Japan」という表記は、品質と技術力が優れており、コストパフォーマンスも高いというイメージにつながっています。インバウンド・ツーリズムにおいては、その商品やアニメなどの作品がサマリー効果として、日本のイメージを形成しています[注3]。

2023年に、バスケットボールを題材にしたアニメ『SLAM DUNK』(スラムダンク) が台湾や中国で上映されると、その根強い人気がよみがえりました。オープニングシーンに登場する江ノ島電鉄の鎌倉高校前踏切は、再び海外からの訪問客で賑わいます。クールジャパン・コンテンツとして日本のアニメが評価されることで、サマリー効果として日本のイメージが形作られ、訪日旅行目的の1つとしてアニメの舞台となった土地や建物などを訪れるという旅行行動 (アニメツーリズム) が生まれます。また、ワイン好きなら、フランスのボルドーやアメリカのナパバレーと聞けば、その土地のことはよく知らなくても、そのワインを育んだ土地に行ってみたいと思うことでしょう。

3 価値創造の役割

特定の商品やサービスを購入し、使用する時に様々な内容とレベルの意味を消費者が感じ取る機能です。ブランドは、消費者にとって独自の価値を持つと言われますが、コカコーラを例にして考えてみましょう。1985年、アメリカのコカコーラ社は19万人の消費者味覚テストをもとに新しい味のコーラ「ニューコーク」を導入したものの、実際の消費者の反応は反対で1日8000本の抗議の電話が殺到したということです。元の味に戻すための集団訴訟が起きるなどの社会現象まで巻き起こし、ニューコークの導入は失敗に終わりました。

コカコーラ・ブランドは、コカコーラ社にとって重要な資産ではありますが、同時に消費者の心の中にある資産であり、その価値は消費者の生活

や歴史や人生の意味さえ持つものとなっていたのです (石井、1999年)。つまり、ブランドが消費者との心理的、精神的な絆の重要性を示しています。同時に、ブランドの所有者はコカコーラ社であっても、その資産価値は消費者の心の中にあるということを示したものと理解できます。

抗議電話のなかにあった、「ベトナム戦争の戦闘の合間に飲んだあの味こそがコカコーラなんだ」「妻と初めてデートした時に飲んだコカコーラの味こそが真のコカコーラだ」というような主張は、消費者がコカコーラ・ブランドに対して、自分の頭の中になにがしかの価値と意味を作り上げていることを物語っています。ブランドの形成には何らかの記憶や思い出があってこそで、「消費者はコークを単なる消費するモノではなく、消費者それぞれのコトと結びつけて」おり、それが「ブランドへの愛着の起源」となっていると石井淳蔵名誉教授は指摘します（石井、2022年）。

デスティネーション・ブランドにおいても、各地の地名が消費者それぞれのコトと結びつけられて、その地域と消費者との間に絆が生まれ、ブランドが消費者の心の中に出来あがっていきます。コトとの結びつきは、そのコトの印象の強さによって愛着の程度が変わります。地域との関わりやその地域での体験の深さが、愛着を作り上げていくのです。ボルドーやナパバレーを訪ねてもぶどう畑の景観を眺めるだけでなく、ワイナリーを訪ねワイン造りの力のこもった話を聞き、地元の食事とともにワインを楽しむ、「地元の人たちとの交流で特別な時間を過ごす」という観光のデザインが、デスティネーション・ブランドには求められているのです。

価値創造の機能は、上記のニューコークの時のような情緒的便益だけでなく、自己表現的便益（例：ハーレーダビッドソンに乗る自分は「自由を求めるゆとりある大人」）や、社会的便益（例：SAF[注4]燃料で飛ぶ航空会社を使うことでCO_2削減につなげる）も生み出す可能性もあり、ブランドの持つ本来的な機能を超えてブランド価値が形成されることもあります。

② デスティネーション・ブランドの構築

1 | 行ってみたい場所はどんなところか

　消費者が観光で行ってみたい場所とはどのようなところなのを考えてみましょう。例えば、毎日の仕事が忙しくなかなか休みが取れず、心身のリフレッシュをしたい、というニーズがあったとしましょう。その消費者のアクティブな価値観から、海に潜って熱帯魚の泳ぐ様でも見て過ごしたいと欲求が高まります。その人の経験的知識（過去に行ったことがある場所）のなかから沖縄の宮古島を選択しようか、行ったことのない場所にしようかと迷いながら、8月でも最高気温が30度くらいのオーストラリアのグレートバリアリーフを選択することにしました。

　こうした、旅行に行きたいという行動を人に起こさせる個人的要因をプッシュ・モチベーションと言いました（第3章図1参照）。この消費者の場合、経験的知識のなかから宮古島を選択したのではなく、情報によって得られた知識のなかからグレートバリアリーフを選択しました。「美しい海と言えば」と真っ先に思い出すことをブランド想起といい、行先の選択肢に入りやすいのです。世界には、一生に一度は見ておくべき観光資源の魅力があふれていますから、よほど強い絆を構築しないと高い費用と移動の時間をかけてまでリピートしてくれません。

　非経験的知識のなかから消費者が行先を決めたとすれば、その地域はしっかりとしたプロモーションがされている可能性がありますが、プロモーションについては第8章で紹介したいと思います。ここでは、この消費者が行先を決めるにあたって、どのレベルの情報が必要だったのかを考えてみたいと思います。

　消費者がこれまで行ったことがない地域に行こうとするのですから、そ

の地名を知ってもらうことはもちろんのこと、地名からイメージが連想されるようにしなければなりません。すでに消費者がその地名を認知していて、何らかの良いイメージが連想できるような情報が伝わっているか、そしてその時の旅行目的（前述では、「心身のリフレッシュを図る」）をかなえるだけの魅力のある観光地だという期待感を持てる情報の中身か、ということが問われます。

　図1は、岐阜県の観光地の認知度と訪問意向度の相関関係を示した図です。認知度が高くなれば訪問意向度も高くなるという正の相関が見て取れます。しかし、おかしなか所もあります。岐阜市は認知度が85％を超えていますが、訪問意向度が15％程度しかありません。図に○で囲った観光地は、はっきりと正の相関が読み取れますが、岐阜市だけはどうも違います。岐阜市は県庁所在地ですから、当然名前を知っている人が多いのですが、旅行に行こうという人は極端に少ないのです。しかし、こう問いかけたらどうだったでしょう。長良川温泉、長良川の鵜飼い、（信長が天下布武を

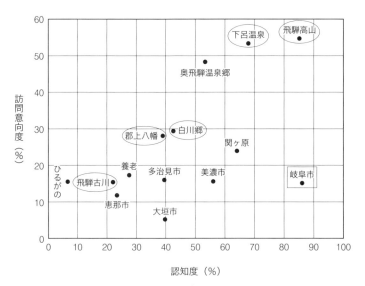

図1　岐阜県の観光地の認知度と訪問意向度の関係 （出所：岐阜県経済局観光課、1996年）
　＊図の○や□は筆者が加筆

96　第1部　観光地のマーケティング

唱えた）岐阜城。いずれも岐阜市内にありますが、違った結果になったと思います。認知度は下がっても訪問意向度は上がったことでしょう。なぜなら、頭の中にイメージが浮かび上がってきますし、「心身のリフレッシュができそうだ」「好奇心・向上心を満足させることができそうだ」といった期待感が湧いてくるからです。

　デスティネーションのプロモーションは、(1)認知度を上げる、(2)その名前から地域のイメージが連想される、(3)旅行の目的を満たすことができる期待感が湧く、ことを目的にしたアプローチが必要になってきます。

2｜ブランドの絆を作る

　消費者の旅行目的とは、先述のようにレジャー目的の場合は(1)心身をリフレッシュさせる、(2)好奇心・向上心を満足させる、(3)一緒に旅行をする家族や友人等と共有する時間を持ち共通の体験をする、(4)自己啓発・自己実現につなげる、と大きく4つに分けることができます。いつも同じ目的で旅行をするわけではなく、1回の旅行で複数の目的を持つこともあります。旅行を計画している人は、今回の旅行は誰と行くのかによって、その目的を変えています。特に意識をするわけではなく、家族での旅行となれば、家族でのふれ合いのための共有する時間を楽しい体験で彩るようなプランを考えることでしょう。

　観光地域は、どのような目的を満足させることができるのかを想定し、DMOは消費者に地域への期待を持ってもらえるようにプロモーションをします。消費者は各種の情報から観光地へのイメージが膨らみ、一定の期待感を持って地域を訪れます。そして、その地域から受けたサービスやコンテンツの魅力、雰囲気などから感じ取った評価が、当初の期待と一致するか、あるいはそれ以上であった場合に満足を感じ[注5]、そこに地名とコトが結びついてある種の絆が生まれ、旅行者の心の中にブランド価値が出来あがるのです（図2）。

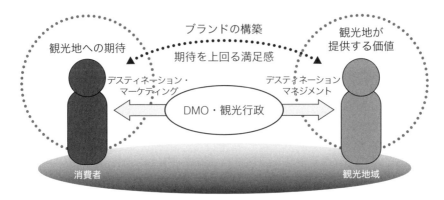

図2 デスティネーション・ブランドの構築 (出所：筆者作成)

　図2の「観光地が提供する価値」というのは、例えば、エメラルドグリーンの海という観光資源から感じる感動、その美しい海を見に行くまでのアクセス、賑やかな街の雰囲気、Wi-Fiのつながりやすい環境、旅館の仲居さんの細やかなサービスなどの総体です。観光のマネジメント特性の1つに、アセンブリー性（集合性・複合性）があります。観光地は様々な観光関連産業によって旅行者を受け入れています。しかし、経営主体の異なる企業によって地域観光の集合体が出来あがっているため、その集合の境界は曖昧です。旅館のサービスに満足しても、仮にタクシーの運転手のサービスに良い印象を持たなかった時、この旅行全体の印象が良いものにならない場合もあります。旅行者の満足は、旅行中の一連のサービスによって規定されるため、個々の事業者の対応だけでは「期待を上回る満足感」につながらないこともあり得るのです。

　そのため、ブランド構築の主体であるDMOと観光行政はデスティネーション・マーケティングとともに、デスティネーション・マネジメント（詳細は第2部）にも力を注ぐ必要があるのです。

③ デスティネーション・ブランドの特徴

1 | モノ・特産品のブランドとの比較から

　特産品を対象にして「地名＋商品（モノ）」でネーミングをし、地域団体商標制度やGI（Geographical Indication：地理的表示）で権利保護と付加価値をつける取り組みがあります。デスティネーション・ブランドの特徴を考えるにあたって、これらのモノの地域ブランドと比較しながら議論を進めてい

表1　モノ・特産品の地域ブランドとデスティネーション・ブランドの比較

	モノ・特産品のブランド：買いたい価値（地域団体商標制度やGI制度を想定）	デスティネーション・ブランド：行きたい価値
ブランド構築の目的	●モノ・特産品の販売を通じた地域の活性化 ●付加価値化による市民満足の向上	●旅行者の増加、観光消費の拡大、地域調達率の向上を通じた地域の活性化 ●観光を通じた市民満足の向上
ブランドに求められる役割	●商品・サービスへの意味づけ* ●商品・サービスが消費者に提供する価値の約束 ●主体となる団体の構成員の権利保護	●地域に対するイメージの伝達 ●地域資源を旅行目的とした期待感の醸成 ●市民に向けての観光の理解（オーバーツーリズム対策）
ブランドマネジメントの主体	●事業協同組合や商工会議所など地域に根ざした団体	●多様で不確定なため、誰でも情報発信が可能 ●法的な定めはない ●DMOの機能として行うべきという主張もある
マネジメントの範囲	●「地域の名称」を使用するマネジメント主体の構成員	●行政の地理的範囲を基準とするが、「瀬戸内」のように歴史的な結びつきや旅行者の観光行動からマネジメントの範囲を限定しづらい
法的効果	●他者の不正利用に対する防御あるいは攻撃	●誰でも情報発信が可能のため、マイナスイメージの発信もされるが法的規制は難しい

(出所：筆者作成)

＊モノ・特産品のブランドにおける「商品・サービスへの意味づけ」とは、味と品質に優れ、一定の量が採れる（作れる）だけでなく、消費者の感情に入り込むだけのストーリーが必要である、ということを指している。「関アジ・関サバ」の美味さの秘密、トレーサビリティが明確な神戸牛の強み、などブランドには物語がある（岩井、牧口、2016年参照）。

第5章　デスティネーション・ブランドの構築　　99

きましょう。

「地名＋商品（モノ）」の地域ブランドは、ブランドの所有者がはっきりとしています。制度の対象となっている組合や商工会議所、企業等の構成員で、一定の品質を守るための取り組みや名称、デザインの使い方を統一することも可能です。一方で、地域そのものをブランディングするデスティネーション・ブランドは容易ではありません。誰が主導権を発揮し意思決定するのかが明確でないばかりか、誰もがブランディングの主体となりえるからです。海外では、オーバーツーリズムの影響から、もう旅行者には来て欲しくないといういらだちを持つようになった住民が、地元のマイナスのイメージを発信することもあり、一筋縄ではいかないのです。

しかし、各地にDMOが立ち上がり、デスティネーション・ブランディングの主体となるケースが出てきています。せとうちDMOは、瀬戸内への訪問意向度を日本国内で50％にするという目標を実現するために発足したことや、ハワイ・ツーリズム・オーソリティはミッションの1つが、観光振興における住民満足度の向上にあることからもそれが分かります。デスティネーション・ブランドの抱える公共性やアイデンティティの多様性等の特徴を理解した対応が始まっています。

2 行政と観光協会によるブランディングの事例とその論理

香川県と香川県観光協会では、2011年から讃岐うどんを全面的に押し出した観光キャンペーン「うどん県。それだけじゃない香川県」をスタートさせました。ブランド総合研究所の「地域ブランド調査2011―都道府県魅力度ランキング」では香川県は30位でしたが、讃岐うどんは日経リサーチの「地域ブランド戦略サーベイ2010」では、地域ブランド総合力が350品目中1位となっていました。加えて、「平成23年香川県観光客動態調査報告」（香川県、2012年）のアンケートでは、観光の行先で香川県を選択した理由のトップが「讃岐うどん」（50.7％）となっていたことを逆手にとっての

プロジェクトです。

　2011年10月に、東京都内ホテルで、浜田恵造香川県知事が記者会見を開き、「このたび、香川県をうどん県に改名することにしました」という設定で、架空の「うどん県」の副知事に香川県出身の俳優、要潤さんを任命するなど、インパクトのある映像も話題を呼びました。私は当初、自虐ネタのキャンペーンかと思いましたが、地元の方と話をしていても讃岐うどんを前面に出すことに違和感を持つ人が少ないと知って驚きました。うどんが生活に深く根づいており、ある意味で地域のアイデンティティの1つとして扱われているのです。

　青木幸弘教授は、特産品等の地域資源ブランドを通じて観光をはじめ地域全体のブランディングにつなげるという「地域ブランド構築の基本構図」(図3)を示しています。特産品や観光地といった地域資源だけではなく、地域全体をブランド化しようとする動きを、企業ブランドを強化しようとしている企業の動きに合致するものと指摘しています。

　香川県のうどん県キャンペーンに沿って、この図を解説してみたいと思います。図では、地域ブランド構築は4つのプロセスで整理されています。図の両脇に①〜④で示されており、図の下にそれぞれのプロセスの課題が提示されています。

①農水産物、加工品、商業地、観光地の地域資源のなかからブランディングが可能な「讃岐うどん」からブランド化を進める。
②ブランドとして確立している「讃岐うどん」を中核とし、地域の傘ブランド（うどん県）を構築し地域全体のブランド化を図る。
③「讃岐うどん」を中心に確立した傘ブランド「うどん県」を活用し、例えば観光地ブランドの底上げを図る。
④底上げされた観光地ブランドによって地域経済の活性化を進める。

　実際、このキャンペーンによって讃岐うどんを巡る旅行者も増え、観光消費も増加するのですが、図3の中心にある「地域性」について掘り下げて考えていきましょう。青木教授の研究では、「地域性」は企業のブランド

第5章　デスティネーション・ブランドの構築

①「地域性」を活かした地域資源のブランド化
②地域資源ブランドによる地域全体のブランド化
③地域ブランドによる地域資源ブランドの底上げ
④地域資源ブランドによる地域（経済）の活性化

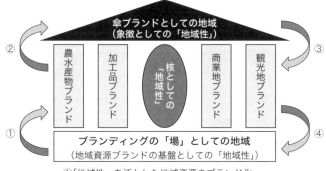

図 3　地域ブランド構築の基本構図（出所：青木、2004 年）

構築にはない特殊性として強調されています。その地域の歴史、自然、文化、伝統に由来する「地域性」は、他の地域との差別化の基盤となるものです。

讃岐うどんの地域性について図 4 に簡単に整理をしました。讃岐生まれの弘法大師によってもたらされたという伝承から始まり、うどんは地域の人たちの生活と密着したものであることが分かります。香川県は雨が少な

歴史

・弘法大師が中国から持ち帰る
・江戸期の「和漢三才図絵」に丸亀のうどんは上物と記されている

自然・気候

・上質の小麦の産地であり、質の良い「いりこ」や塩、小豆島の醤油が入手しやすい環境であった

文化・伝統

・雨が少ないため米作に適しておらず、麦がその代用であった
・農家を中心にうどん打ちの技術が磨かれてきた

図 4 「讃岐うどん」の地域性（出所：青木、2004 年の考え方をもとに筆者作成）

いうえに川が短く急なため、農業用に使われる水は5割以上もため池に頼るなど、米作りには適しておらず、麦がその代用としてつくられてきたことも、讃岐うどんに関わる地域性だと言えるでしょう。こうした地域性が地域住民のアイデンティティにつながり、讃岐うどんはその一部に組み込まれていくのです。地域のアイデンティティと消費者の香川県に対するイメージが一致しているのは、ブランドマネジメントの主体からすれば、ブランディングを進めやすくなります。なぜなら、シビックプライドに関わる要素を、素直に消費者に向けて発信するのですから、地域住民の賛意を得られやすいのです。

「うどん県」という香川県の傘ブランドによって底上げされた観光地ブランドは、讃岐うどんの「個店の食べ比べ」などの新たな観光の楽しみ方を提供します。地元住民の生活の場を体験することにもつながります。こうした地域との交流や体験の深さは、傘ブランドがコトと結びついて、香川への愛着を育てていくことになるのです（図5）。

私たちは、今回紹介した「讃岐うどん」のような位置にあるものを「シンボル」と呼んでいます。ここから一点突破で全面展開をする、と戦略を練ります。図5はその進め方を示しています。地域ブランドの構築によってもたらされる地域の活性化は、地域性の強化にもつながり、正の循環が

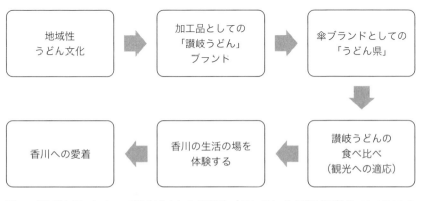

図5　「うどん県」によって底上げされた観光地ブランドによる地域活性化 （出所：筆者作成）

出来あがっていくのです。

3 | マネジメント主体としての DMO の行動

　2015年以降、各地でDMOが立ち上がり、旅行者誘致に向けたマーケティング活動への期待が高まります。当然、デスティネーション・ブランディングもDMOの機能として、その主体になることが求められます。モノ・特産品のブランドと違い、デスティネーション・ブランドの所有権がはっきりしないため、行政と民間によって作られた「観光ビジネスの共同体」としてDMOにその役割を担うことが求められます。

　繰り返しになりますが、DMOにはマネジメントする地域の認知度を上げ、地域のイメージを消費者に持ってもらい、地域が提供できるコンテンツ（観光資源やサービス、それらに伴う付加価値など）を示すことで、その地域に対する期待を醸成していくことが求められます。一方で、地域を訪れた旅行者の期待感の対象は、旅マエに確認したコンテンツが中心になるものの、旅アトの満足感は景観・サービス・歴史・イベント・施設・ホスピタリティなど複合的で捉えにくいため、DMOは観光行政とともに地域（デスティネーション）のマネジメントを行います。訪れた地域で経験したことすべての印象が旅行者の価値（知覚価値）として認識され、それが事前の期待を上回るものであれば、そこにある種の絆が生まれ、ブランド価値が旅行者の心の中に芽生えていくのです。

　訪れた先の経験がブランドに影響するため、多様なコンテンツに関わる関係機関や地元住民にも理解を求めることが重要です。その地域の観光関連産業の従事者だけでなく地域の住民に対する印象は、旅行者の地域イメージの評価に大きな影響を与えます。地元の人たちから歓迎されていないと感じることは、旅行全体の印象に影響するのです。先述したように、ハワイ・ツーリズム・オーソリティのミッションの1つは、観光振興により地域経済が活性化するということへの住民の理解向上です。観光は地域住

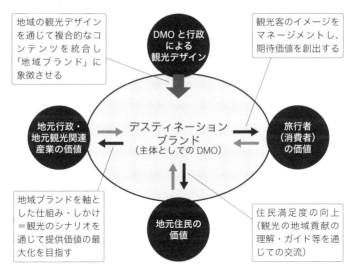

図6　デスティネーション・ブランドに関わる関係者と観光デザインの関わり （出所：筆者作成）

民の生活の場をそのステージとして利用します。しかし、そこに新しい交流が生まれ、経済的価値や社会的価値[注6]が生み出されていくことを理解してもらうことが重要です。

　DMOと観光行政は、旅行者の満足度向上に向けて、どのような時間の過ごし方ができるかをデザインし、関係者を巻き込んだ具体的なシナリオをつくることが必要です（伊坂正人、2001年）。地域の歴史や文化、自然、人、生活、産業など、地域の価値を体験できるようにデザインすることは、旅行者とのより深い関係を構築しデスティネーション・ブランドを作るうえで重要な鍵となるのです（図6）。

④ 旅行者との絶えざるコミュニケーションに向けて

　この章では、デスティネーション・ブランドが構築されるプロセス、その特徴、主体としてのDMOの役割について整理をしてきました。実務の

立場で考えれば、「讃岐うどん」のような地域性とアイデンティティに富んだ、強力なシンボルがあればありがたいと思うことでしょう。しかし、シンボルというのは、ターゲットとなる旅行者との絶えざるコミュニケーションから創られるのです。「香川県」と言えば「うどん」と連想され、「食で楽しむ」とか「うどん」と言えば「香川県」とブランド想起されれば、すでにシンボルの領域です。

「うどん県」は観光キャンペーンで傘ブランド化しましたが、マーケットとのコミュニケーションを欠かしてしまえば、早晩誰もブランド想起はしてくれないでしょう。大阪も埼玉も、虎視眈々と「うどんと言えば」大阪だ、埼玉だと答えてくれるように狙っているかもしれません。一番に答えてくれる強みがあるから、香川に旅行者が来てくれるのです。

デスティネーション・ブランドは旅行者との旅マエのコミュニケーションと、旅行者の期待を上回る地域での経験により創られることは、この章で繰り返し強調しました。デジタルで情報が発信できる時代は、画像や映像によってより詳細な情報を届けることができ、消費者はイメージを創りやすくなりました。だからこそ、オウンドメディア（自らが保有するメディア）であるWEBを中心にした、メディアミックス・プロモーションが重要視されるのです。

一方で、旅行者のクチコミもSNS等のシェアードメディア（ユーザーや消費者自身が情報を発信するメディア）で簡単に発信されるようになりました。地域が、旅行者の期待を上回る価値の提供ができれば（ブランド価値が顧客にできた状態）、顧客の感動や満足とともに多数のユーザーに拡散してくれます。逆に期待外れに終われば、マイナスのイメージを伴ったクチコミ情報が出回っていきます。DMOによるデスティネーション・ブランドのマネジメントとは、地域のステークホルダーと息を合わせた取り組みにより成立するものだということが分かるのです。

第6、7章ではプロモーションについて、第2部では地域の関係者マネジメントについて議論していきます。

第6章
多層化・立体化による効果的なプロモーション

　ターゲットとなる旅行者に向けてブランディングをしていくためには、絶えざるコミュニケーションが必要だと述べてきました。企業のようにマス媒体やデジタル広告を使ったプロモーションを行おうとしても、予算の制約に行きついてしまう地域が多いでしょう。企業はプロモーションによって商品やサービスを紹介し、収益を上げることが前提ですが、DMOは地域が儲かることを目的にしていますから、より効果的・効率的なプロモーションが求められます。本章では、観光地におけるプロモーション活動について整理し、プロモーション・ミックスの必要性について考えていきたいと思います。

　なお、本稿ではプロモーションについて、旅行者と地域との間で関係性を作り上げていくための様々な情報発信活動と定義をして議論を進めていきます。

①　観光地域での業態別プロモーション・ミックス

　観光地域でのプロモーションはDMOだけが行っているのではありません。宿泊施設、飲食店、観光施設、旅ナカ体験事業者それぞれが、独立したプロモーションをしています。DMOは事業者がどのようなプロモーションを行っているのかを知り、地域のプロモーションの中核として立体化

した情報流通が求められています。

なお、表1の解説のうち、パブリシティ（PR：Public Relations）については節を改めて、また下の4つのデジタルに関わる項目は次章で解説をします。

表1　業態別のプロモーションの整理

	DMO（行政）	宿泊施設	飲食施設	旅ナカ体験事業者
広告（AD）	◯（既存メディア・デジタル）	◯（デジタル）	—	—
パブリシティ（PR）	◎	（取材協力）	（取材協力）	（取材協力）
販売促進（SP）（クーポン・チラシ他）	—	—	◎（TIC、ホテル、店頭等）	◎（TIC、ホテル等）
営業・ファムトリップ（旅行会社・ランドオペレーター・ガイドブック・メディア・インフルエンサー）	◎（特に個人はガイドブック、団体・教育旅行は旅行会社・ランドオペレーターへの対応）	◯（団体・パック旅行向けに旅行会社・ランドオペレーターへの対応）	◯（団体の受入をするのか、個人客のみかで対応は違う）	◯（団体の受入をするのか、個人客のみかで対応は違う）
旅行展	◯	—	—	—
自社サイト（PC・スマホ）の最終着地点	◎（DMOによってコンバージョンは違う）	◎（予約・決済）	◯（予約・決済）	◎（予約・決済）
予約サイトとの連携	各種DMSの活用	◎（OTA、特にインバウンド）	◎（Open Table、食べログなど）	◎（Booking.com、Air B&B等）
クチコミサイト（トリップアドバイザー等）	◎（特に、旅アトでの展開）	◎	◎	◎
SNS（フェイスブック等）	◎（画像・映像のイメージとともに発信）	◎（国ごとにSNSを使い分け）	◎（国ごとにSNSを使い分け）	◎（国ごとにSNSを使い分け）

（出所：筆者作成）

*用語　TIC：Tourist Information Center（観光案内所）
　　　　OTA：Online Travel Agency
　　　　DMS：Destination Management System（予約機能や顧客情報管理など、それぞれのDMOが必要とする機能の総称をいう。この表では、宿泊等の予約機能として使用）
　　　　コンバージョン：Conversion、自社のWEBサイトにおける「最終的な目標設定とその成果」をいう。

1 | 広告（Advertising）

　広告は、広告主が費用負担する媒体を通して市場に伝えられるコミュニケーションのことです。伝達したい情報をどのように加工して表現するかというクリエイティブ戦略と電波や活字、デジタル、OOH[注1]（Out of Home Media）の各種メディアをどのように取捨選択するかというメディア戦略に分かれます。どう表現して伝えていくかというクリエイティブ戦略は、デジタル媒体が中核となった今でも重要な要素です。「そうだ 京都、行こう。」は、JR東海が1994年に平安遷都1200年を記念してCMに使ったキャッチフレーズですが、思い立ったら新幹線で一年中京都に行けるよ、というJR東海の広告意図が伝わってきます。30年にわたって使われるだけの価値あるクリエイティビティです。

　DMOは企業と違い、一定ボリュームの広告を継続して打てるだけの予算を持つところは少ないですが、後述するようにオウンドメディアのWEBサイトに誘導するため、デジタルを中心に広告が使われています。

2 | 販売促進（Sales Promotion）

　販売促進は「最後の一押し」とでも言えるプロモーション手段です。コカコーラを買いにコンビニに入ったところ、隣のペプシコーラのキャップの上にフィギュアがついていることに気づき、よく見たらスターウォーズのキャラクターであった。今日はペプシにしよう、ということはないでしょうか。1999年にペプシが仕掛けたボトルキャップキャンペーンは大人気を博し、わずか1か月でスターウォーズのフィギュアキャップが品切れになりました。ペプシがコカコーラのシェアを日本で初めて上回ったのです。

　こうした「最後の一押し」は、飲食店や旅ナカ体験事業では成り立ちま

す。観光地の JR の駅には TIC（観光案内所）が置かれています。ここに飲食店のパンフレットスタンドがあったとしましょう。多数のパンフレットが置かれていますが、POP クリップで「このパンフレット持参で 10％引き」と書いてあれば、そのパンフレットを取ることはしませんか。旅行する際に、宿泊施設は事前に予約をしておきますが、昼食などは当日の都合で決めようとしますので、案内所での最後の一押しは有効な手段だと言えるでしょう。

3｜営業（人的販売）・ファムトリップ

　営業は、観光地域が旅行商品として消費者に届くまでの商流に関わる関係者に対し、直接訪問して地域の情報を伝えることで旅行商品造成やテーラーメイドでの旅行手配、MICE 誘致につながるようにすることです。DMO のなかには対象国にレップ事務所（レプレゼンタティブ・オフィス：代表事務所）を設置するため、日本企業の現地法人や地元企業と契約を結び、日常的に現地の商流関係者とコミュニケーションを取っているところもあります。海外の旅行会社のなかには、まだまだ地方の情報が行き届いていないため、ゴールデンルート[注2] を推しているのが実情のようです。

　宿泊施設の手配は OTA（Online Travel Agency）で簡便にできるようになったため、訪日外国人の個人旅行の多くは OTA での手配と思われていますが、地方への移動、地域内の交通、地域での体験の手配など、一括で手配を行う旅行会社を利用することも少なくありません。熊野古道をマネジメントエリアにする DMO、田辺市熊野ツーリズムビューローへの海外からの申し込みでは、海外の旅行会社からの手配依頼が増えてきています。申し込みをした旅行会社から詳しい情報が旅行者に提供されるためか、個人からの申し込みよりも宿泊日数が多いのが特徴です。この傾向は日本政策投資銀行（DBJ）と（公財）日本交通公社の共同調査でも明らかです。2022 年の調査では、「コロナ禍以降、旅行会社の利用意向割合は、2012 年調査に比べ

て10%以上上昇しており、22年調査ではアジア、欧米豪ともに78%」の利用意向となっているとのことです（日本政策投資銀行・(公財)日本交通公社、2022年版参照）。

　海外の関係者のなかには、こうした商取引関係者に対するアプローチを

表2　日本への旅行前の情報収集先

		全体	アジア	欧米
①	口コミサイト	43%	45%	35%
②	ガイドブック	43%	43%	40%
③	SNS	38%	41%	17%
④	JNTOのHP	32%	33%	31%
⑤	個人ブログ	32%	34%	15%

複数回答　n＝2571（アジア2243、欧米豪328）　　　（出所：日本政策投資銀行、(公財)日本交通公社2019年版）

表3　各国のガイドブック

● 英語圏 『Lonely Planet』は、約120か国、650以上のタイトルを持つガイドブックである。英語版ガイドブックにおいて、世界トップシェアである25%をマークしている 『ミシュラン・グリーン・ガイド・ジャパン』はフランス語版であったが、2018年には英語版が出版された。
● 台湾 『去日本自助旅行！』 『放大鏡下的日本城市慢旅 京都圖鑑』JTBパブリッシング刊 『大手牽小手！全家玩遍日本』家族と行く日本旅行ガイド　など
● 香港：日本の地域別に色々なガイドがある 『跟著小氣少年自由行 京都．奈良．滋賀』　など
● シンガポール 『Japan Travel Guide: Things I Wish I Knew Before Going To Japan』 『Lonely Planet Japan』　など
● 中国：日本の地域別にガイドブックがある 『知日　世上只有一个京都！（千年古都的案内手帖）』評判の良い京都ガイド ロンリープラネット（中国語版）の『日本』 『ナショナルジオグラフィックトラベラー』（中国語版） 『带孩子游日本（《亲历者》丛书）』子連れ日本旅行ガイド　など
●『食・玩・買 終極天書』のように訪日台湾人・香港人向けガイドブックだが、アジア10か国15都市430社の現地旅行会社を通じて、東京に来る訪日個人旅行者に配付されるものもある

（出所：WIPジャパン㈱代表取締役社長 上田輝彦氏の調査協力によりより筆者作成）

第6章　多層化・立体化による効果的なプロモーション　111

「トラベル・トレード」と呼ぶ人たちもいます。ホテル等宿泊施設関係者は、自社の重点ターゲットに合わせ、富裕層マーケットやBTM（Business Travel Management）専門事業者等との関係構築を進めています。

　実際に観光地域まで来てもらって地域の良さを知ってもらうこと（ファムトリップ）も重要です。対象国のメディアの記者やガイドブックのライター、インフルエンサーを招き、各種媒体への掲載につなげることも効果があります。表2は日本への旅行前にどこから情報を入手したのかを問うたアンケートですが、上位5つのうち4つはデジタル媒体からの情報入手ですが、日本に行くと決めて確かな情報を得るためガイドブックを購入する人は、40％を超えています。日本全体を紹介するガイドブックであれば、ここからの情報で日本のどこに行くのかを決める人もいるのです。

　また、宿泊施設でも旅行会社のパッケージツアーの受け入れをしていたり、MICEの受け入れをしていたりする場合は、海外旅行会社やランドオペレーターのファムトリップに対しても積極的に応じるところが多いでしょう。

4　旅行展

　旅行展でも、高付加価値旅行を取り扱う旅行業界関係者向けの商談会を行うILTMカンヌ（International Luxury Travel Market）や世界最大規模のB to B見本市であるITBベルリンなどは、商流につながる人脈を作り上げるには持ってこいの場です。しかし、実際にDMOが人脈作りにつなげていくには、英語等の外国語で会話し、その場限りの関係で終わらせないことが大切です。B to Bの関係を地域の宿泊施設や飲食、旅ナカ体験事業者につなげてこそ、価値が出てきます。富裕層向けの商談が進むための環境づくりやインセンティブトラベルを誘致するためのユニークベニューの開発につながる情報入手も求められています。

　MICE専門見本市であるIMEX AmericaやIBTM Worldは、コンベンショ

ンオーガナイザー注3やインセンティブハウス注4との接点をつくることができる見本市です。日本のMICEビューローの機能を持つDMO等の組織は、地元の大学教授の退官記念などの際に大会誘致のサポートをしているに留まるところが多いのが実情です。MICE主催団体や人に直接働きかけをして誘致につなげることも求められ始めているだけに、こうした専門見本市はDMOにとっての活躍の場となります。

　今後はこうしたアウトカムを求められることが増えてきますので、外国語のパンフレットを持ち込んで、消費者に渡しているだけでの見本市の参加なら、デジタル・マーケティングに力を入れたほうが費用対効果は高いのではないでしょうか。

② パブリシティ

　私はDMOが行うプロモーションにおいて、プロモーション担当が重視すべきはデジタルとパブリシティだと考えています。担当者自身がノウハウや人脈を持って行うことが求められる領域です。

1│パブリシティの事例

　アメリカの有名な旅行雑誌『トラベル＆レジャー』で、世界でお奨めの観光地トップ10に選ばれれば、アメリカを中心にインバウンドが増える効果があります。長年4000万人台であった京都市は、2014年、15年に1位に選ばれました。ちょうどその時期に京都市の旅行者数は5000万人を超えたのです。

　2023年1月12日に、ニューヨークタイムズが「2023年に行くべき52か所（52 Places to Go in 2023）」を発表しました。なんと、チャールズ国王の戴冠式があるロンドンに続く2番目に盛岡市が掲載されました。するとどう

でしょう。ポストコロナで水際対策が緩和されたこともあり、盛岡市には外国人旅行者の姿が目立つようになりました。2021年には4000人を切っていた外国人客が23年は6月までの半年で、2万3780人（2019年は1年で6万5000人）と回復の原動力になりました。

日本に20年以上在住している写真家のクレイグ・モド（Craig Mod）氏の推薦ですが、2024年は山口市が皆既日食のある北米、オリ・パラが開催されるパリに続いて3番目に紹介されています。「山口市は『西の京都』と呼ばれることが多いが、単にそう呼ぶよりもはるかに興味深い」と紹介されており、瑠璃光寺などの文化資源だけでなく日本人の生活文化が残っていることに関心が高いようです。

こうしたことは、パブリシティ活動としてDMOが中心となって展開します。パブリシティは、プレスリリースなどの企業（自社）発信を起点としたメディアでの報道を指す概念です。似たような概念に、パブリック・リレーションズ（PR）があります。これは、ステークホルダーとの望ましい関係をつくり出すための考え方や行動のあり方を意味しており、パブリシティはPR活動の一環だと言えるでしょう。

パブリシティ活動において、ホテル等の地元観光関連事業者は取材協力をしても、町全体の魅力を伝える作業はブランディングを行うDMOの役割です。せとうちDMOは、こうした活動を海外のPRエージェンシーを使って展開をしました。ロンドンを拠点とするPRエージェンシーは、ナショナルジオグラフィックトラベラー英国版への働きかけを行い、2019年に行くべきNo.1としてSetouchiを紹介しました。ニューヨークのPRエージェンシーは、ニューヨークタイムズに働きかけ、「2019年に行くべき52か所」で第7位を獲得しました。

影響力の高い雑誌や新聞に掲載されることで、認知度が一気に高まります。加えて第三者である記者により紹介記事が書かれますから、高いレベルの魅力がある場所だという安心感を生み、興味関心も持たれやすくなります。つまり、観光地域のプロモーションにおいて、パブリシティは、(1)

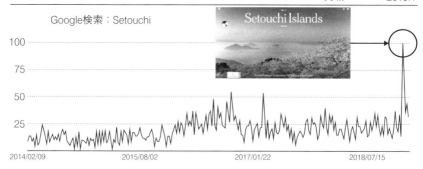

図1　ニューヨークタイムズ掲載後のSetouchiの検索ボリュームの変化
(出所：㈱Intheory 村木智裕氏の提供資料)

観光地域の認知度向上とメディアの信頼性や影響力を借りることで魅力ある地域だという信頼性を高めることができるということ、(2)適切なメディアに情報を伝えることで、直接ターゲットとなる読者に観光地域の情報を届けることができる手段だということが分かります。ちなみに、当時せとうちDMOでインバウンド・プロモーションを担当していた㈱Intheory代表取締役の村木智裕さんは、ニューヨークタイムズに掲載された際のGoogleでの「Setouchi」の検索ボリュームは従来の倍以上になったと言っています（図1）。

2　プレスリリースを書く

　パブリシティで結果を出していくために重要なことは、メディア関係者に「伝わる」ことですが、その基本となるのがプレスリリースを書くことです。地域の観光パンフレットを送っておけば良いと考えていては、記者に対して不親切なだけではなく、消費者向けとは違う視点で情報を整理する記者が関心を持ってくれることはありません。発信したい情報を簡潔・的確に分かりやすく整理をし、読者に伝えることが「メディアの視点」ですから、記者の立場で文章をまとめることが必要です。

記者の方にお伺いすると、「例えば『日本一の』」とか『世界初の』など、記者が確認できないような言葉が並んでいるだけで、真剣に読む気がしなくなる」と言うのです。客観性、エビデンス、誇張のない的確さ、すなわち事実と要点をまとめることが必要なのです。もっとも、プレスリリースの内容はメディアによって、若干の違いはあるようです。新聞は上記の点が重要ですが、テレビなら「その案件は絵（画像）になるか」と問われるでしょうし、雑誌なら「読者の関心を呼ぶ企画なのか」、専門誌（紙）なら「より詳細な内容や裏話」などのニーズが出てきますので、追加の資料を用意しておくことも必要です。

　いずれにしても、記者を口説くには、文章化された情報がどうしても必要だということです。発信日・発信者、タイトル、リード文、本文、問い合わせ先は、プレスリリースの基本のフォーマットですが、写真も付け加えるようにしたほうが記者に分かりやすいものになるでしょう。

　書き上げたプレスリリースは、地元の自治体や都道府県の記者クラブあるいはレジャー記者クラブに持ち込むことが一般的です。「日本で最初の」ということであれば、プレスカンファレンス（記者会見）を開いたり、観光庁の記者クラブ（国土交通記者会）に持ち込んだりすることもあるでしょう。東京でのプレスリリースでは、投稿代行サービスをする会社もありますし、自治体や道府県の東京事務所に相談することで、そのネットワークを活用することも可能でしょう。

　プレスリリースの書き方に悩むことがあれば、配信サービスをする会社などでセミナーをしていますし、定年退職をした記者の方が地域におられたら勉強会に来て頂いても良いでしょう。知恵を出して始めていきましょう。

3 ｜ デジタル化を意識したプレスリリース

　最近はプレスリリースをデジタルに対応させていく取り組みが増えてき

ています。図2は滋賀県の食材を利用し首都圏の著名シェフが料理を競うというイベントをリリースしたものです。プレスリリースのオリジナルは滋賀県庁の広報から出されていますが、毎日の発信量が多いため県庁のプレスリリースサイトではすぐに埋もれていってしまいます。図2の左上に「PR Wire」のロゴが見えますが、滋賀県では共同通信PRワイヤーのプレスリリース配信サービスを利用していることが分かります。PRワイヤーから契約によって国内外の各種メディアに配信され、メディア側で選ばれた情報が記事や番組として取り上げられます。

　図2はWEBで配信されたものですが、PRワイヤーによってSEO（Search Engin Optimization）対策注5が施されていたうえで発信されていますから、消費者は「滋賀県　スペシャルディナー」と検索すると、ホームページだけで

図2　プレスリリースのソーシャル・メディア対応の例
(出所：共同通信PRワイヤーのサイトから、https://kyodonewsprwire.jp/release/202308107976、2023年8月25日取得)

第6章　多層化・立体化による効果的なプロモーション　　117

なく、このプレスリリースサイトに行きつくでしょう。このサイトを読んでいくと、シェフや、スペシャルメニューの画像も見ることができます。首都圏に住んでいる人なら、このサイトに掲載されているQRコードを通じてイベント予約をすることも可能です。つまり、単なる紙ベースでのプレスリリースとは違い、デジタル化を意識した作りにしていかないと情報の拡散を図ることができないということです。

4 | プレスリリースからの情報の拡大

　図2の中段あたりのシェアボタンについても注目をしてください。ソーシャル・メディアへの対応も意識しています。消費者がこのサイトを読んで、なにがしかの共感があった時は、「いいね！」や「シェア」ができるようにボタンがついています。

　従来、プレスリリースは発行された当日か翌日の新聞・テレビのストレートニュース[注6]で取り上げられなければ、大概は情報が伝わることなく没になっていました。現在では、新聞本紙やニュース番組で取り上げられなくてもニュースサイトで取り上げられることもあります。しかし、消費者によってシェアされていけば、消費者の手で拡散されるだけでなく、キュ

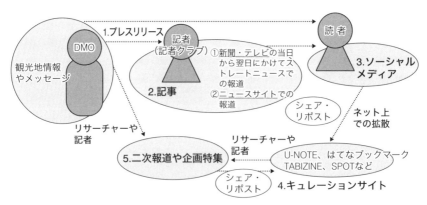

図3　プレスリリースを起点にした情報の流通のイメージ
(出所：共同通信社他、2015年及び共同通信PRワイヤーの講演を参考に筆者作成)

レーションサイトでテーマごとにまとめられることもあります。TABIZINE や SPOT は観光に関するキュレーションサイトですが、テレビの情報番組で特集を組む際に、リサーチャーが観光や旅行に関するテーマで情報を収集する時、こうしたキュレーションサイトを調べることもあります。そのため、プレスリリースをしてから1か月後にテレビの取材を受けるということもあり得るのです（図3）。

③ デジタルによる情報流通の変化

　図3は、プレスリリースの情報が単一のルートだけで流れていくのではなく、プレスリリースが WEB サイトに掲載され SNS での拡散を試みることによって、これまでとは違った情報流通構造で消費者に届く可能性があるのだということを教えてくれます。デジタル時代の情報の流通構造について知っておくことが、効果的・効率的なプロモーションへとつながっていきます。

1 ｜メディアの分類と多層的な情報流通

　プレスリリースを起点にするだけでなく、企業のプロモーション活動を見れば分かるように、テレビ CM、自社サイトでの CM 動画、X（旧 Twitter）や LINE からの自社サイトへの誘導、経済紙（誌）の取材対応と、異なるタイプのメディアを多層的、戦略的に組み立て活用していることが分かります。複数のメディアをどう連携させていくのかを考えるには、それぞれの特徴を知っておくことが必要です。
　表4はメディアの分類とその特徴を示しています。DMO や観光行政は、これらのメディアを組み合わせて観光地域の情報を発信し、認知度を高めていきます。そして、より深く興味関心を持てるように地域の魅力を伝え、

表4　PESO モデル[注7] によるメディアの分類とその特徴

メディアの分類	特　徴	メディアの例
オウンドメディア（O）	●企業等の組織が自社で保有する媒体 ●WEB サイトは情報発信チャネルだけでなく、販売チャネルとしても活用される	●自社の WEB サイト・スマホサイト ●自社アカウントの SNS ●公式ブログ・メールマガジン
アーンドメディア（E）	●パブリシティ等で「獲得」したテレビ・新聞・雑誌・ラジオなど4マス媒体やニュースサイトでの露出 ➡自社のビジネスや商品・サービスに対する信頼を築くのに役立つ	●ニュースメディア、ニュースサイト等パブリシティで獲得できる媒体
ペイドメディア（P）	●企業等の組織が費用を払って広告を掲載する媒体 ●インターネットでの広告活動やイベントにおけるスポンサーシップもここに分類される	●4マス媒体 ●WEB サイトでのバナー広告 ●五輪や W 杯などの巨大イベント
シェアードメディア（S）	●SNS におけるクチコミやユーザーレビュー ●ユーザーや消費者自身が自発的に情報を発信する媒体 ●インフルエンサーによる発信。 ➡旅行などの経験価値が重要視されるサービスにおいては影響が大きい	●トリップアドバイザー等クチコミサイト ●各種 SNS ●OTA などの予約サイトのクチコミページ

（出所：電通 PR（2016）、外川拓（2019）を参考に筆者作成）

比較検討のための材料を提供し、地域での宿泊予約につながるように努めます。こうした消費者の意思決定を促すための情報流通の設計が求められます。つまり消費者のカスタマー・ジャーニーに合わせてメディアを多層的に組み立てていくのですが、詳細は次の第7章で紹介をします。ここでは、表4に示すそれぞれのメディアの特徴を紹介していきます。

　なお本書では、アーンドメディアとシェアードメディアを PESO モデルの概念で整理をしています。従来のトリプルメディアの概念では、アーンドメディアは各種メディアによる取材・報道が中心ですが、第三者の情報発信という点で、一般ユーザーによる SNS 投稿もアーンドメディアに分類されていました。しかし本書では、共有・拡散を重視したメディア活用の観点から、一般ユーザーによる SNS 投稿をアーンドメディアから切り出してシェアードメディアとして分類しています。

1 オウンドメディア

　自社のWEBサイトや自社アカウントのSNSがその中心です。デジタル以前のオウンドメディアは、チラシやパンフレットがせいぜいであったことを考えると、最も変化があったメディア分類です。企業に限らず、DMO、観光協会、行政も、自社サイトを持たないところはありません。WEBサイトや自社の公式アカウントの内容、更新頻度は自由に管理できるメディアですから、情報流通構造の中核として有効に使うことが求められます。消費者が観光地域への興味・関心を深め、比較・検討する段階では必須のメディアです

　自社サイトはパソコンで見ることが前提でしたが、今ではスマホで閲覧する人のほうが増えていますので、パソコン用とスマホ用のWEBサイトを持つことは当たり前と言われますが、費用面の関係で両方を作れない場合でもレスポンシブ・デザイン（デバイスの種類に応じた表示切替をするデザイン手法）で作成することは必要でしょう。

　また、WEBサイトは情報発信や情報流通チャネルとしての役割を担うだけではなく、販売チャネルとしてECを展開する役割も持っています。

2 アーンドメディア

　パブリシティ等のPRにおいて基本となるメディアです。アーンドというのは「獲得」という意味がありますが、パブリシティでテレビ、新聞、雑誌、ラジオの4マス媒体やインターネット上のニュースサイトでの露出獲得を目指します。掲載されれば、人々の目に触れる機会が高く、観光地の認知が進みますが、その内容はコントロールできませんので、好意的に取り上げられるように、PR活動をしていかなければなりません。前述した盛岡市は、世界のどのくらいの人が認知していたでしょう。ニューヨークタイムズへの掲載でMorioka Cityの認知は高まりました。また、記者という第三者によって記事が書かれ、情報が発信されますので、消費者からの信頼を得やすく、高い興味・関心を持ってもらえるようになります。

3 ペイドメディア

　企業やDMO、行政などを広告主として、テレビ・新聞・雑誌・ラジオなど4マス媒体やWEBサイトでのディスプレイ広告、YouTubeでのインストリーム広告など、有料で広告掲載が可能なメディアを言います。観光地の認知度がないため、地域名を入れて検索をするということが考えられない場合、SEO対策をするだけでなく、デジタル媒体の広告を活用しながら動画やDMOのWEBサイトに誘導します。

　前述のように、パリやニューヨークは認知度が高く、「世界で何％の人たちがパリを知らないでしょう」と言い切れますから、ペイドメディアを使うことはないでしょう。しかし、パリやニューヨークのように世界の誰もが知る都市は多くはありません。一般的には、ペイドメディアも情報流通構造のなかに組み込んでいく必要があるでしょう。

4 シェアードメディア

　Instagram（インスタグラム）などのSNSでは、ユーザーの手によって制作・生成されたコンテンツであふれています。こうしたコンテンツをUGC[注8]（User Generated Contents）と呼んでいます。消費者同士で商品・サービスに関係した情報を共有、拡散しながら、その商品・サービスを評価しています。アライドアーキテクツ社（東京都渋谷区）が2021年に国内企業のマーケティング担当者98人にアンケートをしたところ、「UGCをマーケティングに活用するようになった理由」は、72.3％が「従来のレビューやクチコミよりも信頼感を醸成できるため」と回答しました（PR TIMES、2021年）。その背景には、消費者の実に6割は、「購入前に商品のUGCをSNS上で探しているから」という現実があるからです。

　リアルでの友人・知人（社会的なつながり）のお勧めには90％を超える人たちが信頼を寄せると言われますが、見も知らぬ人の発信であってもインターネット上では、「興味関心のつながり」ができていることがUGCの例からも分かります。クックパッドやトリップアドバイザーはその例と言える

でしょう。料理好き、旅行好きの人たちのコメントやお勧めは一定の影響力を持っています。トリップアドバイザーの「外国人が行きたいレストラン」のページにあるコメントを読んで、旅行者は行動を起こします。そのため、岐阜県高山市の街中華、大阪西成のお好み焼きのお店が行ってみたいレストランの年間 No.1 になったこともあるのです。

「訪日前の旅行情報源として役に立ったもの（複数回答）」（観光庁 2019 年）を読んでも、以下のようなシェアードメディアの影響力が分かります。

1 位　SNS（24.6%）→ Facebook、Instagram など
2 位　個人のブログ（24.4%）
3 位　自国の親族・知人（19.6%）
4 位　口コミサイト（15.5%）→ TripAdvisor など
5 位　動画サイト（14.9%）→ YouTube など

これら 4 つのメディア分類は、異なる特徴を持っていますが、完全に独立したものではありません。メディアはそれぞれ、複数の性格を持っており、表のメディア例は複数の分類にまたがっていることが分かります。4 分類のうち、オウンドメディア、アーンドメディア、ペイドメディアを合わせてトリプルメディアと呼んでいます。トリプルメディアの情報発信主体は商品、観光地域を発信したい企業や DMO ですが、シェアードメディアは、SNS のユーザーや消費者が基本的には発信をします。特に、アーンドメディアとシェアードメディアの違いが分かりづらいかもしれませんが、アーンドメディアはテレビや新聞、インフルエンサーなどによる広報的な発信であるのに対し、シェアードメディアは発信元が「消費者」であるというところがポイントです。ただし、インフルエンサーについては、第 7 章の「インフルエンサーの活用とリスク」の項を参照してください。

2 オウンドメディアを中心にした情報発信の仕組みづくり

　認知度の低い観光地域の場合、DMO の WEB サイトが検索されることは少ないでしょう。そのため、アーンドメディア、ペイドメディア、シェアードメディアと連動し、情報を拡散させるとともに、オウンドメディアである WEB サイトに誘導していかなければなりません。例えば、前述のプレスリリースを起点にした場合を考えてみましょう。プレスリリースによってイベント開催の情報が記者に向けて発信されメディアに掲載されたことがシェアされます（図4の連動①）。WEB サイトにも同様のリリースが掲載されます（連動⑤）。一般の消費者がそれを見つけて、自身の SNS でシェアします（連動④）。情報が拡散され、テレビの情報番組のリサーチャーに発見されてテレビの取材を受けることになりました。

　最近の調査（じゃらんリサーチセンター、2023年）では Z 世代は旅マエに旅行関連情報を目にするのは Instagram とのことです。いわゆる「映えスポッ

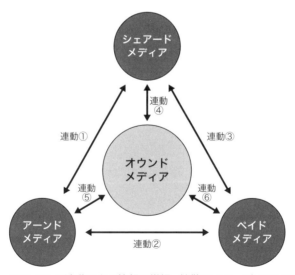

図4　メディアの連動による情報の増幅・拡散のイメージ（出所：筆者作成）

124　第1部　観光地のマーケティング

ト」を見て自分も同様の体験をしたいと思った時、公式アカウントに誘導できるようにする工夫（連動④）はしておかないといけません。トヨタは、自社のテレビ CM を流しながら、自社の YouTube 公式アカウント「トヨタイムズ」を紹介しています（連動③）。そのアカウントには、動画、ショート動画、ライブ、ポッドキャスト、コミュニティなどもあり、豊富なコンテンツを見ることができます（連動④⑥）。

　WEB サイトや自社の公式アカウントの内容、更新頻度を自由に管理できるメディアはオウンドメディアですが、このメディアを中心に情報流通が組み立てられるようにしておくことが必要です。多層化、立体化したプロモーション・ミックスは、デジタルを抜きにしては構築できないようです。次の章では、デジタルを中心にプロモーションを考えてみたいと思います。

第7章
デジタルによる
プロモーション・ミックス

　前章では DMO 等の観光振興組織が展開する多様なプロモーションについて紹介をしました。多様な手段でプロモーションが行われるとともに、様々な観光関連事業者がそれぞれ集客のためのプロモーションを展開しています。しかし、「情報発信」ではなく「情報流通」を意識することが必要ですから、プロモーションのあり方は、オウンドメディアを中核として複層化・立体化し、デジタルメディア抜きに展開ができなくなりました。この章では、デジタルを中心にした観光地域のプロモーションについて考えていきたいと思います。

① 観光地プロモーションのパーチェス・ファネル

　消費者はどのようにして旅行先を選択するのかについては、自らの個人的な価値観とその時々のニーズ、加えて誰と一緒に旅行するのかにより「何をしたいのか」が決まることは、第4章で紹介をしました。その時消費者は、今までに行ったことがある観光地のなかから選択をするのか、あるいはメディアで紹介をされたことでイメージが出来あがった観光地から選択をするのか、で行先が決まるのでした。
　一般の人にとって、行ったことがない観光地は世界には無数にあることでしょう。観光地は、ターゲット市場の消費者に向けて、どのようにして

コンタクトポイント（消費者との接点）を作っていけば良いのかをパーチェス・ファネル（Purchase Funnel）を使って整理をしていきます（図1）。

1 旅マエのターゲットへのプロモーション

図1の左側の旅マエは、ターゲット市場の消費者に向けて観光地がプロモーションを行い、その市場の消費者の何人かが地域名を認知し、そのうちの何人かが地域に興味・関心を持ち、またそのうちの何人かが比較検討をし、計画を立てて地域のホテル等の予約をする様を表しています。観光地の名前を知った消費者が予約・購入（パーチェス）に至るまでに、消費者の数が絞り込まれていく様子が逆三角形のファネル（漏斗：ろうと、じょうご）のような形になることを表しています。このように、旅行の購買意思決定プロセスにおいて、顧客数の変化は認知→興味・関心→比較・検討→予約・購入の4段階に分けて整理します。

ターゲットへのプロモーションが功を奏して日本の観光地名を知り、興味・関心を持った人の一部が他の観光地と比較・検討のうえ、その地を選び情報を集めて計画を立て、ホテルや航空券の予約につながっていきます。

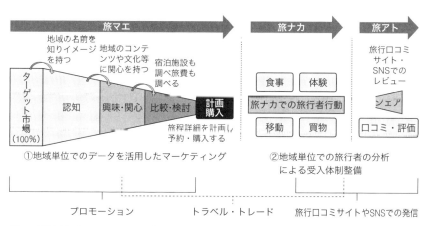

図1　観光地プロモーション（訪日旅行）のパーチェス・ファネル
(出所：高橋一夫、2019年及び経済産業省、2020年をもとに作成)

最終的に日本の観光地に行く価値があると判断した人が旅行商品を購入することになります。旅マエのプロモーションの目的は、購入段階に至るまでの確率を少しでも高めることにあります。その課題は限られた予算をどこにどれだけ投下すれば、効果的・効率的なのかを判断しながら展開することです。

比較・検討から予約・購入の段階では、プロモーションだけではなくトラベル・トレード（旅行業を中心にした流通機能の活用）にも目を向ける必要があります。OTAやSNSでのクチコミだけではなく、旅行会社の実店舗にも相談に行き日本の旅行全体の計画づくりや予約を依頼するという消費者も少なくありません。最近の旅行会社では、フルパッケージツアー（観光コースが事前に決まっており往復の航空券、空港送迎、宿泊、体験がすべてパッケージになっている旅行商品）と呼ばれるものだけでなく、ダイナミックパッケージツアー（往復航空券と宿泊がセットで組み合わせを自由に選択でき、売れ行きによって価格変動がある旅行商品）と呼ばれるものも扱っています。価格も通常の手配より安く、旅行中の自由度が高いため、旅行会社のお勧めで、日本旅行中の訪問先が変わるケースがあるのです。訪日旅行者の約8割が、旅行日数や旅行形態に関わらず、「旅マエ」に旅程をほぼ決定するというデータ（Cint Japan・JTB総合研究所、2023年）もありますので、予約・購入段階での旅行計画は重要と言えるでしょう。トラベル・トレードにおいては、DMOは旅行会社向けのセミナーや商談を中心とし、時にはインセンティブ（送客報酬）を用意して対応することもあります。

2 旅ナカでの情報収集

図1の中央は旅ナカと呼んでいますが、実際に日本に来て様々な体験をし、旅行商品の消費をしている旅行行動の期間です。旅マエでの購入というのは、日本に行く航空券や宿泊するホテルの利用権の購入であり、それらの消費は予約・購入時と同時ではありません。現地を出発し、日本に到

着してから観光消費行動が始まります。パッケージツアーとは違い、日本国内での移動や食事、体験がすべて事前予約されているわけではありません。ミシュランの星付きレストランのようなところでなければ、必ずしも事前予約の必要はなく、街なかをぶらつきながら気になる店に入ったり、駅の観光案内所（Tourist information center）での紹介やSNSの写真・クチコミ・評価で店を選択したりすることもあるでしょう。

　一方で、デジタル社会においては、こうした旅ナカでの旅行行動にもスマホは積極的に活用されていますから、その対策も必要です。例えば、飲食店においてGoogleビジネスプロフィールは、SEOより効果がある場合もあります。現在地近くで食事を取りたいと思ったら、スマホの地図で近所の店を探すこともあるでしょう。MEO（Map Engine Optimization：マップ検索エンジン最適化）にも気を配っておくことが必要になります。主にGoogleマップ向けの対応で検索結果が上位に表示されるようにするための手法です。Googleマップでは店舗や企業情報をGoogleビジネスプロフィールで管理しています。Googleビジネスプロフィールに登録した店舗名・営業時間・場所・カテゴリーなどの情報の正確性やクチコミ評価などで検索結果が示されます。

3　旅アトの旅行者からのコミュニケーション

　図1右側の旅アトでは、ファネルが広がっていますが、SNSやブログでのクチコミの発信で顧客を広げていける可能性を示しています。情報や広告に対する信頼度調査においては、「友人や家族からのおすすめ」に対する信頼が5割を超えており（ニールセン：デジタル・コンシューマー・データベース、2020年）、今でもリアルの地縁・血縁のつながりにおけるクチコミが有効だということが分かります。しかし、これは小さなグループ単位のことで、旅アトのファネルの出口を広げるほどのボリュームにはつながりにくいでしょう。デジタル社会においては、ネット上での興味・関心のつながりと

して、SNSなどで消費者のクチコミや観光地域の魅力を紹介した写真・動画を旅行者にアップしてもらえるようにしていくことが求められます。

　観光地域においては、InstagramやTikTokなどのSNSは、UGC（User Generated Contents、第6章注8参照）としての活用が基本となります。消費者は商品購買の意思決定のために、SNS上で購入前の商品を探しています。旅行に当てはめれば、旅マエでは旅行先のユーザー情報、旅ナカではその地域の体験や飲食店の情報を探しています。UGCは旅行者の様々な選択に影響を及ぼしていることは間違いありません。もっともFacebook（フェイスブック）は、友人・知人からの情報を読んでいるのが基本ですから、信頼感の高い「おすすめ」を読んでいることになります。

② カスタマー・ジャーニーとコンタクトポイント

1｜動画（映像）を最初のコンタクトポイントにする

　世界各地の人々は、家電製品のSONYや自動車のTOYOTAブランドから原産地の「日本」を知っていたとしても、日本の観光地に対する認識は何もない「無関心層」も存在しています。そのため、インバウンドのターゲット市場に対しては、観光地の認知率を上げるためのプロモーションから始めることが必要となります。フィルムコミッションの活動によって、映画やアニメ、テレビドラマの舞台として取り上げてもらうことも、認知度向上のためには必要なコミュニケーション業務の1つです。「ローマの休日」を例に考えれば、映画の舞台は地域のイメージに直結し、鑑賞者の記憶に留まりやすいため、認知度だけでなく興味・関心も高まり、現地への訪問意向度の向上にもつながりやすくなります。

　最近では、ドローンを使った美しい動画を撮影し、YouTubeに掲載して、再生回数を伸ばすことで認知度を上げようという試みもされています。例

表1　東北観光推進機構のYouTubeでの動画配信と累計再生回数

タイトル	英文タイトル	公開日	確認日時点での累計再生回数の推移（単位：万回）				公開主体者
			2018/3/21	2018/9/30	2019/7/21	2021/8/7	
東北の春	Spring Beauty in Tohoku, Japan	2017/7/26	未確認	3	6	12	JNTO
東北の夏	Summer Passion in Tohoku, Japan	2017/10/31	112	1094	1123	1132	TOHOKU JAPAN
東北の秋	Autumn Colors in Tohoku, Japan	2016/12/20	1238	2645	2674	2785	
東北の冬	Winter Lights in Tohoku, Japan	2017/2/21	1209	1215	2138	2300	

(出所：筆者作成)

注)・サムネイル・タイトル・説明欄・タグの充実とインストリーム広告、ディスカバリー広告、バンパー広告の組み合わせで再生回数を上げる。
・上記の動画は世界への発信を意識しており、ノンバーバルでBGMが流れるのみ
・YouTubeのURL
　東北の春（東北観光推進機構）　https://www.youtube.com/watch?v=Z7ZyKHMPNuc
　東北の夏（東北観光推進機構）　https://www.youtube.com/watch?v=InQMUfUypMk
　東北の秋（東北観光推進機構）　https://www.youtube.com/watch?v=ngNSWQIXFBc
　東北の冬（東北観光推進機構）　https://www.youtube.com/watch?v=cS7R5k7gcAA

　えば、東北の広域DMOである東北観光推進機構は東北の四季をそれぞれ動画にしてYouTubeに掲載しています。世界への発信を意識しており、ノンバーバル（言葉の解説が入らない）でBGMが流れます。ドローンでの撮影も併用した美しい映像となっています。しかし、質の良い映像をYouTubeに掲載すれば再生数が向上するわけではありません。これは必要条件にすぎないことが、表1の2018年3月から9月の再生回数を比べてみると分かります。

　この半年に「東北の夏」は982万回、「東北の秋」は1407万回の再生がありましたが、「東北の冬」は6万回しか増えていません。東北観光推進機構は、3月から9月にかけては、夏と秋の集客を意図して、これら2種類のビデオにYouTube広告をしたのです。一方、表1の2018年9月から19年7月の推移では、「東北の冬」のみが924万回の再生数増となっており、冬に向けて広告を打ったことが分かります。

　YouTubeは毎分500時間の映像が世界中からアップされると言われており、膨大なSNSでの情報発信の中から投稿動画が見つけ出されるのは容易なことではないことが分かります。動画配信者は、YouTubeにアカウント

図 2　YouTube での広告のイメージ
(出所：YouTube 画面をスクリーンショットし、筆者作成（2023 年 11 月 12 日時点))

を持つことができ YouTube の再生動画リストをまとめておく「チャンネル」登録（図 2 左下）ができます。チャンネルの表示回数を増やす工夫や VSEO 対策（Video Search Engin Optimization）として、タイトルや説明文にキーワードを含める、タグを設定する、字幕を設定するなど再生回数を増やす工夫をしますが、やはり広告には敵いません。

　YouTube での広告は、図 2 にある TrueView インストリーム広告（本編動画の開始前に流れるもので、5 秒でスキップは可能）やディスカバリー広告（右のお勧めの上に表示される）の他、6 秒間はスキップができないバンパー広告などがあり、上記の再生回数を増やすための工夫とともに有料広告をうまく組み合わせることが必要です。

2　カスタマー・ジャーニー

　デスティネーション・マーケティングにおけるカスタマー・ジャーニーとは、「旅行者が地域の名前を知ってその地域を訪問するための観光サービスを予約・購入し、利用、共有、リピートするまでの道のり」のことで

す。マップ化する（表2）ことで旅行者とのタッチポイントを最適化するマーケティング施策が打て、成果へとつなげていくことができます。

前述のように、美しい動画を見て「TOHOKU」の認知度が高まっても、東北への興味・関心が湧くかどうかは分かりません。また、その次のプロセスである他の地域との比較・検討に移るには、映像だけでは情報不足です。そのため、オウンドメディアであるWEBサイトに誘導し、ユーザーが地域の旅行コンテンツを見ながら他地域との比較・検討が始められるよう

表2　観光地域におけるカスタマー・ジャーニー（AICATS）とコンタクトポイント

情報に対する態度	ターゲット / プロモーションの目的 / 意思決定プロセス	(a)地域の名前も知らない層 認知度の向上から訪問先の選好へ	(b)地域名を認知はしているが行ったことはない層 地域の魅力アップの伝達、旅行ニーズに合うコンテンツを伝達	(c)地域に一度は行っている層 旅行者の個性や価値観に合う情報
情報に対して受け身	①認知 Attention	マス媒体活用の広告（AD）やパブリックリレーションズ（PR）・旅行者によって投稿されたSNS（UGC）・YouTube等での動画広告・DMOのWEBサイト		
受け身から情報の取得に変化	②興味・関心 Interest		（ターゲット広告）旅行ニーズに合うコンテンツが揃っていることを伝達	DMO及び地元の宿泊施設等のWEBサイトやメールマガジンでパーソナライズ化した各種の情報を提供
積極的な情報の取得	③比較・検討（旅マエ） Consider	OTAでの特集・DMOのWEBサイト・ブログ・発地旅行会社のプロモーション・クーポン	OTAでの特集・DMOのWEBサイト・ブログ・発地旅行会社のプロモーション・クーポン	
	④予約・購入（旅マエ） Action	ガイドブック・Googleビジネスプロフィール・トリップアドバイザー・DMOのWEBサイト	ガイドブック・Googleビジネスプロフィール・トリップアドバイザー・DMOのWEBサイト	航空会社・宿泊施設の自社サイトでの直接予約
	⑤旅ナカ Travel	ガイドブック・観光案内所・DMO作成パンフレット・宿泊施設スタッフ・Googleビジネスプロフィール・トリップアドバイザー・旅行者によって投稿されたSNS	ガイドブック・観光案内所・DMO作成パンフレット・宿泊施設スタッフ・Googleビジネスプロフィール・トリップアドバイザー・旅行者によって投稿されたSNS	上記に加え、なじみの宿泊施設や飲食店等のスタッフからの新規情報
自らの体験に基づく情報の発信・推奨	⑥体験と共有（旅アト） Share	各種クチコミサイト・SNSへの投稿（ただし中華系は欧米豪とは別のメディア）	各種クチコミサイト・SNSへの投稿（ただし中華系は欧米豪とは別）	投稿へのインセンティブ、越境ECへの対応

（出所：筆者作成）

注）・表の横軸のターゲットには(a)〜(c)、縦軸の意思決定プロセスには①〜⑥が振ってある
　　・なお、意思決定プロセスの「予約・購入」に書いてあるコンタクトポイントは、特に予約を取る旨の記載がない限り、情報入手の媒体である。

にすることが必要です。

　表2は横軸のターゲット別に、縦軸の意思決定プロセスにおけるコンタクトポイントを例示しています。上述の東北観光推進機構に当てはめて考えてみましょう。日本の旅行を検討しているが、「TOHOKU」の地名を知らないアメリカ人になった気持ちで、ターゲット(a)のカスタマー・ジャーニーを辿ってみましょう。

　　YouTubeで日本の伝統的な観光地である京都の動画を見ていた「私」は、YouTubeのインストリーム広告で「Autumn Colors in Tohoku, Japan（東北の秋）」の動画に誘導され、「TOHOKU」の地名を知った。日が昇る頃のたおやかな松島の海、美しい紅葉に彩られた八甲田山、清らかなせせらぎの奥入瀬渓流、その地で働く職人の真剣な眼差し、あっという間に4分の映像が終わった。TOHOKUの名前を知り（欲求認識 Attention）、十分な興味と関心（情報探索 Interest）を持った。しかし、TOHOKUは日本のどのあたりにあり、成田空港からどう行けば良いのか分からない。そこで、「TOHOKU Japan」という動画のタイトルの一部を入力しWEBサイトを検索すると、東北観光推進機構のトップページに着地した。「ミシュラングリーンガイドがおすすめする」コーナーには、映像で出てきた寺院なども紹介され、東京から新幹線に乗れば1時間30分で仙台まで着けると書いてある。これなら、乗りたかった新幹線にも乗れるし、京都方面とどちらに行こうか、と比較し検討（選択肢評価 Consider）してみる。翌日、友人が勤める旅行会社に電話して、京都とどちらがいいか聞いてみると、最近の京都は混雑しているので、秋に行くなら東北はお勧めだとのことであった。航空運賃を確認し、エクスペディアで宿泊代を確認すると、他地区よりもリーズナブルな費用で行けそうだと分かり、航空券とホテルの予約を入れた（決済 Action）。でも、ユニークな温泉地でもある乳頭温泉へのアクセスはどうしたらいいのだろう。まあいいか、Wi-Fiさえつながれば、Googleマップで時刻表の検索もできるから何とか

なるだろう。

　旅行に行こうとする人たちは、こうしたプロセスを繰り返しながら意思決定をしていきます。購買プロセスのAICATS（アイキャッツ）は観光地を選択する消費者行動で、消費者の認知度向上から始まり興味・関心、比較検討を通じて、訪問先として選考していく過程を示しています。消費者は複数のメディアから情報を取得するため、多くのコンタクトポイントを用意しておかなければなりません。

　また、ターゲット(b)の「地域名を認知はしているが行ったことはない層」に向けては、地域の魅力がこれまでよりもアップしていることや今だけしか体験できないことなど、他地区と比較されることを前提に、旅行ニーズに合うコンテンツを伝達していくことが必要です。ターゲット(c)の「地域に一度は行っているリピーター」に向けては、宿泊施設が顧客情報をまとめている場合やメールアドレスを取得しているケースが多いと思いますので、DMOは宿泊施設と協働し、再来訪するだけの価値があることをメールマガジンで個別にコンタクトするなどの工夫が求められます。リピート層には、年齢・性別・価値観などの絞り込みをしたうえで、コンタクトポイントを整理していけばプロモーション手法も絞り込んでいけるでしょう。

3｜旅行者の購買意思決定とオムニチャネル

　デジタル以前のカスタマー・ジャーニーは、旅行会社の店頭でパンフレットを見て、旅行会社の社員からのお勧めで興味・関心を持ち、複数のコースを比較検討し、予約・購入をしていました（シングルチャネルの時代）。しかし、1995年のWindows 95の発売によって、パソコンを通じたインターネットでの情報収集が可能となり、予約・決済もできるOTA (Online Travel Agency、ECサイト) も加わり（マルチチャネルの時代）、実店舗とECサイトが連携し情報収集と予約・決済がどちらでも可能となるクロスチャネルの時代へと移り変わっていきました。さらに、2007年のiPhoneの発売からはスマホ、

SNS が加わるオムニチャネル[注1]の時代へ移行していきます。認知、興味・関心、比較・検討、予約・購入のタッチポイントの組み合わせが何通りにもなり複雑化したのです。パンフレットを入手して興味関心を持ち、旅行会社の実店舗で旅行相談して比較・検討を行い、その旅行会社の EC サイトで予約を行うということもあるのです。

　こうしてみると、オムニチャネルは消費者からすれば、ネットとリアル店舗とのシームレスな購買に至る体験のことだと分かります。消費者の購買意思決定プロセスのコンタクトポイントは、各段階において DMO や航空会社、旅行会社、地域の宿泊施設等が提供するデジタルとリアルの様々なメディア[注2]の集積によって構成されています。したがって、予約・決済も必ずしも旅行会社のサイトに限りません。航空会社の公式サイトで航空便の予約を取るかもしれませんし、宿泊施設の公式 WEB サイトから予約を入れるかもしれません。旅行会社は旅ナカの情報も含めた、総合的な取扱を消費者に訴求しなければならなくなってきました。

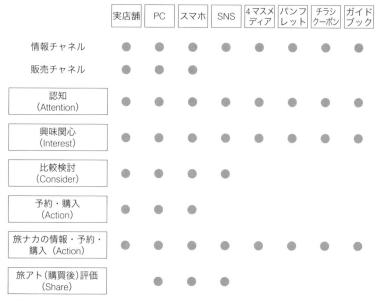

図3　旅行者の購買意思決定とオムニチャネル　(出所：近畿大学 名渕浩史氏作成資料に一部筆者加筆)

観光地そのものをプロモートしていく DMO は、旅行会社をはじめとした観光関連企業の行うプロモーションやチャネルの戦略を念頭に、様々なメディアを組み合わせて消費者にアプローチし、複数のチャネルあるいは観光関連企業の公式 WEB サイトで予約・購入するように促していくことが求められます（図3）。

　また、図3を見ると、デジタルとアナログ、旅行会社の実店舗など認知、興味・関心のプロセスでは、特に多くのタッチポイントがあります。消費者は、例えば、ある温泉の複数の旅館から宿泊先を選択しようとすると、ミドルクラスの旅館を選ぶ傾向があると言われてきました（妥協効果[注3]、サイモンソン（I.Simonson、1989年）。しかし、デジタル社会になり OTA の顧客のレビューや旅行会社・OTA からの評価に容易にアクセスできるようになると、旅館サービスの体験の質を従来よりも詳細に知ることができるようになります。これまで培われてきたブランドだけに頼ることなく、消費者自身が的確に判断を下すことになるのです（絶対価値、サイモンソン、ローゼン、2016年）。消費者は欲しい情報を知り尽くすのだと考えて対応しなければなりません。

③ 旅ナカ・旅アトのコンテンツ・マーケティング
SNS の活用について

1 ｜ コンテンツ・マーケティングとは何か

　コンテンツ・マーケティング[注4]とは、消費者に「『興味がある』『自分にふさわしい』『役に立ちそう』と感じさせるコンテンツを、主にオウンドメディアを用いて、消費者に提供することで、クチコミや対話など消費者による自発的な行動を促すマーケティング手法」（外川、2019年）のことを言います。デジタル社会では、消費者は自ら関心のある情報を積極的に取得しようとします。逆に、関心のないこと、つまらないと感じた情報はスキッ

プしていきます。DMOが伝えたい情報やメッセージを発信するだけではなく、消費者の興味を掻き立て、消費者にシェアやリポスト、リツイートしてもらうようにすることが求められます。そのため、DMOがコンテンツ・マーケティングを実行しようとする際は、情報が流通・拡散するように展開することが必要です（第6章図2,3参照）。

表2 カスタマー・ジャーニーの旅ナカ・旅アトでは、旅行者が自らの体験をSNSで発信してくれ、これらのクチコミは次の来訪客へとつながります。名前も知らなかった地域を知るきっかけとなり、SNSで発信された画像や映像で興味を持ったり、自分の価値観に合っていそうだと関心を示したりするようになるでしょう。

クチコミを発信する動機には3つあるとの指摘があります（浦野、2019年）。

① Instagramでは「ばえる」という言葉があるように、風景などの被写体がひときわ美しく撮影でき、Instagram上で映える写真を投稿することをアピールする。SNSでの自己表現がクチコミ発信の動機となっている

②初めて訪れる人の街への不安解消に、自身の情報が役立てばという利他的な思いがクチコミを発信する動機となっている

③そもそも旅行は、旅先などへの思いやこだわりが一般的に高いため、クチコミそのものを楽しもうという動機がある

こうしたクチコミの動機も、スマホから手軽に発信でき容易に人とつながることができるからだとも言えるでしょう。そのため、SNSはDMOが公式アカウントで発信をするよりも、ユーザーの手によってコンテンツが制作され発信される（UGC）ほうが、情報が流通・拡散する可能性もあり効果的です。これは、消費者の6割は、「購入前に商品のUGCをSNS上で探しているから」という現実があるからでした（第6章参照）。消費者は、企業や組織のプロモーション・メッセージよりも、普通の消費者から発信され、かつ信頼できる情報を知りたい気持ちが強いと言われています。特に、「自分と似ているか、自分より少しだけ（知識や情報が）上の人のクチコミを

求めている」(山本、2014年) のです。そのため、クチコミが広がっていくには様々なレベルでの多くのインフルエンサーが必要です(インフルエンサーについては後述)。

　では、消費者はなぜ、普通の消費者が発信する情報を信頼し、クチコミを参考にしようとするのでしょうか。2つの理由が考えられます。

　1つは、旅行ビジネスが取り扱う商品は、旅行者の欲求を満足させるための無形のサービスの集合体であるということです。車などの有体財のように購買前に見ることも触ることもできず、事前に品質評価をすることはできません。そのため、旅行者は宿泊施設や交通機関、観光施設などのサービスの評判を旅行会社やクチコミで確認しています。商品やサービスを購入する際に消費者が感じる不安や懸念のことを「知覚リスク」と言いますが、旅行で予約手配するのは、これら施設のサービスが束になったものですから、知覚リスクがより高いことが推測されます。こうした知覚リスクの解消のため、経験した人たちのクチコミを求めるのです。

　2つめは、企業関係者の広告や推奨にはバイアスがかかっていると感じるため、旅行者の生の声や旅に関する様々なクチコミ情報を知りたい、という消費者の思いです。デジタルを活用した、利害関係のない人たちの能動的なクチコミは、消費者目線で知りたいことを的確に伝えてくれます。

2 コンテンツ・マーケティングの留意点

　こうしたクチコミを読んだ消費者は、旅マエの認知プロセスを通り越し、興味・関心から比較・検討のプロセスに進んでいます。旅ナカ・旅アトのクチコミがデスティネーション・マーケティングに大きなインパクトを与えています。

　良いことずくめに見えるコンテンツ・マーケティングですが、注意をしておくこともあります。

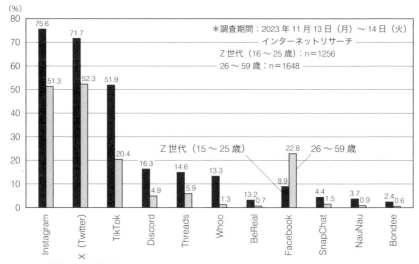

図4 年代別SNS利用率 （出所：株式会社サイバーエージェント次世代生活研究所、2023年12月）
注）Z世代は1996年〜2010年に生まれた世代で、2023年で10〜20歳代を指すことが多い。デジタルネイティブであるだけでなく、スマホネイティブ、SNSネイティブでもある。

1 世代、国による差

　その1つは、世代によってSNSの利用率に差があることです。デジタルネイティブはインターネットが普及し始めて以降に生まれた人たちで、SNSの利用率がそれ以前の世代に比べると高いと言われています。サイバーエージェント次世代生活研究所では、日本における年代別のSNS利用率を公表していますが（図4）、Z世代のInstagram、X（旧Twitter）、TikTokの利用率の高さが伺えます。観光の場合これらに加え、トリップアドバイザーのクチコミも有効です。もっとも、中国はWeChat、Weibo、Trip.comのクチコミが有効で、政治環境もあって国や民族によってSNSメディアに違いがあることも理解しておく必要があります。

2 インフルエンサーの活用とリスク

　2つめは、インフルエンサーのリスクです。クチコミをもっと積極的に活用するために、インフルエンサーを活用したマーケティングを実行する

DMOは少なくありません。共通の目的や興味で結びついているコミュニティのなかから周囲に影響力のある人物（インフルエンサー）を見つけ出し、インフルエンサーのブログやSNSのフォロワーをあてにして情報発信をするのです。購買の意思決定に大きな影響を与えますから、企業だけでなく観光地域のDMOも関心のある手法です。しかし、この手法を行う場合は「インフルエンサーの言動を企業やDMOはコントロールできない」という点に注意が必要です。

　インフルエンサーの不適切な発言が、地域にマイナスの効果をもたらすこともあります。2011年に炎上を起こした北海道長万部町のゆるキャラ「まんべくん」のことを覚えている方もいると思います。まんべくんは2003年のキャラクター公募で誕生しましたが、当初は人気のあるキャラクターではありませんでした。それが2010年に地元出身のWEB制作会社の男性がプロモーションを請け負い、Twitterを始めたことがきっかけで人気が出てきます。毒舌で、「トラブルが予想される話題に踏み込んだり、絡んだりして話題を広げる炎上マーケティング」（藤代、2011年）で人気が拡大していきますが、2011年8月に太平洋戦争に関するTwitterの炎上をきっかけに、わずかその2日後にアカウントは閉じられました。

　町はこの男性にまんべくんのアカウントを任せるにあたって、委託料は支払っていないとのことでした。こうしたこともあってか、運用は男性に任せきりであったとのことです。この事例は、インフルエンサーとは違いますが、コントロールできないクチコミの課題を教えてくれていると思います。

3 ステルス・マーケティングへの注意

　消費者庁は、2023年10月からステルス・マーケティングを景品表示法違反として取り扱うようにしています。消費者庁は「広告・宣伝であることが分からないと、企業ではない第三者の感想であると誤って認識してしまい、その表示の内容をそのまま受けとってしまい、消費者が自主的かつ

合理的に商品・サービスを選ぶことができなくなる」可能性があるからだと指摘します。

インフルエンサー等第三者に報酬を支払って、地域への誘客を進めるような場合、「広告」「宣伝」「プロモーション」「PR」といった文言による表示や「この地域のDMOから旅費の提供を受けて投稿している」といったような文章が必要となります。規制の対象となるのは、商品・サービスを供給する事業者（広告主）で、企業やDMOから広告・宣伝の依頼を受けたインフルエンサー等の第三者は規制の対象とはなりません。

④ プロモーションからコミュニケーションへ

消費者がデジタルツールを使いこなすようになり、消費者に対する理解を勘や経験ではなくデータで捉えやすくなりました。また、デジタル・マーケティングに関する様々なサービスが提供されるようになり、インバウンド誘致を中心に、デスティネーション・マーケティングはデジタル技術を活用して行うことが合理的です。本章では、マーケティングのプロセスのセグメントとターゲティング及びチャネルとプロモーションを中心にデジタルの活用について述べましたが、この他にもダイナミックプライシングなど価格戦略にも変化をもたらしています。

デジタル時代のプロモーションは、消費者が「関心がある」「面白い」と思った情報のみを選ぶことができます。地域からの一方通行ではなく、双方向でのコミュニケーションが求められています。そのため、DMOは観光関連企業とともに、消費者とのコンタクトポイントの機会を増やし、よりパーソナライズした地域の情報を届ける姿勢が必要です。単にInstagramやFacebookなどのSNSを活用すれば旅行者が増える、ということはありません。毎日アップされる膨大なSNSの情報のなかから地域が取り上げられることはきわめて難しいからです。消費者はその地域を認知したとし

ても、すぐには飛びつかず、周囲の信頼する人の評価など、レビューを参考にし、自身の旅行ニーズを満足させてくれる場所なのか、その良し悪しを判断するようになりました

　また、本稿では取り上げませんでしたが、デジタル・マーケティングは自らのマーケティング活動の効果検証もしやすく、PDCAを回しやすくなりました。検証を通じて、DMOをはじめとする観光振興組織は、マーケティング活動の何を内製化し何を委託するのか、委託するにしても委託先をディレクションするためには何を知っておかないと成果の出る委託の仕方ができないのかを再考する時でしょう。その成果も従来のアウトプットではなく、アウトカムを出していくまともな委託の仕方です。

　地域の観光振興の目的、目標にあったマーケティングのあり方を考えていきましょう。

第8章
観光DXで何が変わるのか

　デジタル・トランスフォーメーション（Digital Transformation、以下、DX）の概念は、2004年にエリック・ストルターマン教授によって「ICTの浸透が人々の生活をあらゆる面でより良い方向に変化させること」と提唱されました。「あらゆる面」ですから、ビジネス、社会、個人の生活などを問わずに、ということでしょう。では、「良い方向に変化」というのは、どう解釈をしたら良いでしょうか。この章では、観光DXとは何かを、いくつかの事例から紐解いていきたいと思います。

① DXとは何か

　本書では、観光振興の視座からDXを整理しますので、ビジネスの側面から取りまとめることができるように、経産省「DX推進ガイドライン Ver. 1」（2018年12月）の定義を引いてみたいと思います。
　そこには、「企業がビジネス環境の激しい変化に対応し、データとデジタル技術を活用して、顧客や社会のニーズをもとに、製品やサービス、ビジネスモデルを変革するとともに、業務そのものや、組織、プロセス、企業文化・風土を変革し、競争上の優位性を確立すること」と記されています。
　これまで私たちがITとかICTと呼んでいたこととは、どこに違いがあるのでしょうか。ロータス1-2-3という表計算ソフトが全盛の1980年代は

「OA」という言葉もありました。それが、Windows 95 とともに Excel が広く普及し、表計算、グラフ作成は PC 上で行うことが当たり前になっていきました。しかし、それはコンピュータやネットワークなどの技術によって、これまでの業務プロセスを維持したまま、作業や業務を効率化することが狙いでした。すなわち、IT とか ICT は業務の自動化や情報のデジタル化を目的としていたのです。

一方で、DX は、デジタル技術を活用して、従来のビジネスモデルや組織を変革することを目的としており、業務の効率化や利便性の向上だけではなく、製品やサービス、ビジネスモデルや組織、社会そのものの変革を目指すことを言うのでしょう。では、こうした目的を達成するためには、具体的には、どのようなスキルやマインドが求められているのでしょうか。

ビジネスモデルや組織の変革は、社長や役員の役割であり、トップのコミットがないと前に進んでいくことはありません。トップが推進しようとすることですから、様々な壁を突破する思いで進められていくことでしょう。企業で DX を実現させるには、全社の力を結集することで実現が図られていくのだと思います。

DX 推進の要件は以下の 4 点です。

①業務知識：企業内の様々な業務の内容や目的、関係者、課題などを深く理解し、デジタル技術やデータ活用の可能性を探る。

②デジタルリテラシー：デジタル技術（クラウドサービスや AI、IoT などの概念や特徴）やデータ活用（データ分析や可視化の方法）についての基礎的な知識や理解力、業務への適切な活用。

③推進力・DX の取り組みを主導し、関係者と協力して実行する力。例えば、DX のビジョンや戦略の策定、プロジェクトマネジメント、コミュニケーション、リーダーシップなど。

④ビジネスデザイン：新たな価値を創出するために、DX によってビジネスモデルの変革を構想し実現する創造力。具体的には、顧客ニーズや市場動向の分析、アイデア出しや検証、プロトタイピングなどをマ

ネジメントする力。

　このような企業のDXに対する向き合い方を、地域の観光振興に当てはめた時、観光DXでは何ができるのかを事例から考えてみましょう。

② 観光DXによるマーケティングサポート

　この節で紹介する観光DXの事例には、DMOのデスティネーション・マーケティングには直接関係のない内容に感じられるかもしれませんが、DMOの役割には観光消費額の拡大や地域の観光関連産業の事業サポートも含まれることから、2つの事例を紹介したいと思います。

1 ｜ (一社)豊岡観光イノベーションによるDX

　第3章で、観光コンテンツにおける2つの「観光としての価値」について述べました。五感によって感知する「身体的価値」と人間だけがその価値を認めることができる「精神的価値」の2つに分けて整理すると、身体的な記憶に由来する身体的価値「快」はリピート率が高いということを述べました。温泉は身体的価値に当てはまる観光コンテンツです。マーケティングデータを生かしながら、CRM（Customer Relationship Management：「顧客関係性マネジメント」）を実現したのが城崎温泉を抱える豊岡のDXです。

　城崎温泉をマネジメントエリアとする豊岡市と(一社)豊岡観光イノベーション（以下、豊岡DMO）は、コロナ禍前は年間100万人を超える宿泊客（うち、城崎温泉は約6割）を誇っていました。訪日外国人の宿泊数も年々増加し、2019年には6万4000人を数えていました（図1）。しかし、地域の状況をリアルタイムに把握する仕組みを持っていないこと（DMO側）やデータに基づいて繁忙期と閑散期に応じた価格設定や経営資源の配分ができていない（事業者側）という現状に対し、地域全体のタイムリーな統計データの把握が

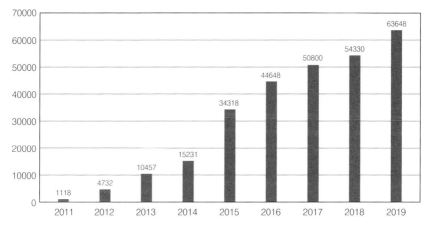

図 1　豊岡市の外国人宿泊数の推移 (出所：豊岡市大交流課)

必要という課題認識を官民で共有していました。そこで、デジタル技術を活用してリアルタイムのデータを収集し、宿泊施設の経営改善や労務管理に生かすとともに、地域の飲食・物販等の観光関連産業への効果的な波及に生かしていこうとしました。

　中小企業庁や観光庁の事業では不採択であったものの翌 2021 年に豊岡市の独自事業として開発が始まります。データ収集基盤が整備、顧客カルテに基づいたリピーター獲得などの年度目標を取りまとめながら、取り組みが進んでいきました。

　図 2 は観光 DX を推進していくための推進体制として、若手旅館経営者（二世会）や豊岡市が中心となって 2022 年 3 月 25 日に設立した協議会の体制図です。この協議会には当初 43 軒の旅館が参画し、6 月までに新システム「豊岡観光 DX 基盤」を導入、宿泊施設の予約データの共有を目指すこととなりました。宿泊施設がマーケティングの中核として扱う自社データを他の旅館や地域の飲食店等と共有するというのは、簡単に理解が得られることはありません。地域と市役所が 150 回以上にわたって会議を行いながら、観光 DX のあり様を見つけ出していったとのことです。

　図 3 の同年 6 月から稼働したシステムは、76 軒の旅館のうち 45 軒がデ

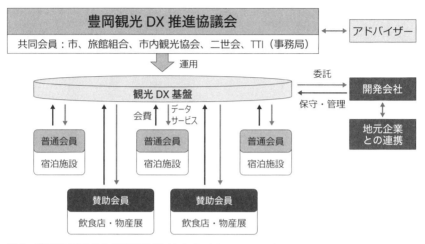

図2　豊岡のデジタル化推進体制 (出所：豊岡観光イノベーション)
＊ TTI：豊岡 DMO の英語名 Toyooka Tourism Innovation の略称。

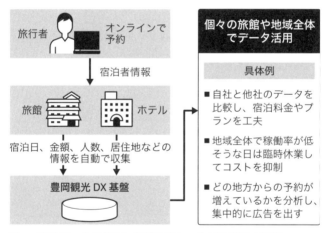

図3　宿泊データを共有し経営改善につなげる豊岡の観光 DX
(出所：日本経済新聞 2022 年 9 月 28 日朝刊)

ータ提供をすることになりました。市外の資本の旅館は声をかけても参加しなかったとのことでしたが、城崎温泉の宿泊客数の 7 〜 8 割を占める規模で始まりました。自社サイトや OTA を通じて入った宿泊日、金額、人数、予約者の居住地域などを日々 PMS (Property Management System)[注1] から自動で

収集しますが、各社ばらばらのPMSを使っているため、API連携によってシステムとつないでいるとのことです。

　※API連携：API（Application Programming Interface）を利用して外部のアプリケーションやシステム間でデータの連携をさせることで、利用できる機能の拡張を図ること。

　このシステムは、城崎温泉全体の予約状況を可視化し、数カ月先までの需要を予測できる仕組みとなっています。具体的には、ダッシュボードでは他の同規模、同価格帯の任意の5つ程度の旅館との比較ができるようになっていて、宿泊日別、予約分類別の客単価の比較や稼働率比較などができるようになっているとのことです。これらのデータがどう活用されたのかについては、日本経済新聞の2022年9月28日朝刊に紹介されています。

　「安売りプランをあえて設定しなかった」。人気の旅館「緑風閣」では、売り上げの確保にプラットフォームを生かす。9月の三連休の17〜18日、同価格帯の旅館のデータなどを見比べて高い需要が見込めると判断。2万円を下回る安価な宿泊プランの販売を取りやめたが、24室ある客室の予約は予想どおり埋まった。「データの裏づけがあることで、戦略を立てやすくなった」(販売戦略を担う中田翔真氏)。

　コスト削減にも役立つ。緑風閣は8月初旬時点で予約がまったく入っていなかった9月6日を、思い切って臨時休業日とした。「温泉地全体でも稼働率が10%以下と低く、需要が見込みにくいと判断した」(中田氏)。予想どおり温泉地への来客は伸びず、過度なスタッフの稼働や食材の仕入れを抑えられたという。

　ダッシュボードには、単価アップ推奨アラート機能が搭載されており、旅館のレベニューマネジメントを支えています。2022年度、緑風閣では、レブパー（Rev.per）[注2]で4000円、ADR（Average Daily Rate）[注3]で3000円のアップが実現したとのことです。地域のマーケティングデータの活用が、個々の旅館の宿泊単価の向上と経費削減による生産性の向上、働き方改革と様々な価値を生み出しています。また、共通PMSをつくり、23館が導入

をしたということです。デジタルリテラシーの高くない旅館のなかには、それまで紙の台帳を使っていた旅館もあり、使いやすさを心がけて構築していきました。各社それぞれが使用していたPMSでは実現できなかった統合された統計データで、予約時の顧客データだけでは分からなかったエリア全体の宿泊データや消費額、城崎の推奨度なども見えるようになったとのことです。

　こうした取り組みができたのは、城崎は「まち全体が1つの大きな温泉旅館」というまちづくりのコンセプトが生きているからだと言います。駅が「玄関」、温泉街のメインストリートは「廊下」、それぞれの旅館は「客室」、土産物屋は「売店」、7つある外湯は「大浴場」と考えるのだそうです。旅館同士やDMOに対する「信頼」があってこそ可能となることであり、1925（大正14）年の北但大震災の復興から連綿と続く城崎の「共存共栄という地域の文化」が基盤となっています。この文化が礎となりDMOと旅館側のマーケティングニーズがつながって、豊岡独自の観光DXに昇華したものと思います。

2 │ 有馬グランドホテルのDX

　この項は働き方改革につながるDXの事例を紹介します[注4]。

1 旅館経営の課題

　本題に入る前に、旅館経営の課題について見ていきましょう。厚生労働省の衛生行政報告例では、旅館の営業許可数は、1980年度の8万3226軒をピークに減少を続け、2017年度には3万8622軒とピーク時から半減しています（2018年の旅館法改正により「ホテル営業」「旅館営業」の営業種別が統合され「旅館・ホテル営業」となったため、それ以降の個別数値は不明）。ホテルは2017年までの10年間に10.2％の伸びとなっており、旅館の営業形態が市場ニーズに合わなくなってきている可能性があります。國學院大學の井門隆夫教授

(2017年)は旅館営業の課題を以下のように指摘しています。

①旅館の宿泊売上は、「宿泊単価」×「一室あたり宿泊人数」×「客室稼働率」×「総客室数」×「営業日数」で計算できる。団体旅行が個人旅行へとシフトしたことで「一室あたり宿泊人数」が年々減少した。90年代にはおよそ3人台だったが、2000年代以降は2人台に下がった。これで3分の1程度の売上が消えたことになる。「宿泊単価」を向上させるためには、客室リニューアル等の設備投資が欠かせない。

②客室稼働率と営業日数向上のためには、多様なプランによる価格設定を行って客室稼働率を高める一方で、従業員の労働生産性の向上を目指さなければならない。個人旅行化は、対応ができなかった旅館に廃業を迫り、旅館軒数の減少につながった。同時に、一室あたり定員の多い和室の旅館から定員の少ない洋室のホテルへのシフトが進展したのである。

2 有馬グランドホテルのソリューション

神戸市の有馬温泉は泉質に秀でたことから、「枕草子」にも日本三名泉の1つと数えられ、豊臣秀吉がよく湯治に訪れたという記録も残るなど、古来よりブランド価値の高い温泉です。京阪神からのアクセスも良く、「関西の奥座敷」と呼ばれる恵まれた立地にあります。有馬グランドホテルはJTBの顧客アンケートやトリップアドバイザーのクチコミ評価の高い、総客室数247室の旅館です。100室を超える大型旅館において、宿泊単価をアップし、一方で宿泊客にストレスのないおもてなしを提供しようとすると、従業員を増やす必要がありますが、経営の視点から見れば、労働生産性を高めることで乗り切ることが求められます。

梶木社長は「接客をしたいと入社した若手社員は共感に対する反応が高い」と言います。特にチームで行うことに違和感を持つことなく、顧客に喜んでもらえることを働き甲斐としているとのことで、この共感と効率性とのはざまをいかに埋めていくのかが経営の仕事なのだとおっしゃいます。

そこで、すでに導入していた PMS と連動するオペレーションシステムの独自開発を行っていくこととしました。
　今日稼働している部屋はどこか、客室係として誰が担当しているのか、今回の申し込みプランは何か、現在のサービスステータス（例えば客室でお茶の提供が済んだか否か）等を全社員のスマホで確認でき、顧客との約束とも言える基本的なサービスを漏れのないように行っています。
　さらにバックヤードでの時間を極力減らし、接客の時間を増やすようにするため、館内予約が必要な施設の空き状況（カラオケ、貸し切り露天風呂、マッサージなど）はスマホで確認・予約ができるようにしました。これまでは従業員がパントリー(厨房に隣接した配膳室)まで戻りフロントに電話していましたが、つながらずにフロントまで走っていたこともあったそうです。これをその場で予約できるようにしたのです。苦手な食材の確認や毎回マッサージを利用しているなどの個別情報、DM の要不要など、リピーターからすれば毎回聞かれる情報を繰り返されることもなく、ストレスを感じさせないもてなしに満足感が高まるのだとのことでした。
　夏休みなど繁忙期はチェックアウトした部屋を早く知り、清掃にかかりたいものです。しかしフロントでは支払いのために並んでいるお客を待たせないよう懸命に対応しているので、チェックアウトの情報を聞くのも憚られます。それがスマホで確認できるようになって掃除にスムーズに取りかかることができ、当日の宿泊客を待たせることがなくなったとのことでした。裏方にとっても使い勝手の良いシステムであることが分かります。
　導入にあたっては、反対する客室係が多かったとのことです。システムが変わると覚えるのがたいへんで、混乱が起きる心配があるからです。しかし、顧客の了解を得たうえで、その場でスマホによる対応を行うと、スピーディーな対応を喜ぶ顧客が多いとのこと。館内業務のデータのデジタル化を進めて手書きをなくしたことで転記ミスがなくなり、顧客の信頼も増しました。
　オンライン販売は、ロングテールで売れる宿泊プランを生み出しました。

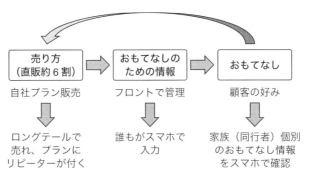

図4　デジタルによるおもてなしの高度化 (出所：筆者作成)

そして独自のオペレーションシステムは、顧客ニーズに基づく宿泊プランづくりや顧客一人ひとりの期待に応えるおもてなしへと導いてくれました(図4)。梶木社長は「システム投資の原動力は、顧客には『良かったよ』という一言とともにチェックアウトしてもらい、従業員からも喜ばれることだ」と述べています。

梶木社長はまた、「旅館は家業であるが、従業員にとっては企業であって欲しいだろう」とも述べられました。「旅館のおもてなし」は家業だからこそできるので、それは他にはない独自のものだと言います。また、「記憶に残るおもてなしも大切だが、顧客の期待に応えるおもてなしはそれ以上に大切だ」ともおっしゃいます。これらを従業員の誰もがスムーズにできるのはデジタルの支えがあって可能になるのです。

③ DXに取り組む覚悟

城崎や有馬グランドホテルのDXの取り組みは、地域や企業の既存ビジネスの優位性・持続性に影響を及ぼしていることが伺えます。しかし、観光地経営も企業経営でもデジタルを経営の核心に取り込んで味方にしなければならないことも分かりました。つまり、デジタル化による業務の効率

化や生産性の向上は当たり前のこととして、デジタルの活用が共存共栄の地域文化を個別旅館の繁栄につなげたり、組織の文化・従業員のマインドの変革を顧客のより良い体験につなげたりすることが DX の本質として捉えることができるからです。

　デジタル社会において、「まち全体が 1 つの大きな温泉旅館」というまちづくりのコンセプトを実現させようとしているのは、城崎温泉の若き経営者たちでした。有馬グランドホテルでは、デジタルによって従業員満足と顧客満足を実現させようとして、DX に取り組みました。トップマネジメントがどのような地域にしていきたいのか、どのような旅館にしていきたいのか、はっきりとしたイメージを持つことで現場が変わり、DX も生きたものになることが分かります。

第 2 部

観光地(デスティネーション)のマネジメント

第9章
旅行者の視座と規制緩和
自治体の観光政策に求められること (1)

　この章からはデスティネーション（観光地）・マネジメントについて記していきたいと思います。「地域の『稼ぐ力』を引き出すとともに地域への誇りと愛着を醸成する『観光地経営』」は、DMOによるマーケティングと観光行政による地域マネジメントによって推進されることは、これまでに述べてきました。

　DMOは観光地経営の司令塔だと言われていました。しかし、第三セクターで設立されているケースが多く、DMOが法律の執行や条例の制定・執行に直接関わることはありませんから、できることには自ずと限界があります。では、観光行政は、どういうデスティネーション・マネジメントを担うべきかを考えていきたいと思います。

 集客力と満足度を高める方法
デスティネーション・マネジメントの必要性

1 | 満足度に関わる２つの要因

　マーケティングは売れる仕組みであり、デスティネーション・マーケティングは「DMOや自治体が旅行者のニーズを見極めて、それに応えることで地域経済の活性化」を図ることと述べました。しかし、観光による地域経済の活性化に必要なのは、マーケティングだけではありません。地域の

観光資源の魅力向上、まちの雰囲気やムード、アクセスの利便性、安心・安全・清潔感、地域住民の旅行者を受け入れるまなざしなど（図1）、「集客力と旅行者の満足度」を向上させるコンテンツとインフラをどう充実させるかが重要です。住民のための各種の公共政策と同時に、旅行者を意識した景観整備や最寄り駅からのラストワンマイル（二次交通）の充実が、他と差別化された個性を作り上げていきます。

　ここでいう「集客力と旅行者の満足度」を高めるというのは、それが満たされなければ消費者がその地域を選択しないという、受入側の整備条件のことです。旅行に行きたいと思っている消費者の目的（ニーズ）にあった魅力的な観光資源は、観光目的地にとっての必要条件です。一方で、集客力と満足度を高める諸要因は、旅行者が他の観光地と比較・検討する段階における検討項目であり、旅行先選択における十分条件だと言えるものです。

　すなわち、観光において集客力と旅行者の満足度を高める要因、つまり集客の要素と言えるもの、その1つは図1で示したデスティネーション・マネジメントの5つの要素をレベルの高いものにしていくことです。もう1つは「不満をなくすこと」だと思います。図2の「訪日外国人客が地方で困ったこと」では、「多言語表記が少なかったり、分かりにくかったりし

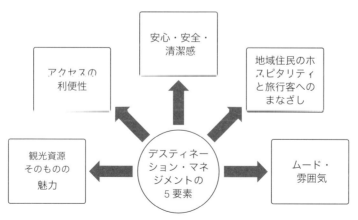

図1　デスティネーション・マネジメントの5つの要素　（出所：筆者作成）

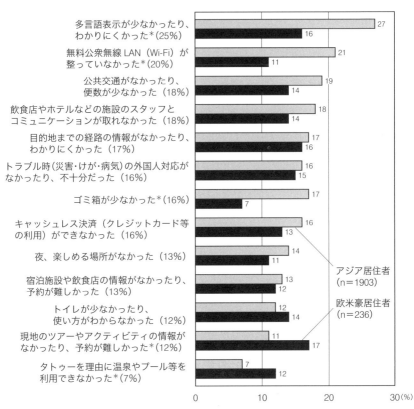

図2 訪日外国人客が地方で困ったこと （出所：日本政策投資銀行・(公財)日本交通公社、2022年）
＊は5％水準で有意。（　）内の数値は各項目の全体の割合

た」が最も多く、この他にも「飲食店やホテルなどの施設のスタッフとコミュニケーションが取れなかった」とのことで、日本を旅行する際の不安材料の1位は「言葉が通じるかどうか」だとのことでした。海外では言葉や習慣の違いからストレスを感じることが少なくないからでしょう。スマホの翻訳ソフトを使いこなすことで、対応する飲食店も出てきました。積極的にコミュニケーションを取る姿勢も必要でしょう。この他にも、「公共交通がなかったり便数がすくなかったりであった」と、ラストワンマイルについての不満も示されていました。

2 | 規制改革を積極的に活用する

　ここでは、集客力と満足度を高めるために、観光関連の規制緩和の積極的な活用を提案したいと思います。

　東日本大震災の翌2012年以降、訪日外国人客が右肩上がりに伸びてきたのに合わせ、国は地方の人口減少への対応策の1つとして、積極的に観光を後押ししてきました。2014年に、国は「まち・ひと・しごと創生本部」を立ち上げ、観光を地方創生の中核として活用していきます。同年末に公表された「まち・ひと・しごと創生総合戦略」に「効率的な事業を継続的に推進する主体」としてDMOが明記されました。また、国の重要な政策として観光を取り上げていくことがはっきりと示されたのは、2016年3月に省庁横断で策定された「明日の日本を支える観光ビジョン」だと思います。訪日外国人客を2020年には4000万人、2030年には6000万人という目標が示されたことで、観光関連の規制改革の法整備や体制整備が進んでいきました。表1は関係事業ごとに整理をしたものですが、観光ビジョンの策定以降、各種の規制改革が進んだことが分かります。

　例えば、全国通訳案内士試験の2023年の合格率は全言語で12％、コロナ禍前の2018年、19年は10％を下回っており、非常に難しい試験です[注1]。また、42地域（2024年4月現在）では地域通訳案内士制度が導入されています。京都市では"City of Kyoto Visitors Host"というガイドを紹介するサイトを持っており、定められた研修と口述試験で認定をした京都市認定通訳ガイドを紹介しています。このように、今では「通訳案内士」の名称は使用できないものの、誰もが有料で外国人を案内できるようになりました。2023年はメキシコからの訪日客が増えましたが、スペイン語のガイドは数が少ないのが実情です。誰もが有料案内ができるということであれば、いろいろなアイデアが湧いてきます。マッチングサイトは民間でも可能で、エリアだけでなくテーマ（庭園、地域の歴史、城郭、伝統産業など）でガイドをす

表 1　観光関連の規制改革の法整備、体制整備の状況

関係事業	国の方針
通訳案内士	・2017 年 3 月 10 日「通訳案内士法及び旅行業法の一部を改正する法律」案を閣議決定。一定の品質確保を前提に、「業務独占規制」等、通訳ガイド制度の見直し。従来の「全国通訳案内士」に加え「地域限定特例通訳案内士」は「地域通訳案内士」に名称が変更されるとともに、「通訳案内士」は名称の独占のみ。資格の有無に関わらず、有償で通訳案内が可能となる
宿泊業	・生産性向上と経営の自由度を高めて多様なサービスの普及の観点から 2018 年 1 月 31 日旅館業法政令改正。最低客室数（ホテル 10 室以上、旅館 5 室以上）基準の廃止・最低床面積の緩和及びフロント設置義務の緩和
旅行業	・上述の「通訳案内士法及び旅行業法の一部を改正する法律」により着地型観光推進に向け、企画・商品提供をしやすい制度の整備（地域限定旅行業務取扱管理者の創設、第 3 種旅行業の業務範囲の見直し等）及び増加する訪日外国人旅行者の受入環境の整備のため、ランドオペレーター等の業務の適正化（キックバックを前提とした連れ回し等の是正） ・旅行業務取扱管理者の試験科目の研修代替による地域限定旅行業の支援（体験型観光の規制緩和、2024 年）
民泊サービス	・「住宅宿泊事業法案（民泊新法）」が 2017 年 6 月 9 日法案成立 ・民泊の苦情や開設手続など相談窓口の一本化、年 180 日の営業制限 ・違法民泊の罰則強化（旅館業法の改正で 100 万円以下の罰金） ・条例で民泊の制限が可能（都道府県及び保健所設置市） ・住宅宿泊管理事業者の設置（民泊での管理業務の内容を法で規定）
輸送業	・2018 年 5 月 26 日に国家戦略特区にもとづく自家用自動車有償運送の実証実験開始（兵庫県養父市：観光客も対象） ◎2020 年 6 月道路運送法第 79 条の 2 成立。タクシー事業者が協力をする事業者協力型自家用有償旅客運送を法制化 ・2021 年 10 月 29 日配車アプリ等を通じたタクシーの「相乗りサービス」制度を導入、2024 年 4 月地域限定のライドシェア開始（タクシー会社管理） ◎2024 年 3 月 1 日「道路運送法における許可又は登録を要しない運送に関するガイドライン」（いわゆる無償運送規制緩和）を発出
その他	・観光地を面的に整備する投資ノウハウ等に関する機能を安定的、継続的に提供できる体制を整備（せとうち観光活性化ファンド、ALL-JAPAN 観光立国ファンドなど） ・2018 年 5 月 25 日「地域再生法改正案」成立。BID、TID につながるエリアマネジメント負担金制度の創設へ ・2018 年 7 月 1 日から訪日客の免税条件を追加して対象を拡大 ・2019 年 1 月 7 日から一律 1 人 1000 円の国際観光旅客税。約 540 億円の財源規模（2020 年度の観光庁当初予算案の同税充当額より） ・2016 年 12 月「統合型リゾート（IR＝Integrated Resort）整備推進法（IR 推進法）」、2018 年 7 月 20 日「特定複合観光施設区域整備法（IR 整備法）」が成立。大阪 IR の 2030 年開業に向けて、2023 年 9 月に国が区域整備計画を認定 ◎2020 年 11 月道路法の改正でほこみち制度（歩行者利便増進道路）

◎は本章 2 節で取り上げる項目　　　（出所：新聞・観光関連専門誌の報道及び衆議院、参議院のホームページから筆者作成）

ることも可能でしょう。観光庁の2019年訪日外国人消費動向調査では、訪日外国人客の「現地ツアー・観光ガイド」の購入率は全体の4.3％でしかなく、訪日外国人客の満足度を高めるためにも、まだまだ力を入れる価値のある分野だと思います。

DMOや行政はガイドの質を担保しようと、TOEIC 600点以上（全国地域最頻は730点）あるいは実用英語技能検定2級以上の資格を持っていることを前提に9日間程度の研修を義務付け（滋賀県長浜市の例）、地域通訳案内士の資格を認定するなど、訪日外国人客の満足度向上にも力を入れています。

また、宿泊分野においては、「住宅宿泊事業法案（民泊新法）」が2017年6月9日に成立し、2018年3月15日登録が開始され、6月15日施行されましたが、違法民泊が横行したこともあり、都道府県及び保健所設置市では条例で民泊の制限が可能となるなど、各地の実情に合った形で民泊も根づき始めています。宿泊業においては民泊に目がいきがちですが、他にも最低客室数（ホテル10室以上、旅館5室以上）基準の廃止、最低床面積の緩和、フロント設置義務の緩和が行われました。これらの規制緩和措置については、第12章で詳しく解説をしたいと思います。

② 規制改革は住んでよし、訪れてよし、稼いでよしのまちを創る

規制改革は、民間のアイデアを生かした新たな事業を生み出すだけではなく、地方自治体も地域の魅力アップに活用できます。以下では、表1に◎印を記した「事業者協力型自家用有償旅客運送」「ほこ道制度（歩行者利便増進道路）」「観光における無償運送のガイドライン」の3例を取り上げて考えてみたいと思います。

1 自家用有償旅客運送によるラストワンマイルへの対応事例

「集客力と満足度を高める要因」の1つはアクセスの利便性です。しかし、図2にもあるように、「公共交通がなかったり便数がすくなかったりであった」というのは、訪日外国人客に限らず日本人旅行者にとっても地域住民にとっても「困ったこと」の1つです。特に高齢者の免許返納が課題となっているなかで、公共交通がない、あるいは便数が少ないという地方においてはなおさらです。

タクシー運転手の平均年齢は全国で58.3歳（令和4年賃金構造基本統計調査）、有効求人倍率は4.68（ハローワーク求人統計データ）となっています。和歌山県や鳥取県などでは、運転手の平均年齢は全国平均より2〜4歳上になっており、地方での運転手確保はより厳しい状況は見て取れます。この状況は、住民にも旅行者にとっても課題を投げかけています。例えば、和歌山県のある温泉地で、連泊の訪日外国人客が旅館の夕食ではなく外のレストラン

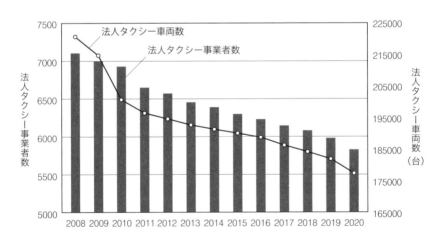

図3　全国の法人タクシー事業者数及び法人タクシー車両数の推移
(出所：(一社)ハイヤー・タクシー連合会 WEB サイト)
＊国土交通省調べ（2021年3月31日現在）。
＊法人タクシー事業者数及び車両数は、一般タクシー（ハイヤー、患者等輸送限定車両を除く）のみ。

に食事に行った帰り、タクシーを呼んでもらっても17時以降の配車ができないと断られたとのことでした。仕方なく、旅館の車で迎えに行くことになったとのことでしたが、その原因はタクシー運転手の高齢化で夜の勤務をする人がいなくなったからだと聞きました。また、法人タクシー事業者数、車両数を見ても2008年から2020年の12年間で千社以上、4万3千台あまりの減少が見られ、地方ほど顕著です(図3)。個人タクシーの車両数も2020年には3万台を切っています。これでは、オーバーツーリズムの地域以外にも旅行者を、と声を上げても受入がしづらいでしょう。

1 兵庫県養父市：やぶくる（国家戦略特区事例）

2018年5月から国家戦略特区による事業者協力型自家用有償旅客運送（通称：やぶくる）を始めた兵庫県の養父市では、JRの八鹿駅などの市街地へは6スポットのみしか利用できず、エリアが厳しく限定されている（図4）。それでも利用したいという住民に、私の研究室の大学院生（小松沙吏氏）が

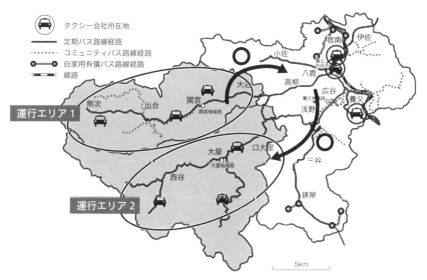

図4　やぶくるの運送可能範囲（出所：養父市資料に筆者加筆）
＊運行エリア1は関宮地域、2は大屋地域。両地域から外のエリアには、八鹿駅、八鹿病院、養父市役所など6つのスポットまでは、エリア1,2のいずれかを発着地点としてやぶくるで運行可能。

ヒアリング（2021 年）することができました。その結果は、自家用有償は移動だけでなく、住民間の交流の機微にも関わっていることが分かりました。
 ・免許を返納したため近所の人が気遣って、「いつでも声をかけてね」と言ってくれるが、無料でお願いするのは気が引ける
 ・見知らぬタクシーの運転手よりも、近所の顔見知りが運転手だと世間話ができ、周辺の人たちの近況も分かってありがたい。
とのことでした。

　図5はやぶくる事業のフレームワークです。国家戦略特区制度で始まったやぶくるは、事業主体は自治体かNPO法人という制限がありましたので、NPOが主体となっています。もっともこのNPOの事務所はタクシー会社の事務所の中にあり、NPO法人の理事長もタクシー会社の役員が兼務されていましたから、実質的にタクシー会社の運営サポートのもとで行われていたと考えて良いでしょう。つまり、タクシー会社が2種免許ドライバーだけでなく1種免許で講習を受けたドライバーとも契約を結んで運行をしているのと同じような状況です。

　協力形態のところに、呼気アルコールセンサーで点呼と書いてありますが、従来ドライバーに対面で点呼をしていましたが、この点が違います。スマホにつけられたセンサーでアルコールを検知するとともに、なりすましドライバーを防ぐこと、健康状態を確認することを目的にSNSのビデオ電話でチェックをしています。ドライブレコーダーを設置するなど安全対策を徹底していますが、万一、事故を起こした場合は、ドライバーが個人で入っている自動車保険を優先し、足りない部分をNPO法人が補う形となっています。

　2024年4月現在、やぶくるの運行は、毎日（12/30〜1/3除く）8〜17時、初乗り2kmまで800円、以降550mごとに100円加算で行われています。利用者は住民だけでなく、旅行者を乗せて良いことになっていましたが、運行区域に制限があることや、プロモーションをほとんどしてこなかったため、やぶくるは住民のための足であったと言えます。

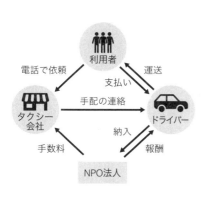

図5　やぶくるのフレームワーク（出所：近畿大学大学院商学研究科（当時）髙橋一夫研究室、小松沙央）

2 千葉県いすみ市（旧夷隅町）：地域DMOによる自家用有償旅客運送の実施

　やぶくるが始まって10か月が経った2019年3月7日に、総理官邸で第24回未来投資会議がモビリティをテーマに開かれました。安倍総理（当時）は、会議での議論を受けて以下の発言をしました。

　「地方を中心に、交通手段の自動車依存が高い中で、ドライバーの人手不足が深刻化しています。モビリティは、Society 5.0のうちで、重要な柱であり、自家用車を用いて提供する有償での旅客の運送については、利用者の視点に立ち、現在の制度を利用しやすくするための見直しが必要です。タクシー事業者と連携を図ることは、自治体にとって負担の軽減となり、利用者にとっても、安全・安心なサービスが受けられるため、双方にメリットがあります。

　このため、タクシー事業者が委託を受ける、あるいは実施主体に参画する場合について、手続きを容易化する法制度の整備を図ります。この運送は地域住民だけでなく、外国人旅行客4000万人時代も見据え、旅行客も対象とします。」（「第24回未来投資会議議事要旨」）

　国土交通省は、2020年6月に道路運送法の改正を行い、第79条の2第1項第5号に「事業者協力型自家用有償旅客運送」が定められました[注2]。国

第9章　旅行者の視座と規制緩和　　165

家戦略特区制度を用いなくても、どこの自治体でもこの制度の活用が可能になりました。輸送対象者が住民だけではなく、インバウンドを含む旅行者も対象とすることが法律で明確にされたことで、住民の生活交通も含め、地域交通の持続性が高まることが期待されるということでもあります。地域の観光資源の活用を図ることで、地域交通に新たな需要を生み出そう、ということでもあります。

これに敏感に反応し、旅行者を積極的に取り込もうとしたのが、千葉県いすみ市の地域DMOである（一社）ツーリズムいすみ（以下、いすみDMO）です。2021年4月より、いすみ市内で交通空白地域となっている旧夷隅町エリアにおいて自家用有償旅客運送を開始しました。住民だけでなく旅行者等の来訪者の対象ですから、観光のモデルコースも走らせています（図6）。

いすみDMOの自家用有償のフレームワークは、やぶくると大きな違いはありませんが（図7参照）、いすみ鉄道の国吉駅を拠点にできるため、利用がしやすくなっています。また、タクシー事業者（浪速タクシー）が運行管理を担うものの、いすみDMOが事業主体となっているため、DMOのWEBサイトやSNSでのプロモーションも行われています。いすみDMOが専用の車を用意し運転は地域住民が行いますが、観光コースはDMOの関係者がドライバーガイドとなって観光案内も行います。料金メーターも

図6　観光モデルコースのうちAコース　(出所：ツーリズムいすみ2021年4月2日付プレスリリース)

図7　ツーリズムいすみの自家用有償旅客運送のフレームワーク
(出所：近畿大学大学院商学研究科（当時）高橋一夫研究室 小松沙吏)

独自のアプリ入れたスマホで代用できるようになっています（写真1、2）。

　ここで事業者協力型の自家用有償旅客運送について考えておきたいことがあります。この運送形態というのは地域のタクシー会社にとって不利益を招くものなのでしょうか。地元のタクシー会社が事業主体となって第2種免許で運行するグリーンナンバーも第1種免許で運行する自家用有償旅客運送も、ともにマネジメントができるのであれば、タクシー会社にとって不利益があるとは思えません。タクシードライバーの平均年齢や有効求人倍率の高さを考えれば、第1種免許のドライバーを取り込むことで経営

写真1　専用の車
(一社)ツーリズムいすみ自家用有償旅客運送登録番号：関千交第4号と書かれている

写真2　独自のアプリでスマホが料金メーターになる

第9章　旅行者の視座と規制緩和　　167

の持続性の不安要因の1つがなくなることでしょう。

　また、タクシー会社が自動車を所有する必要がありませんので、減価償却をする必要はなく、燃料費もドライバーの負担です。配車や点呼等の運行管理も、従来の担当者で行うのですから「範囲の経済性注3」が生きてきます。2つの事例の収入配分を見ると、運転手が売上の70％になっています。自家用有償旅客運送をマネジメントする場合、売上は落ちるかもしれませんが、営業利益ベースで考えれば、自家用有償旅客運送は十分に経営に貢献するものと考えられるのです。

　自家用有償旅客運送は、運転手の恒常的な確保等の課題が存在するものの、地域住民にも運転手を担って頂き、利用者である地域住民と旅行者のニーズを踏まえながら実施していくことで、地域と行政、DMOで支える持続可能な事業になると思います。和歌山県紀の川市では、インバウンドに特化した自家用有償旅客運送が認可されました。和歌山電鉄貴志駅の「たま駅長」を見に来る訪日外国人客に向けて、域内の観光で四季折々のフルーツ体験などをしてもらい、市内での観光消費が進むようにと議論が進みました。

　各地で行われる地域公共交通会議では、第1種免許ドライバーの安全性について議論が交わされることがあります。養父市の取り組みの紹介やこれまでの自家用有償旅客運送の事故率など、客観的に議論をするとともに、メンツにこだわることなく、自社の経営や地域ニーズ、そして最も重要な利用者目線での議論となるよう願ってやみません。欧米型のライドシェアの議論もあると思いますが、日本型のやり方として定着するように事業者の皆さんが協力されても良いのではないでしょうか。

　2023年からのインバウンドの復活時には、いわゆる「白タク」が引きも切らないと報道されました注4。銀座、羽田空港、成田空港、関西空港には違法の白タクが蔓延しています。時代のニーズと人材不足という外部環境にあった規制改革が求められています。

2 | 無償運送規制緩和を活用したラストワンマイルへの対応事例

◼ 宿泊施設、観光ガイド等との一体運送のガイドラインによる変化

　国土交通省は2024年3月1日に、物流・自動車局旅客課長名で「道路運送法における許可または登録を要しない運送に関するガイドラインについて」を発出しました。これは、宿泊施設や通訳ガイドなどが自家用車を使って顧客を送迎できるという趣旨の通達です。この通達は、利用の仕方によっては地方での観光二次交通の確保に活用できます。国土交通省がこれまで無償運送に関する通達を必要に応じてばらばらと出していましたが、混乱を招かないように、整理をし直して発出したものであると確認をしました（近畿運輸局自動車交通部）。

　ガイドライン前文には、無償運送の「考え方」が説明されており、特に下記の2点が重要だと思います。

　第1に、無償の運送行為は誰でも自由に行えるということで、「運用に当たっては、無償運送行為が本来は自由に行えるものであり、一般の方々が許可または登録をせずに行える運送行為を安心して行えるよう記述したものであることを理解しておく必要がある」と説明されています。

　第2に、無償運送を活用していかなければ社会が成り立たない段階に来ているという認識です。前文では、「公共交通機関の活用を第一に考えていくことが重要」とし、十分に確保できない場合には、自家用有償旅客運送制度や無償運送を組み合わせて移動手段を確保する必要性があると指摘しています。そのうえで「高齢社会や共働きの進展、地域への様々な旅行客の来訪などを考慮すると、地域での互助活動・ボランティア活動による運送、自家用の自動車による運送等にも一定の役割を持たせないと社会・経済活動の維持が困難になることも現実である」と地域の現状に即した考え方が提示されていると言って良いでしょう。

　具体的には、宿泊施設、ガイドサービス、ボランティアでの運送が示さ

れています。

2 宿泊施設による送迎

　ホテル・旅館など宿泊施設の利用者の送迎において、最寄りの駅や空港への送迎だけでなく、立ち寄りや観光スポットへの送迎が可能であることが明記されました。特に、無償の運送サービスですから、利用者の依頼・要望に応じて、送迎途中で土産物などの商店などに立ち寄ることも差し支えないとされています。宿泊施設からスキーゲレンデや海水浴場、イベント会場への運送など、利用者を対象に無料サービスとして行う近隣施設等への運送は、社会通念上常識的な範囲であれば可能とされました。

　有料の宿泊施設利用に付随する運送サービスですから、運送サービスの利用の有無によって施設の利用料や宿泊料に差を設けても、運送サービスにかかる実費の金額内であれば問題ありません。ここでいう実費の金額というのは、ガソリン代・燃料代、高速道路等の通行料、駐車場代、保険料、車両借料（レンタカー代）の他に、車両維持費（車両償却費、車検料・保険料等）を含めても差し支えないとのことです。

3 現地での着地型ツアーやガイドサービスに付随する運送サービス

　ツアー等のサービス提供者や観光ガイドによる運送サービスも、運送に対する反対給付がない無償運送ならば許可・登録は必要ないことが明記されました。ガイドラインでは、「国・地方公共団体及び公益社団法人日本観光振興協会並びに公的機関が認定・付与する資格を有するガイドが、ガイドのために人を運送する場合で、運送に特定した反対給付[注5]がない場合は、許可または登録は不要である」としています。つまりガイド業との一体運送であれば、ガイドとしての報酬を受けていても運送に対する反対給付を受けているとは見なさず、許可等も不要とされました。この場合でも運送サービスを実施する実費は受け取ることができます。

　一方で、観光ガイドと名乗っていてもサービスの実態がガイドと見なす

に値しないようでは、単に目的地への輸送と判断されます。「専門的な知識や高度な語学力等に基づくガイドの提供」か否かで判断するとしているためです。訪日外国人客の増加とともに増えている日本在住の外国人による空港などでの白タク行為を防止する意味でも必要だと思われます。

こうしたガイドラインの内容を受け、東大阪ツーリズム振興機構(以下、東大阪DMO)では、公式通訳ガイドの育成・認定により、無償運送もセットで訪日外国人客へのガイドサービスを提供しようとしています(図8)。TOEIC 700点取得を目途に募集を行い、おもてなしマインド・旅程管理・安全運転・危機管理・ツアー造成能力・各地域の観光資源の詳細を研修で身につけてもらおうとしています。東大阪DMOによる認定ガイド育成により「専門的な知識や高度な語学力等に基づくガイドの提供」につなげようということです。南北の移動がしづらい交通事情を補いながら、モノづくり職人のスゴ技、昭和を思わせるレトロな飲食店での食事、明るいママさんとのカラオケを楽しむスナックツアーなどが企画されていきます。

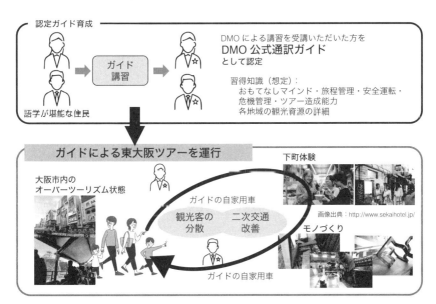

図8 東大阪DMOによる公式通訳ガイド育成・認定事業のイメージ
(出所:チカルミー株式会社 久保智美氏作成)

4 ボランティア団体による運送サービス

　運送主体が「利用者以外から収受するもの」は、原則として、「運送サービスの提供に対する反対給付」とは解さないとガイドラインに記されました。これは、国・地方公共団体が運送サービスを行うボランティア団体に対し、団体の職員（運転のみを行う職員及び運転・その他の業務も行う職員を含む）の人件費などに充てるものとして、団体の運営に要する費用の補助金を支出する場合が該当します。

5 仲介手数料の受領が可能

　運送サービスの提供者と利用者から仲介者に対して仲介に関する報酬が支払われたとしても、運送サービスの提供に対する反対給付ではないので、運送が有償で行われたことにはならないことも明記されました。旅行会社にとっても新たな商材となることが分かります。一方で、仲介者はその仲介の態様によっては、旅行業等と見なされる場合がありますから旅行業登録のない DMO などは注意しなければなりません。

　仲介者が、自家用自動車による運送サービスの提供者とそのサービスの利用者を仲介する場合、運送主体ではない仲介者は、そのいずれか又は双方から仲介手数料を収受しても差し支えないとも記されています。

　※無償運送については、観光の二次交通に関わるか所を、ガイドラインのなかから抜き出して解説をしましたが、実際に DMO や自治体で運用する際は、最寄りの運輸局の自動車交通部に相談することをお勧めします。

3 ｜ 御堂筋が歩道に変わる：ほこみち制度

　ヨーロッパの通りにはカフェにテラス席が置かれオープンカフェをよく見かけます。道行く人を見ながら飲食を楽しむ様子は、街の賑わいを感じさせてくれます。そんな様子が日本でも見られるようになったのは、コロナ禍前の 2019 年 5 月のことです。写真 3 は、JR の大阪環状線福島駅の近

くのふくまる通りにある飲食店の様子です。私は大阪に住んでいますので、この様子を見ていよいよ日本でも、と喜びました。しかし、これは公道ではなく私道だと教えられ、どんな仕組みか知りたくなりました。

　この通りは、かつて阪神本線とJR環状線が並走していた場所で、この2社の共同事業で出来あがっていたのです。両者がJR高架下店舗と新たに開発したホテル阪神アネックス・阪急オアシスを結ぶため、両側1.5mを提供する形で各店舗がテラス席を作ることを積極的に認め、日常的な通りの賑わいを創りだせるように促したものでした。左側の写真の道の真ん中は歩道として確保され、その両側にテラス席がおかれています。通り開きした時は、高架下の活用策として各地の鉄道会社が視察に来ていたとのことでした。

　道路上（公道）に椅子やテーブルを設置し、テラス席のようにして継続的に道路を占有する際は、自治体等の道路管理者による「道路占用許可」及び、警察による「道路使用許可」が必要で、設置するものによって占有料の単価や設置基準が決められています。2020年にはコロナ禍で飲食店の換気が強く要請されるようになり、テラス席の活用が国でも真剣に議論されました。その結果、沿道飲食店などの路上利用の占用許可基準緩和が当初2020年11月30日まで認められ、その後、翌21年9月30日まで緩和

写真3　大阪福島ふくまる通りの賑わい（写真：筆者撮影）

第9章　旅行者の視座と規制緩和　173

措置が延長になりました。その内容は、歩道空間の幅2m以上（交通量の多い場所は3.5m以上）の確保を条件に自治体や商店街などが申請すると路上の占有が許可されます。付近の清掃をすることを条件に占有料も免除され、国土交通省道路局が中心となり警察庁交通局とも調整をした結果です。

これと並行して国土交通省では、道路法の一部を改正する法律（2020年5月20日成立）により、賑わいのある道路空間創出のための道路の指定制度として、歩行者利便増進道路（通称：ほこみち）制度を創設しました。第1号認定では、大阪の御堂筋、神戸の三宮中央通り、姫路の大手前通りの3か所が指定されました。ベンチ等の施設を誘導するために指定した特例区域では、無余地性の基準を緩和し、占用がより柔軟に認められることになります。占用者を幅広く公募し、民間の創意工夫を活用した空間づくりが可能になります。

大阪市は、この認定とともに「御堂筋将来ビジョン」を策定し、車中心から、人中心のストリートへと御堂筋を変えていこうとしています。新たな体験ができる空間には新しい魅力や価値を創出することができることでしょう。すでに工事が始まっており、2025年3月には御堂筋の千日前通から長堀通まで、側道は車道から歩道への転換（側道歩行者空間化）が完成することになっています（写真4,5）。さらに、御堂筋100年（2037年）には、御堂筋を人中心のフルモール（車両の進入を禁じた、歩行者専用道路）にすることをビジョンとして掲げています。

デンマークのコペンハーゲンには中央駅から港までの約1.1kmの「ストロイエ」と呼ばれる歩行者専用空間があります。1960年代の中頃、車道を歩行者専用道路に作り変えて常設化されました。松本大地氏は「百貨店、ブランドショップ、生活雑貨、レストラン、カフェなど約2000店が軒をつらねる。日々買い物や散歩を楽しむ人が訪れ、幸せな日常の風景がひろがる」（2021年）と紹介しています。欧州の都市では車両の進入を禁じるカーフリーを基本とする旧市街が多くなっていますが、ストロイエのように、周辺への店舗誘致など商業政策との連携が必要です。そのため、ほこみち

写真4　側道を車道から歩道へと工事が進む（写真：筆者撮影）

写真5　完成したか所での飲食の実証実験（写真：筆者撮影）

制度では、公募により占有地を使用する店舗等が選定された場合には、最長20年の占用が可能となり、テラス席付きの飲食店など初期投資の高い施設も参入しやすくなるように制度設計されています。観光においては地域の個性も必要です。大手ナショナルチェーンの看板が並ぶだけではなく、地域の事業者のやる気とそれを支援する金融機能が求められます。

③ 観光行政の役割はデスティネーション・マネジメントにある

　本章では「集客力と旅行者の満足度」を高めるためには誰が何をしたら良いのかについて例示してきました。観光の地域ブランドは、旅行者の期待感を高めて集客し、その期待感を裏切らない満足感を提供してこそ旅行者と地域との間に絆が生まれ、地域のブランド力が向上していきます。いくらDMOがデスティネーション・マーケティングの力をつけたとしても、地域に来てからの満足度を高めなければリピーターになってもくれず、SNSでの好意的な発信もしてくれることはありません。行政と地域の事業者の力にかかっています。

　自家用有償旅客運送の議論をはじめ、地域観光におけるラストワンマイルの二次交通問題は、観光行政だけではなく交通政策や企画セクションと

の議論が必要になりますから、観光行政は庁内調整を含めデスティネーション（観光地）をマネジメントする役割を担っていかなければならないと思います。地元住民がドライバーガイドとして地域観光の付加価値を高めていくことで、稼いでよしの観光まちづくりへもつながっていくことでしょう。

　また、松本氏（2021年）は、日本では車社会に対応した複数の車線道路をつくるのがまちづくりの基本でしたが、「中心市街地では人が行き交う歩道を充実し、ウォーカブルな空間づくりができないものか」と提案をしていました。いよいよ日本でもそれが現実になりつつあります。2024年3月現在で国が指定しているほこみちの指定路線数は139か所、ほこみちがある市町村は57か所になっています（国土交通省、2024年）。こうした賑わいのある道路空間は、都市計画セクションにだけ任せるものでしょうか。旅行者の視座に立って、住民のためだけではない観光まちづくりを実現させることが観光行政の役割ではないでしょうか。集客イベントをやりたければDMOに任せたら良いのです。行政の皆さんは、政策立案とその実施を進めて頂き、DMOと協働することで、「住んでよし、訪れてよし、稼いでよしのまちづくり」を担って頂きたいと思います。

　この章で概観したように、地域ガイド、空き家活用の宿泊施設、事業者協力型自家用有償旅客運送、ほこみち制度と、どれをとっても地域住民、旅行者、地域の事業者三者にとってWin-Win-Winをもたらすものです。観光は地域社会のニーズや課題に取り組むことで社会的価値を創造し、その結果、経済的価値が創造されるのです[注6]。観光行政の行うデスティネーション・マネジメントは、関係者に共通価値をもたらす事業でありたいものです。

第10章
住民の視座とオーバーツーリズム
自治体の観光政策に求められること（2）

　2023年に入って国内外の観光需要が急速に回復し、多くの観光地が賑わいを取り戻しました。旅行者が集中する一部の地域や時間帯等によっては、過度の混雑やマナー違反による地域住民の生活への影響や、旅行者の満足度の低下への懸念を持つ事態となってきました。観光庁はオーバーツーリズムに対する適切な対処が必要だとして、未然防止や抑制に向けての対策に乗り出しています。旅行者の受入と住民の生活の質の確保を両立することが必要で、持続可能な観光地域づくりを実現するには、地域の実情に応じた具体策を講じなければなりません。まずは、オーバーツーリズムと呼ばれている最近の事例から確認し、それは何に起因するのかを考えていきましょう。

① SNSがもたらす新たなオーバーツーリズム
住宅地や市民利用の場が観光地と化す住民のいらだち

　SNSが情報の拡散を容易にし、観光地が急速に人気を集める一方で、その結果として人気の観光地がこれまで以上に旅行者を集めるだけではなく、これまで観光地と呼ばれていなかったところにも旅行者が新たな体験を求めて押し寄せています。SNS上での「いいね」を集めるために、旅行者がインスタ映えする場所や写真を追い求める傾向があります。これが観光地の一部に人々が集中し、オーバーツーリズムを引き起こす一因となってい

ます。この節では、予期せぬ旅行者が訪れた場所を取り上げ、地域の住宅地が観光地化する住民のいらだちについて考えたいと思います。

1 | 大阪市北区中崎

訪日客が私たちの日常生活に関心を持つようになるということは、一方で、地域のコミュニティに「商品化」をもたらすことにもつながります。大阪の繁華街梅田にほど近い中崎あたりは、太平洋戦争時の大阪空襲を免れたこともあって、木戸や格子窓を備えた古民家や長屋が多く残っており、外国人向け旅行サイトでも「ノスタルジック」と紹介されています。そのため外国人旅行者が急増し、「自宅や子供が許可無く撮影されるケースが多発。こうした地元住民との摩擦は『観光公害』と呼ばれ、大阪府警も注意を呼びかけ始める」事態になっていたとのことです（日本経済新聞オンライン、2018年）。実際に中崎に行ってみると、自分の背中よりも大きなランドセルを背負って歩いている女の子がかわいらしく見えるのか、外国人旅行者がカメラを向けている姿を見かけました。誰か分からない人にカメラを向けられることに違和感や恐怖感を覚えることは大人でさえあるのに、小学校1年生くらいの子どもなら、なおさらだと思います。

橋本和也氏（2011年）は「生活の中に埋め込まれた文化が、特別のもの」として旅行者に印づけられ、旅行者の「視点に珍しいと映る光景が注目され、切り取られる」と述べています。観光対象となるものはすべてが「商品化」される可能性があることを示しています。

2 | 富士河口湖町

国をまたいだ文化、習慣の違いや、「旅の恥はかき捨て」と思えるようなマナーの悪さが、地域住民にいらだちや敵意を感じさせることも、オーバーツーリズムの原因の1つと言えるでしょう。富士山を背景にした「イン

写真1 富士山を背負ったローソンを紹介するSNS例 （出所：Instagramからのスクリーンショット）
この場所は、井ビシ歯科医院から道路を挟んで正面にローソンがあり、そのローソンの背後に富士山が見られる。

スタ映えする写真」が撮られる富士河口湖町の「富士山を背負ったローソン」では、写真を撮りに来る訪日外国人のあまりのマナーの悪さ（ゴミの放置や敷地内侵入、喫煙、駐車場や自宅軒下で食事をするなどの迷惑・違法行為の他、写真撮影のために車道に飛び出る事故の危険性）に、地元住民からの要望によって、町役場が写真撮影できる場所に黒幕を張る事態となりました。住民の生活の場が脅かされることで生まれるいらだちの事例です。

観光まちづくりの結果、地域が人を呼ぶ状態を創り上げられるようになるのであれば誇らしいことです。しかし、地域が主体的に観光開発や運営に関与するのではなく、SNSによって突然、観光地となってしまうことには注意が必要です。先述したように、観光は地域に「商品化」を誘導するものでもあることを、観光行政は意識しておかなければなりません。

デスティネーション・マネジメントは観光行政が中心となって進めていく必要があると述べましたが、観光の正の側面だけでなく、負の側面も含めて対応をしていくことが必要です。

3 │ G.ドクシーのいらだち度モデル

　観光社会学に「地域住民」と「ツーリスト（旅行者）」の相互関係を示すモデルとして、G.ドクシーによる「いらだち度モデル」があります（Doxey、1976）。このモデルの解説によれば、「観光開発が地域住民の価値体系を次第に破壊し、地域のアイデンティティを喪失させるにつれて地域住民にストレスを与えはじめ、観光という行為やツーリストたちに対する『イラダチ』が増大する。そのプロセスは、幸福感→無関心→イラダチ→敵意→最終レベルと時系列に進行する」（遠藤、2005年）とされています。

　図1は、そのプロセスのイメージ図です。訪日外国人客が増え始め、景気が良くなる、外国人との草の根交流も観光がきっかけとなって始まるなど、地域住民は「幸福感」を持つようになりますが、やがて外国人客がいるのが当たり前の状態となり関係が形式化して「無関心」へと移り変わります。そして、旅行者の受入が飽和点になり、「まちの台所」と呼ばれた市場の店が旅行者向けの店に変わり始める様子を見て住民が「いらだって」きます。地域住民の旅行者へのまなざしが変化していくのです（図1）。しかし、行政が旅行者の入り込みに制限を設けるなど対策を打たないでいる

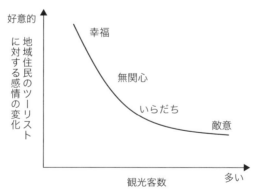

図1　いらだち度モデルのイメージ図　(出所：池知貴大、2019年)

と、住民は旅行者や観光事業者のあり様が原因だという認識を持ち、いらだちを口に出すようになって、ヨーロッパで見られるような"Tourist Go Home"とか"You are not welcome"の落書きなど、あからさまな「敵意」を持つようになってきます。

　訪日外国人客数は2013年から急拡大をしてきましたが、「爆買い」という言葉が浸透し始めた2015年には、「訪日外国人がもっと増えて欲しいか」との質問に回答者の44%は「NO」と答えています（日本経済新聞アンケート、2015年2月2日）。日本でもコロナ禍が明けて、いらだちに対する対応が必要です。

② インフラの許容量のオーバーによるオーバーツーリズム
住民向けのインフラに旅行者の来訪が加わり容量がオーバー

　インフラは日々の生活や社会経済活動の基盤をなすもので、交通、通信、電力、水道、廃棄物処理などが挙げられます。もちろん、道路、鉄道、空港などの観光振興にとって必要なインフラもありますが、住民の日常生活との関係で、特に必要となるインフラは「ライフライン」と呼ばれ、「電気」「ガス」「水道」「通信」「交通」の5つを指します。ライフラインは地元の住民と企業・団体を対象として整備・供給されますが、そこに一定の来訪者を受け入れることを前提にインフラの設備容量が考えられていないと、オーバーツーリズムの弊害が出てきます。ここでは、地域のインフラと旅行者の増加との関係を見ていきたいと思います。

1│京都市の交通インフラ

　京都市は東日本大震災の影響が薄れた2013年から、旅行者数が安定的に5000万人を上回るようになりました。アメリカの人気旅行雑誌『トラベルアンドレジャー』誌で2014年、15年と連続して人気投票第1位を獲得

し、外国人宿泊客も2015年には300万人を超えるまでになりました。京都市は、2010年から量から質への転換を掲げ、知的好奇心の高いハイエンド層やMICE誘致に力を入れ、ホテルもラグジュアリータイプのホテルを積極的に誘致していました。しかし、急激な増加はオーバーツーリズムと言われる状況を生み出していきます。

　2014年7月から17年6月まで、国土交通省から京都市に出向し産業観光局MICE戦略推進担当部長を務めていた三重野真代氏は、アメリカの雑誌（トラベル&レジャー誌）などへのパブリシティ（広報戦略）を通じて、京都市が安定的に5000万人の旅行者を確保する成長戦略を担っていました。しかし、この時期の急激な旅行者の増加によって違法民泊をはじめ様々な課題が出てきましたが、特に、市バスの混雑が指摘されるようになります。交通局も臨時便を走らせるなどの対応をしていましたが、さばききれない状況になっていました。東大路通の四条通から五条通では歩道が狭く、バス待ちをしている人に歩行者の肩がぶつかり、車道に転落するという人もいました。そこに自動車が来ていたら事故になっていた可能性もあります。

　三重野氏は交通局に出向きさらなる増便の要請をしましたが、交通局からは「やれるだけのことはしているが、国勢調査や交通センサスの段階から計画的に準備を行っていかないとバスと運転手の確保はできない」と言われたとのことでした。住民の生活インフラであり、旅行者にとっての二次交通インフラ整備は中長期の計画に埋め込まないといけないものだということが分かります。この時、ご自身の反省として「観光部長への出向で学んできたら良かったのは交通政策や都市計画についてであった」と講演[注1]で述べられています。私は、観光行政は政策に力を入れなければならないということであり、民間部門だけでは解決できない社会全体に影響のある課題に正対するべきだ、との発言だと理解しました。こうした行政の政策推進の考え方は、住民にとっても旅行者にとっても必要なことで、「住んでよし・訪れてよし」のまちづくりを進めていくことに他なりません。旅行者の満足度を高めるためのデスティネーション・マネジメントは住民の住

みたい価値、住み続けたい価値を維持向上させることであり、「旅行者のため」と「住民のため」は矛盾しないということだと思います。市民生活を守り豊かにしようとする行政マンが行うべき仕事です。

2 山間部の生活インフラ

第1章で田辺市熊野ツーリズムビューローについて紹介しました。このDMOの2023年度の取扱宿泊者数は、コロナ禍前の2019年度比で約2.5倍の2万4000人、2022年度比では2.8倍の宿泊客が熊野古道の沿線で宿泊しました。熊野古道を歩き通すには3泊4日程度が必要ということもあり、1人平均で2.5泊程度しますから延べ5.9万泊という宿泊実績となりました。もちろん、熊野古道にくる人たちは、必ずしもDMO経由で予約をするわけではなく、OTA（Online Travel Agency）経由や宿に直接予約をする人たちもおられますから、この数字以上の宿泊が生まれていることでしょう。

田辺市熊野DMOの理事会は、市町村合併時の旧市町村単位の観光協会の代表が理事になっていることもあり、その地域ごとの様子が報告されることがあります。2024年3月の理事会では、ある理事から、DMOの活躍を称賛するとともに地元での懸念事項が話題として提供されました。2023年になって大きく宿泊客が伸びていることから、地元ではゲストハウスなどの簡易宿所が増えてきているということです。理事からは水道などの生活インフラが新規の開業により不足する可能性について言及されました。

確かに、宿泊施設や飲食施設は水の使用量が多い業態です。東京都水道局によると、1人が1日に家庭で使う水（風呂、トイレ、炊事、洗濯など）の平均使用量は、2019年度では約214リットルでした。一方で、（公益社団法人）国際観光施設協会によると、2017年に全国約100施設を調査した結果では、宿泊客1人あたりの水光熱使用量のうち、水道は約630リットルであったということがシンポジウムで報告されました（観光経済新聞オンライン、

2017年)。

　観光振興を進めるDMOの理事会でこうした話が出て、懸念を共有するのは地域にとって価値あることです。その場には市役所の部長も出席していますから、市役所内の必要セクションとの情報交換もできるでしょうし、また、他の地区の理事にも情報が伝わり、気づきが早くなることでしょう。

3│リチャード・バトラーの観光地のライフサイクル

　マーケティングには製品のライフサイクルという理論があり、どのような製品も新たな技術革新のなかで成長と衰退が繰り返し起こり、新しい技術に支えられた製品に取って代わられることが述べられています。レコードがCD、MD、MP3と移り変わり、今ではスマホで音楽を聴く時代になりました。観光地にも同様の理論があります。リチャード・バトラー(Richard W. Butler)は、1980年に「観光地のライフサイクル(The Tourism Area Life Cycle)」というモデルを提唱しました(図2)。彼は、観光地の衰退の原因は「許容量(Carrying capacity)の諸要素の限界範囲」として環境容量(観光地の観光活動に関わる様々な主体の収容能力の許容範囲など)にあるとしています。

　観光地が発展・衰退していく過程は、当初その地域の住民が自らの観光資源に気がついていない開拓段階(Exploration)です。その時、その資源に関心のある「特別」な人が来ることで、住民がその資源が観光対象となることを知ります。観光で生業にしようと様々な人たちが関与し始めることとなり、関与段階(Involvement)が起こると言います。その後、住民が外部の協力を得ながら資源を商品化し、観光地としての成長段階(Development)に進んでいきます。やがて、観光地としての認知度は高まり、多くの人が訪れるようになっていきます。そして、成熟段階(Consolidation)を迎えるようになります。

　しかし、その先においては、停滞段階(Stagnation)を迎えてしまうというのです。この段階に入ると、観光地の価値が低減しやがて地域の魅力を失

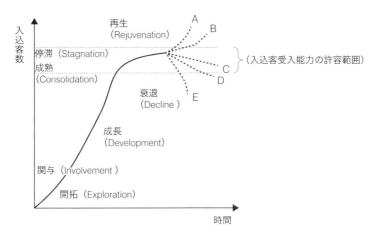

図2　R.バトラーによる観光地のライフサイクル（The Tourism Area Life Cycle）
(出所：Butler バトラー、1980 年に日本語筆者加筆)

ってしまうのです。停滞段階になると観光資源などの維持費が増大しますが、新たな投資の仕方により、その後の流れは変わってきます。USJのようなテーマパークを例にとると分かりやすいのですが、彼らは顧客に飽きられないよう3年から5年おきに巨大投資をします。前述しましたが、ハリーポッターの世界観を再現したアトラクションは約450億円、その後に続くスーパー・ニンテンドー・ワールドは600億円を超える投資であったと言います。

　観光地も同様でしょう。文化財の修復・再現、観光施設・MICE 施設のリニューアル、アクセスの改善、食の魅力開発など様々な投資が求められます。その結果が、旅行者数が増える場合（再生）、停滞状態のまま変化しない場合（安定）、観光地の魅力が低下する場合（衰退）のいずれかに分かれていきます。オーバーツーリズム対策としてのインフラ整備、受入地の住民感情への対応が求められる所以です。

③ オーバーツーリズムとその類型

1 オーバーツーリズムの背景

　観光の「観」の字は、「人々に見せる」という意味と「心を込めて見る」という意味を持っています。地域の人たちは地元の「光」、すなわち宝を旅行者に示し、旅行者はその宝を心を込めて見る、という相互にリスペクトするという関係性が観光には宿っているということです。しかし、旅行者にとっては観光地での滞在は非日常です。特に、海外旅行ともなれば普段とはまったく違う生活環境があり、新しい体験を味わうことができますが、地域への配慮が欠如すると地域の住民に負の影響が及びます。日常生活を営む住民からすれば、歓迎されざる人たちが大挙して押し寄せているようにも感じることがあるでしょう。近年では、観光は産業として地域を支える柱の1つとなってきましたが、多くの住民は観光産業に直接携わっていないことから、地域への経済効果や雇用効果はなかなか実感できません。

　UN Tourism（世界観光機関、旧略称 UNWTO）は、オーバーツーリズムの定義を、プロジェクトで協働する大学の定義を引用する形で、「デスティネーション全体又はその一部に対し、明らかに住民の生活の質又は訪問客の体験の質に過度に及ぼされる観光の負の影響」（UNWTO、2018年）と述べています。龍谷大学の阿部大輔教授は、観光が世界中で「過剰化」した背景について、以下の5点を挙げています（日本経済新聞、2024年）。

①雇用機会の提供や外貨獲得といった面から、観光が成長産業としての地位を獲得した
②余暇活動の増大とその実現手段として国際観光の人気が高まった
③中間所得層の世界的な増大
④航空便の多様化[注2]に伴う輸送費の低コスト化

⑤ビザの発給緩和などを含む旅行の円滑化

これらの指摘は 2012 年以降の日本にも当てはまります。この他に、日本では 2013 年に黒田東彦氏が日本銀行総裁に就任し、異次元緩和の名のもとに円安誘導をしたことがインバウンド拡大の決め手になりました。

2 オーバーツーリズムの類型

　日本総合研究所の高坂晶子氏（2020 年）は、発生地のタイプごとにオーバーツーリズムを類型化しました。人気観光拠点型、リゾート型、希少資源型と分類しています。
- 人気観光拠点は、アクセスが便利なため、旅行者の総量規制が困難で、インフラや周辺開発も進んでいることから、分散の選択肢が多彩という特徴を持っていると指摘します。ヴェネツィア、バルセロナ、京都が代表例として挙げられています。
- リゾート型は、アクセスが不便なため、総量規制が一定程度可能で、インフラの未整備、狭小な面積等により汚染の蓄積、過剰開発の恐れがあると指摘します。モルジブやツェルマットが代表例です。
- 希少資源型は、資源の希少性、毀損された場合の修復、清掃等の困難さのため、限られた旅行者数であっても、慎重な管理が必要であると指摘します。富士山、ヒマラヤ山脈、ガラパゴス諸島が代表例です。

これらの分類は、観光資源の魅力とアクセスの利便性を基礎に整理されています。どちらもデスティネーション・マネジメントにおいて、主要な要因となるべき項目に着目をしています。ここでは、旅行者と住民の関係性に重きを置く視点から、先述の事例の分析をもとに、オーバーツーリズムを発生要因別に類型化していきたいと思います。

■1 旅行者のマナー（文化的衝突タイプ）
　1950 年代後半からの高度経済成長による所得の伸びにより衣食住が一

定程度満ち足りてくると教養・レジャーにお金を回す余裕が出てきました。しかし、現在のようにインターネットから容易に情報を取れる環境ではなかったため、観光経験の少なかった人たちが、旅行会社やバス会社が企画する団体ツアーで旅行をすることが多く、マスツーリズムという社会現象を生み出しました。旅行者の爆発的増大は、観光地に混雑、ゴミ、売買春といった生活環境の悪化をもたらしました。マスコミはこうした現象を「観光公害」と呼び、「旅の恥はかき捨て」という状況に警鐘を鳴らしました。非日常が人を日常とは違う感覚にさせるのかもしれません。

現在、オーバーツーリズムと呼ばれているところの多くは、育った国や文化的背景を持った民族の習慣や宗教、文化の違い[注3]によるマナーに焦点があてられています。京都市では、観光MICE推進室や京都市観光協会がチラシやステッカー、あるいはYouTubeでマナーの啓発を呼びかけています。関西の広域DMOである関西観光本部も京都を舞台に、舞子さんを大声で呼び止めて写真を撮るのは止めよう、路上喫煙はしないなど、普段、自国ではやらないであろうことを改めて啓発するビデオをYouTubeに掲載しています。他にも岐阜県高山市、白川村、北海道美瑛町なども動画やWEBサイトなどでマナーに関する呼びかけをしていますが、その内容を見ていると外国人旅行者だけに呼びかけられていることではありません。観光庁の2023年度「訪日外国人旅行者の受入環境整備に関するアンケート」の調査結果で、外国人が一番困ったことの1位は「ゴミ箱が少ないこと」とのことです。しかし、ゴ

写真2　写真撮影が許されなくなった京都東山の石塀小路 (写真：筆者撮影)

ミ箱の撤去は家庭ゴミの持ち込みが多いことがその理由の1つとなっており、訪日外国人客のマナーばかりでなく、我々日本人の行動も含め考えないといけないことかもしれません。

2 住民の生活環境の悪化（市民生活阻害タイプ）

このタイプは1と関係していることもありますが、住民の生活との関わりが強くいらだちや敵意につながることが挙げられます。旅行者の食べ歩きによるゴミのポイ捨ては、上野・浅草のある台東区などで問題となっています。民泊も場合によっては深刻な影響を与えます。家主不在型民泊による騒音やゴミ処理なども課題があると言えるでしょう。

また、旅行者の増加により、交通渋滞や地域の公共交通機関が混雑し、地域住民の移動が困難になるケースが見受けられます。例えば、先述した京都市では、旅行者がバス停に長蛇の列を作り、地元の人々がバスに乗り切れない状況が頻繁に起きています。そのため、京都市交通局は2023年9月末に「バス1日券」の販売を廃止し、地下鉄との併用を促す「バス・地下鉄1日券」を導入しました。実質的な値上げです。その後土曜と休日だけ走る観光特急を走らせています。1回あたりの運賃は500円（通常バスは230円）となっています。バスの事例は各地でありますが、福岡の大宰府と福岡市内を結ぶ高速バスは、観光客が多いと通勤通学で使用する人たちが乗れない状況が続きました。

スラムダンク人気の鎌倉市も江ノ電鎌倉高校前駅近くの踏切で、車道からの写真撮影やゴミの放置、騒音など、トラブルが増えて警察に通報が寄せられるなど、生活環境の悪化が住民のいらだちを生んでいきます。

これまでも奈良県吉野山の観桜期、日光いろは坂の紅葉期、夏の海水浴期などは交通渋滞が頻繁に起きていました。こうした観光を起因とした渋滞は、住民の生活道路と重なるといらだちをもたらしていましたが、こうした季節性のあることと違い、コロナ禍前後は通年で同様の事態を起こしていることに問題の大きさを感じます。

写真3　東山方面へのバスに乗るのに長蛇の列 (写真：筆者撮影)

写真4　通常の倍の運賃の観光特急 (写真：筆者撮影)

　この他にも人気観光地でさらに需要が膨らむことから、不動産価格が上昇し家賃が高騰[注4]することがあります。アムステルダムやバルセロナでは家を持てない、便利な中心地では暮らせないという不満も出ています。そのため、アムステルダム市は、旅行者の増加に対応するため、ホテルの滞在者数を年間計2千万人以下に抑えることを目標に、ホテルの新設を禁止しています。「抑制措置がなければ、アムステルダムの中心部は1つの大きな『宿泊施設』になってしまう」(The Asahi Shimbun Globe＋、2024年)という危機感があらわになっています。新しいホテルは、既存のホテルが閉鎖された場合にのみオープンできることになっています。なお、バルセロナ市も新規ホテルの建設が禁止されています。

3 インフラの不足（インフラ容量不足タイプ）

　前述の事例から、観光地のインフラが不足すると、地域の生活環境や観光体験の質が低下し、オーバーツーリズムが進行する可能性があることが分かります。急激な旅行者の増加は、インフラの容量を上回る事態を招いているのです。

　先述の熊野古道では、今後の需要増加を見込んで宿泊施設が増えてくる

ことが予測でき、水道等の生活インフラへの影響が懸念されました。政府は、「明日の日本を支える観光ビジョン」において、2030年に6000万人の訪日外国人旅行者を計画しています。特に、オーバーツーリズム対策として、地方への分散ができるように戦略を作っていますから、今後、熊野と同じようなことがあるのではないかと思います。しかし、インフラは一朝一夕で計画を作れるものではありません。今から準備をしていかなければなりません。

④ オーバーツーリズムへの対応

こうした要因を確認していくと、訪日外国人客を中心に旅行者を増やし観光消費を促していくことと、住民の生活の質はトレードオフ（あちらを立てれば、こちらが立たず）の状態になりかねません。一方、旅行者側からしても渋滞や混雑のなかで旅行をするのは一苦労です。大きなスーツケースを持った中高年の夫婦がタクシーに乗ろうにも駅にはタクシーがおらず、長蛇の列のため案内を受けてバスに乗ったものの混在したバスには座れず、大きなスーツケースが通路をふさぐため他の乗客からにらまれてしまう。観光事業者からは、やっとコロナ禍前に戻りそうだとの声が聞かれますが、地域と旅行者はWin-Winの状況にはなれそうもありません。「住んでよし、訪れてよし、稼いでよしのまちづくり」が観光まちづくりの目指すべき姿だとすれば「売り手良し、買い手良し、世間良し」の三方良しを実現しなければなりません。三者の共通価値を創造することがオーバーツーリズム対策の行きつくところです。

そのために、何をしていかなければならないのでしょうか

1 ソフトとハードのインフラ対策

　2030年に6000万人の訪日外国人客を目指すのであれば、受入体制が未整備だという自覚が必要です。これまでの最高は2019年の3188万人でした。この倍の人を迎え入れるのです。観光庁は、オーバーツーリズムの状態にあるところから地方への誘導を政策として進めています。ニューヨークタイムズへの掲載がきっかけとなって盛岡市、山口市に観光客が増えてきている状況は、地域の可能性を示唆しています。地域のDMOのデスティネーション・マーケティング力の向上は必須です。そのためには、中途半端な専門家をあてがうのではなく、十分な財源に裏打ちされたプロパー職員の雇用、育成です。議会への説明責任など、しっかりとした権限と責任の一致を認識した人材が求められています。

　また、住民、関係人口だけを意識したインフラではなく、想定される旅行者数（交流人口）を意識したインフラ計画が必要です。市内交通、地域間交通の二次交通が充実しなければなりません。自家用有償旅客運送などの規制緩和も活用していくべきでしょう。国際免許の利用によるレンタカーもあり得るでしょうが、訪日外国人客の場合、慣れない右側ハンドルということもあり事故が心配です。富士山人気もあってか、富士吉田警察署管内の外国人のレンタカー事故は2023年417件でしたが、2024年は5月末ですでに291件に上っています。住民への安心・安全は行政として最も重要な課題です。ホテルの増加に見合った水道、電気などの生活インフラの強化と同様の課題でしょう。行政側の人員不足だからできないとならないように、体制を含めた対応が必要です。

　また、「新たな施設による分散」も考えていく必要があると思います。「富士山を背負ったローソン」は、その組み合わせが面白いということもありますが、他のインスタ映えをしている新倉山浅間公園は、Instagramの写

真のように展望デッキを造り、眼下に富士吉田の町並み、その先には左右対称に広がる富士山の美しい姿を望むことができます。特に春の桜の時期には、富士山と五重塔と桜という日本を代表するアイコンがセットになった絶景を望むことができます。混雑する時は5分ごとの入れ替え制を導入し、住民の生活の場から切り離すことも必要でしょう。

写真5　新倉山浅間公園の展望台
(出所：Instagram からのスクリーンショット)

2 地域住民の積極的な対応

　観光客のマナーの問題は、それぞれの文化や習慣の違いもあり、完全な解決は難しいことが想定されます。そうであれば、旅行者と地域の人たちがお互いにリスペクトできる関係を積極的に構築していくことも考えていきたいところです。

　地域コミュニティが主体的に観光に関わり実践していくという考え方があります。コミュニティ・ベースド・ツーリズムと呼ばれています。長崎市の「さるく博」をきっかけとした「さるくガイド」もその1つだと思います。82名の市民プロデューサーが育成され、主催者が1コースあたり2km、2時間でまち歩きのコースをつくるとの大枠は示されるものの、まち歩きのコースとマップは市民プロデューサーが中心となって73コースがつくられました（股張、2014年）。

　その成果は、

①地域がまち歩き観光を支え育てていく仕組みを作り上げる機会となっ

た
② テーマ・プログラム・ターゲットをはっきりさせることで、従来の「見る」だけの箱もの型観光から、地域の隠れた物語や人に感動する知的体験へつなげるきっかけとなった
③ 通過型の観光から脱皮し、訪問客の滞在時間を増加させ、地域のファンとしてリピーターが育つ機会となった
と整理できると思います。

　観光客が突然押しかけてきたものの、それがきっかけで地区の昔からの文化が住民自身の見直しのきっかけとなり、地区の人たちでガイドツアーを企画し運営しているケースもあります。
　琵琶湖の北西側、高島市新旭町針江(はりえ)地区は、里山の写真家と呼ばれた今森光彦さんが地区を撮影し、2004 年 1 月に NHK ハイビジョンスペシャルで放映された映像詩『里山・命めぐる水辺』の舞台となった場所です。この作品を境に針江区には多くの旅行者が押し寄せることとなりました。しかし、観光地ではなかったため、今でいうオーバーツーリズムと同様の問題が発生するのです。小さな集落の中を見知らぬ人たちが大勢歩き回るのです。地区の住人、特に子どもが不安を覚えるようになったのです。旅行者の関心は安曇川水系の伏流水が湧き出る生水(しょうず)であり、生水を利用した「川端(かばた)」と呼ばれる水場です。湧水を飲み水・料理・野菜洗いなどに利用している様子に関心があるため、民家の敷地内に立ち入る人たちもいました。
　2004 年 5 月に防犯やプライバシー保護、ゴミ処理などの観点から、地区内の住民によって「針江生水の郷委員会」が結成されました。「『お客さんを締め出すのではなく、どう案内したらいいか。他所の観光地と同じことをしてもうまくいくものではない』との考えで、新旭町役場（合併前、当時）に相談した。委員会のメンバーはエコツーリズムという観光の方法を知った」（杏掛、敷田、2008 年）。そして、ガイドツアーという形で地区内の川端を案内するようになったのです。川端は個人の敷地内にあり、その見学をす

る時は住民のガイドと一緒にまわることを必須としています。「外部から観光客が訪問するようになったことで、逆に川端や湧水の貴重さが見直され、多くの家が川端を復活させた。また、水路にゴミが捨てられるということもなくなった。2006 年からは川端で洗剤を使用することも禁止された」(今森、2008 年) とのことで、旅行者のまなざしによるプラスの効果も出てきました。

　このガイドツアーは今でも針江生水の郷委員会によって実施されています。当初は生活環境の悪化が懸念されていましたが、逆に住民がこの機会をまちづくりに生かしていくことになりました。これほどうまく住民参加が進むわけではないと思いますが、各地でも前を向いた取り組みを進めていこうという動きが出てきてもらいたいと思います。

　今後のオーバーツーリズム対策には、様々な知恵と工夫で、乗り切っていく覚悟が必要です。そのためには、観光行政の役割の 1 つとして、インフラ対応のための先導、住民への対応ができる体制を考えていくことが必要です。もっとも海外の DMO のなかには、「住民の観光に対する意識」をミッションとする DMO があります。ハワイ・ツーリズム・オーソリティ (HTA) は住民の観光産業に対する理解と満足度の向上のため、観光が地域経済にどのような貢献をしているのかを説明していく役割を持っています。デスティネーション・マーケティングの実施は当たり前のこととして、行政との間の役割分担のなかにこうしたミッションを入れているのは、観光をメイン産業としているハワイならではの意識の高さだと思います[注5]。

第11章
地域内経済循環を高める
ツーリズムクラスターの形成施策

　DMOと観光行政によって推進される観光振興に期待されるのは、(1)旅行者数の増加、(2)観光消費額（消費単価）の向上、(3)域内の調達率の向上です。この3つの積が大きくなることで、地域への経済効果を高めることが求められていることは、これまでに（序章参照）述べてきました。オーバーツーリズムの現象が見られるようになったコロナ禍後の日本で、観光が地域経済の活性化に寄与するために意識したいのは、旅行者数の増加だけではなく、観光消費と域内調達を促す取り組みです。

　「ツーリズムクラスター」は、そのための政策の1つです。本書では、マイケル・ポーターの産業クラスター[注1]論を土台として考察を進めます。「地域の産業クラスターやインフラなど、観光客にとって魅力的なコンテンツが地域の観光関連クラスターと結節することで、地域及び地域産業と観光関連産業との間にWin-Winの関係を築きながら共通性と補完性を持って集積（近接して立地）している状況」をツーリズムクラスターと呼ぶことにします。

　また、ポーターは競争優位という価値に重きを置いている研究者で、ユニークな顧客価値を用意する「差別化戦略」とライバルと安価なコストで勝負する「コスト・リーダーシップ戦略」及びターゲットを絞り込む「集中戦略」を中核に競争戦略を提示しています。ここでは、他にはない観光資源・観光コンテンツが生み出されている「差別化」に焦点をあて、ツーリズムクラスターの形成要因とその可能性について、タイプごとの事例に

基づいて紹介していきます。

① ツーリズムクラスターの分類

　ポーター（1999年）はその著書『競争戦略論Ⅱ』のなかで、「クラスター理論の歴史的・理論的ルーツ」について述べています。その源流は19世紀後半の「産業の特定地域への集中（産業の局地化現象）」にまでさかのぼることができるとしています。クラスターについては、経済地理学、経済集積、地域経済、国家規模のイノベーションシステム、社会ネットワークなど、様々な分野で取り上げられています。早稲田大学名誉教授の二神恭一氏（2008年）は、こうした多様な分野のアプローチから、産業クラスターを分類整理する必要性を指摘し、ミネソタ大学のアン・マークセンの分類を紹介しています。本章では、その4タイプを参考に、日本の観光地に当てはめた類型に整理してみるとともに、それ以外の新たな2つのクラスタータイプの形成要因について提示したいと思います。域内での観光消費向上を目的にツーリズムクラスターを考察しようとすれば、その形成の要因を明らかにしていくことが必要で、タイプ別に分析することが合理的であると考えます(表1)。もちろん、ツーリズムクラスターのタイプはこれだけに限らないかもしれませんが、地域の魅力向上に向けた取り組みを意識するためには、それぞれのタイプの理解が必要だと思います。

　以下では、タイプ別に考察を示しますが、例えば東京ディズニーリゾートやユニバーサル・スタジオが存在することによってクラスターが形成されるタイプ2（コア企業型集積）については、周辺にテーマパーク運営会社の資本で作られた宿泊や飲食・物販施設及びライセンス契約によるオフィシャルホテルなどの施設が集積する分かりやすいタイプであることから、ここでの考察は行いません。また、タイプ5、6については新たなクラスタータイプということから、次章で紹介したいと思います。

表1 ツーリズムクラスターのタイプ

タイプ	特徴（概略）	類似の日本の観光地域	地域エコシステム機能の要否
タイプ1（地域創発型集積）	企業は小規模で、主に地元企業からなる。規模の経済は小さく、地域での取引が多い。独特の地域文化があり、それが進化している。地元の企業をよく知り長期のリスクを担う地元の金融機関（忍耐強い資本）が存在する。従来からの観光地だけでなく、「時代の価値を基盤とした観光資源（第4章参照）」を有する地域にもあてはまる。	勝沼のワインをはじめ、スポーツツーリズム、美食ツーリズムなどを志向する地域。日本を代表する温泉、京都、奈良等の古くからの観光地。	ツーリズムのテーマとなるコンテンツを中核とするクラスター（勝沼ならワイン）と観光関連クラスターがお互いに結びつくことによって、新たな相補効果、相乗効果を生み出し、クラスター間（インタークラスター）の結節を促す組織や仕組みが機能した時に成立。
タイプ2（コア企業型集積）	1社ないし数社の大企業を頂点にして、多くの企業が垂直的な関係に立っている。コア企業は必ずしも地域企業ではなく、地域外でも大いに活動をしている。規模の経済は比較的大きい。	TDL、USJなど比較的新しく開発された観光地。	必要としない。2030年開業予定の大阪IRとその周辺の形成プロセスに注目したい。
タイプ3（外来企業中心型集積）	外部に本社を置く企業が力を持っている。地域内での取引はあるものの地域外部の企業、特に親企業との協力のウエイトが高い。そのため、地域へのコミットメントはあるが絶対的なものではない。従業員は地域よりも企業にコミットする。	淡路島、白馬、ニセコ、トマム、沖縄など開発資金が必要なリゾート地に多い。	パソナは淡路島北部に18か所の観光施設を開業。彼ら独自のプロモーションのため、上書きされたイメージが淡路島にはできあがる。2020年秋に、コロナ禍を機に本社機能120人を移転。一棟貸しの簡易宿舎、バルニバービによる飲食店の集積が見られる。
タイプ4（インフラ中核型集積）	国・自治体の施設やインフラがコアになっている集積、例えば国際会議場や国際展示場などがそれにあたる。こうした施設は都市部にあり、ビジネストリップや都市観光の需要も引き寄せる可能性が高い。規模の経済は比較的高い。プロフェッショナルが多く、人材の流入もみられる。	横浜、神戸、大阪を始めとしたMICE都市や瀬戸内しまなみ海道を跨ぐ尾道、今治、コンセッション導入が進む愛知県高速道路周辺など。	しまなみJapanはしまなみ海道周辺に進出の企業サポートやレンタサイクルを運営。コンセッション企業（前田建設工業）の運営をするAICHI SKY EXPO、関西エアポートがコンセッションを担う関西国際空港などが地域の中核となることも。
タイプ5（規制緩和型集積）	国の規制緩和政策によって小規模な民間事業者が事業を開始することで見られる集積。イタリアのアルベルゴディフーゾのように、町全体でホテルの機能を構成する分散型ホテルシステムが日本でも始まっている。また、二次交通に課題のある地域において、DMOが事業主体となって自家用有償による周遊観光を実現し、集積が始まる可能性がある。	千葉県いすみ市、兵庫県丹波篠山市、東大阪市など	最低客室数の撤廃に道を開いた篠山市からはNIPPOIAが生まれた。東大阪のSEKAI HOTELは、商店街を街ごとホテルに見立てた運営をしている。二次交通においてDMOが事業主体になる例として、いすみDMOが自家用有償旅客運送を実施。紀の川DMOはインバウンド専用で自家用有償旅客運送を開始。DX活用の豊岡DMOは旅館の集客予想で、土産物店、飲食店の仕入れサポートにつなげている。
タイプ6（観光ファンド型集積）	各地の地方銀行で株式会社 地域経済活性化支援機構（REVIC）等と組んだ観光活性化ファンドが組成された。その投資対象として、観光コンテンツの開発、宿泊施設の再生・新設が行われたりし、特にインバウンド需要の高い瀬戸内に成果が見えてきている。	せとうちDMO（瀬戸内ブランドコーポレーション管内）やREVICによるファンド運営を通じた支援地域	ファンドの回収には観光消費が活発でなければならず、地域への集客を促すDMOとの密接な関係が求められる。ファンド側だけでなく、DMOの役割が大きい地域でもある。

（出所：タイプ1～4については、二神、2008年、pp.18-19を参考に筆者作成。タイプ5～6については筆者の考察により作成。タイプ名は筆者と科研共同研究者の柏木千春氏（大正大学教授）で名づけた）

② 地域創発型集積〈タイプ1〉

1 山梨県勝沼のツーリズムクラスター

　このタイプは第4章で記したように、歴史的には古典的観光資源を持つ地域にも当てはまりますが、これまで観光地と呼ばれなかった「時代の価値を基盤とした観光資源」を有する地域が、知恵や工夫を出していくべきタイプとして参考になります。

　勝沼地域を事例にタイプ1（地域創発型集積）の要因分析及びワインクラスターと観光関連クラスターの結節について考察してみたいと思います。

　甲府盆地にある勝沼には水はけの良い扇状地が広がり、気候は寒暖の差が大きく、年間降水量は1000mm程度と、ぶどうの栽培に適した環境となっています。日本品種である甲州種の栽培が明治以前から行われていたこともあり、明治に入って、フランスにワイン醸造技術の習得に技術者を派遣し、ぶどう栽培とワイン製造の関連事業者の集積が勝沼地域を中心に進んできました。

　甲州市は、2017年3月に策定した甲州市ワイン振興計画に、甲州市原産地呼称認証ワインとしてブランドを維持するとともに、市内のワイナリーへの集客を中心に2019年に350万人を超える観光客数を目標としたワインツーリズムにも力を入れるとしました。地元の宿泊施設、レストランの代表者、日本最大規模のワイン情報発信・販売施設「ぶどうの丘」からも意見を聴取し、ワインをツーリズムに生かすとしたのです。

　勝沼のワインクラスターは、(1)ワイン醸造専用品種の栽培をする農家（ワインメーカーが栽培するケースもある）、ぶどう苗や肥料等を販売するJA、技術指導や助成等を行う行政のサポート、(2)ワイナリー（小規模なか所が多いが、メルシャン、マンズワインなど大手が技術移転してサポートもしている）、(3)技術向上サ

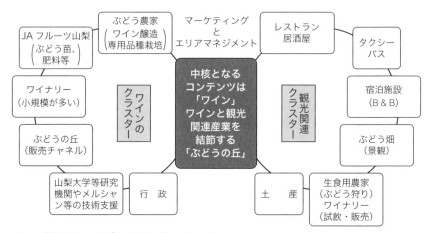

図1 勝沼のツーリズムクラスター （出所：筆者作成）

ポートとしての山梨大学ワイン科学特別コースなど、(4)小規模ワイナリーの流通機能としてのぶどうの丘（観光客向けの情報拠点ともなっている）で形成されています（図1）。

　一方で、観光関連クラスターは、(1) B & B (Bed & Breakfast) で宿泊できるユニークなワイン民宿、(2)地元産のワインを楽しめるレストラン、日本料理、餺飩（ほうとう）の店があり、歩いて回れる範囲には、(3)試飲・販売を楽しめるワイナリー、(4)ぶどう狩りを行う生食ぶどう農家、(5)景観として広がるぶどう畑、(6)定額で走るワインタクシーが挙げられます。ワインを観光資源とした結びつきだけでなく、観光消費に向けた関連産業が競争し合い、一方で協力し合いながら「自然に進化した商流」を創り上げているのです。時には石和温泉の旅館に山梨県産のワインであれば1本千円で持ち込みができるキャンペーンが行われたこともあり、ワインを観光のテーマとして積極的に取り込んでいることが窺われます。

　産業クラスターでは同業他社だけでなく、商品やサービス生産のプロセスに関わる供給者や連関する支援企業、金融機関、研究機関、大学などもクラスターを構成する主体として位置づけられます。勝沼においてもワインツーリズムのサービス提供プロセスに関わる事業者や行政、観光協会も

洋室13、和室8で1泊朝食付きが基本。夕食は外のレストランへ。

ぶどうの丘の有料試飲、2200円でタートヴァンを購入し、約170種類のワインを試飲（飲み放題）。

写真1　情報発信の拠点となっている「ぶどうの丘」の宿泊施設（左）と試飲用のタートヴァン（右）（写真：筆者撮影）

クラスターを構成するメンバーと言えます。個々の企業だけでは提供できない観光サービスを、地域の様々な組織において補完し、複合化、連続化して価値の連鎖を創り出しています。旅行者の観光消費を促し観光を地域産業の柱として確立させるためには、競争優位を持つ地域の産業が核となって広域的なツーリズムクラスターが出来あがっていくことが必要なのだと思います。

　勝沼は歴史的にワインのクラスターが先に形成され、その後に観光関連のクラスターが形成されたものと考えるのが妥当ですが、従来から経営されていたタクシー会社や飲食店等はワインクラスターとある種のプログラムによって結節することにより、新たな需要と競争力を得たと言えるでしょう。

　また、クラスターの範囲をどこまでと理解するかについてですが、ポーター（1999年）は、それを多くの場合、程度の問題だと整理します。この場合ワイン生産の経済活動とツーリズム分野の活動が互いにどの程度影響を及ぼし合うかと、クラスター間の活動が生産性やイノベーションに与える影響において、各々の機関同士のつながりや補完がどの程度裏づけられるかで考えることだと指摘しています。

第11章　地域内経済循環を高めるツーリズムクラスターの形成施策　　201

写真2　ぶどう畑のみえるワイン民宿のテラスとその眺め（写真：筆者撮影）

　地域創発型集積のツーリズムクラスターとは、ツーリズムのテーマとなるコンテンツを中核とするクラスターと観光関連クラスターがお互いに結びつくことによって、新たな相補効果、相乗効果を生み出すクラスター間の結節とそのための仕組みとしての機能であると考えます（図1参照）。

2 ワインツーリズムによるツーリズムクラスターの分析
地域創発型集積タイプの特徴

　勝沼のツーリズムクラスターを事例とした地域創発型集積（タイプ1）の特徴（二神、2008年）は、主に小規模な地元企業から構成され、地域内での取引は多いが規模の経済性は小さいことです。独特の地域文化があり、それが進化していて、地元の企業をよく知り長期のリスクを担う地元の金融機関（忍耐強い資本）が存在する、ということです。

　このタイプ1のクラスターは、どのような形成要因から成り立つのかについて仮説を提示したいと思います。それぞれの進化、要因間の関連性、計画的にクラスターを構築する際の貢献など、ツーリズムクラスターをより発展させる戦略を考えるにあたって議論を進めていくのに有効だと考えるからです。文献と現地調査から、以下の7点をタイプ1の必要条件として提示したいと思います。

　①地理的範囲：基礎自治体を1つの基盤として考える。構成企業が自治

体との協働を行うことや、原産地呼称認証ワインのように地域ブランドとしてのイメージ構築もしやすくなる。

②価値連鎖：域内における取引が多く価値が連鎖しやすい。クラスターで生産する価値をできる限り域内に留めることができる。

③密度：単体では大きな価値と見えない資源でも、補完化、複合化、連続化することで価値の向上が図りやすく集客力や地域内での販売力が増す。

④結節と需要取り込み：クラスター間の結節を行う地域のエージェントとしてのDMO、自治体、大学等の組織が存在する。一方でこの組織は、外部のニーズを取り込むマーケティング機能も求められており、DMOがその役割を担うことがふさわしいと言えよう。

⑤競争と協調：同業者間の価格、品質、差別化の競争とともに、技術情報支援などの協調がある。また、観光面では「地域」で集客するという意識がある

⑥人材：外部からの人材調達が難しく、地域内での調達が中心となっている（山梨大学のワイン科学特別コース、観光政策科学特別コースの存在）。一方で地域内での人的な結びつきは強い。

⑦文化：協働する気質、進取の気質など地域の人々の考え方や行動様式がある。

今後、事例による検証を進め、地域創発型集積（タイプ1）が構築、持続されるに十分な条件とは何かを提示できるようにしなければならないのですが、本書では仮説提示までとします。

③ 外来企業中心型集積〈タイプ3〉

タイプ3は、地域外に本社を置く企業が力を持っており、地域内での取引はあるものの地域外部の企業、特に親企業との協力のウェイトが高いタ

イプです。企業のサテライトが地域でのプラットフォームとしてツーリズムクラスターを形成するという趣旨で、「外来企業中心型集積」と名づけています。沖縄やニセコなどの人気のリゾートは、開発資金が必要であり、外部の大手資本が進出する余地が高い観光集積地です。そのため、競争意識も高く共同で事業を行う機会は少ないでしょう。

パソナグループが淡路島と深く関わるようになったのは、2008年に独立就農を支援する事業がきっかけでした。その後、島の北西岸で廃校を改装した複合観光施設（のじまスコーラ）のオープンをきっかけに、淡路市北部のリゾート開発に力を入れ始めていきます。2020年にパソナグループが兵庫県淡路島への本社機能の一部移転を打ち出してから、23年時点で宿泊施設、レストランを含めた観光施設は18か所に上ります（図2）。淡路島に人材を移転させる趣旨を、パソナグループ代表の南部靖之氏は、「島とはいえ淡路市は神戸にも近く、立地条件が非常に良い。これまでは農業しかなかったのでUターン転職もできなかった。本社機能を持ってくれば、AIや経営企画などに強い地元出身の人材を外部から集めやすくなる。神戸や大阪に住みつつ淡路島に通勤することも可能で、それによって（多様なスキルと人間力を持つ）『ハイブリッドキャリア』の人材も増やせる」（日刊工業新聞、2021年6月24日）と、淡路島への貢献は人材誘致によって成し遂げられると述べています。

パソナグループの資本と人材により新たな観光開発が進んだことで、観光関連施設の新たな投資の呼び水となりました。地元住民による一棟貸しの簡易宿所が増えてきたり、飲食店を主流とする東京のバルニバービが、淡路市の西海岸に「食べる」をキーワードに地域を盛り上げる"Frogs FARM"プロジェクト（淡路島西海岸エリア一帯開発プロジェクト）を立ち上げ、2019年より西海岸のサンセットラインに400mにわたってホテルやレストランを複数開業したりと開発が進んでいます。外部からの資本と人材が新たな集積を進め、地域の雇用が増えるなどの波及効果が表れています。

しかし、日帰り客が中心で、従来からの観光事業者との連携は薄いこと

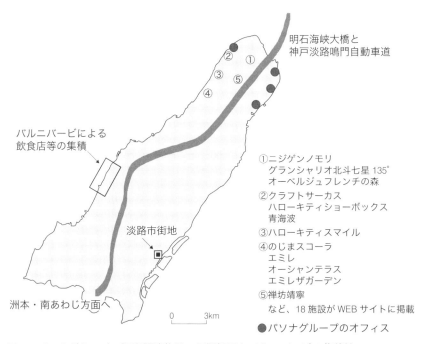

図2　パソナグループの観光関連施設の展開概要とバルニバービの集積地
(出所：2社のWEBサイト等から筆者作成)

写真3　廃校を利用したのじまスコーラ（左）と海を見ながらの食事が楽しめる淡路シェフガーデン　(写真：筆者撮影)

が地元関係者へのインタビューで指摘されています。一般社団法人淡路島観光協会のCMO髙木俊光氏は[注2]、

- パソナグループのお陰でインスタ映えするスポットが出来あがり、日

第11章　地域内経済循環を高めるツーリズムクラスターの形成施策　205

帰り客は増加した。しかし、このセグメントは宿泊をしない、観光消費額が低いなどの特徴が見受けられる。
- 直近の旅行ガイドブック「るるぶ」では、淡路島西海岸というキャッチコピーで紹介されるようになった。そういう紹介記事しか書かれなくなると、淡路島はパソナグループのものかという感覚にとらわれることもある。従来の観光スポットがなくなったかのような内容が出版されるようになった。
- 「癒しの島」「健康」が従来の淡路島の観光事業者のキーワードである。ハローキティ＝淡路島とイメージされるのは、従来からの観光事業者のアイデンティティとはかけ離れたものだ。イタリアンフェアで淡路島に集客をしてもらえることもありがたいが、こうしたコンテンツが、「上書きされた淡路島のイメージ」になってきていることには注意が必要だと考える。
- 地域外の企業は、投資はしてくれているが、損益がどうなっているのかは明らかではない。経営の持続性がなくなり撤退する企業が出てくるようになると、淡路島の近年の「イメージの上書き」が、観光全体に悪い影響が出る可能性があり、懸念もしている。
- 淡路島の観光に占める宿泊客のシェアは、観光客全体の9％程度だが、今後、日帰り旅行は淡路島北部の淡路市が大きな割合を占めるようになるだろう。このアンバランスは淡路島の洲本市、南あわじ市にとってはいかがなものかと考えている。

外来企業中心型集積（タイプ3）は、「地域外に本社を置く企業が力を持っており、地域内での取引はあるものの地域外部の企業、特に親企業との協力のウェートが高い（二神、2008年）」という特徴が指摘されていました。髙木氏へのインタビューによる指摘は、このタイプの特徴を言い表していると思います。こうした指摘は髙木氏に限らないようです。「地元商工会の担当者は『パソナの観光施設へ来たお客に、いかにして地元の飲食店や宿泊施設を利用してもらうかが課題だ』としている。未だ相乗効果が十分と

は言いがたいだけに、地元施設を組み込んだ観光ルートの提案など、地域との連携をより強めることが求められる（日刊工業新聞、2021年6月24日）」とのことです。

　タイプ3は、集客力の見込めるコンテンツとなる自然景観や歴史・文化等を前提に、資本力のある企業が宿泊・飲食施設を整備し、従来の観光資源を観光対象化して、観光消費を促す付加価値を作り上げることで成立します。企業規模が大きいこともあり、ここにはDMOなどによる先導的なマーケティングの必要性はなく、自社で完結することが可能です。しかし、これまで地域が集客コンセプトとしてきたこととは異なるコンセプトで施設運営をするケースもあり、従来からの観光関連クラスターや新たに投資をする企業群との調整が求められることもあることが分かりました。外来企業中心型集積のツーリズムクラスターにおける成果とともに、課題を事前に織り込んだ政策が地元の観光行政には求められています。

④ インフラ中心型集積〈タイプ4〉

　地域への集客を促す最も重要な要因は、旅行者へのモチベーションを刺激するコンテンツの魅力であることは言を俟ちません。しかし、どの地域も富士山やエメラルドグリーンの沖縄の海があるわけではありませんし、京都や奈良のような歴史文化資源が残っているわけではありません。こうした古典的な観光資源が有力な集客装置となっていない地域でも、国や自治体の施設やインフラがコアになってツーリズムクラスターが集積していく例があります。立山黒部アルペンルートでは美しい立山連峰だけではなく、黒四ダムやダムを建設する際の資材や作業員を運んだ交通手段そのものが観光資源となっているのを見ても、様々なインフラが中心となってツーリズムクラスターが構築されることが見て取れます。

　他にも国際会議場や国際展示場などがそれにあたります。こうした施設

は交通の便の良い都市部（横浜、神戸など）にあり、ビジネストリップや都市観光の需要も引き寄せる可能性が高い施設です。そのため「規模の経済」は比較的高く、人材の流入とともにプロフェッショナルが多く見られます。

1 | しまなみ海道

　1999年に開通した広島県尾道市と愛媛県今治市を結ぶしまなみ海道は、全長約60kmの自動車専用道路で西瀬戸自動車道、生口島道路、大島道路で構成されています。この道路には長距離のサイクリングロードが併設されており、2019年からは「しまなみ海道サイクリングロード」と呼ばれるようになりました。車だけでなく自転車で瀬戸内の海や多島美が眺められるとして、2014年にはアメリカのCNNから世界7大サイクリングルートにも選定され、インバウンド向けのコンテンツとしても高く評価されています。

　開通当初は、しまなみ海道は尾道から今治まで途中6つの島を通ることから、生活道路としての役割が期待され、自動車道とは分離された原付・自転車・歩行者道が、それぞれの橋に最初からついていたのが他の本四架橋と違う特徴でした。サイクリングによってしまなみ海道を活用した観光振興を先導したのは、2010年に愛媛県知事に就任した中村時広氏と地元今

写真4　自転車専用の道があるしまなみ海道と尾道のGIANTストア（写真：筆者撮影）

治市長の菅良二氏でした。「愛媛マルゴト自転車道」構想を打ち出し、「サイクリストの聖地」を目指したのです。また、広島県側も尾道市長の平谷祐宏氏や瀬戸内ブランド推進連合[注3] を提唱した広島県知事の湯崎英彦氏が加わり、県をまたいでの協力体制が整っていったとのことです（待兼、2017年）。公営のレンタサイクルターミナルが各島にあるため、乗り捨ても可能ですから、自身の体力に合った楽しみ方ができるのも魅力です。

　インバウンドにおいては、2012年には台湾の自転車メーカーGIANTが今治に店舗を開設し、GIANTの創業者が実際にしまなみ海道を走ったことで、台湾からの誘客の弾みになりました。2014年には尾道にも店舗が開設され、尾道から今治での片道でのロードバイクの乗り捨てができるようになりました。初心者から上級者まで、わざわざ海外から持ち込まなくても好きなロードバイクを選べるようになり、CNNの世界7大サイクリングルートの選定とも重なって、この年は、尾道市の訪日外国人客は13万人超と、前年の約40％増になりました。

　尾道のGIANTストアが入るU2と呼ばれる旧海運倉庫（旧県営上屋2号倉庫）には、サイクリスト向けの宿泊施設やレストランが入り、サイクリングロードを核としたツーリズムクラスターが形となっていきました[注4]。

2 コンセッション導入をきっかけとしたクラスター形成

　近年、コンセッションの導入により、横浜市ではパシフィコ・ノース、愛知県においては、高速道路周辺にショッピングセンターが造られるなど、コンセッション施設周辺に集積が進む可能性が見られます。ここでは、政府・自治体の施設やインフラ（空港や国際会議場、国際展示場など）がコアになっているクラスターにおいて、コンセッション方式の導入による社会サービスプロバイダー[注5] がツーリズムクラスター形成に何らかの役割を果たしうるのかを考えてみます。

1 関西エアポートとコンセッション

　コンセッションとは、行政と民間企業とが協力し、それぞれが持つ資源を効果的に組み合わせながら、公共施設の運営権を民間事業者に付与する制度です。その可能性について、純民間企業の「関西エアポート株式会社」による関西国際空港（以下、関空）と大阪国際空港（以下、伊丹）の事例をもとに考えていきましょう。

　関空は世界で初めての完全人工島による海上空港として造成されたこともあり、1期、2期事業合わせて総工費は2兆円を超えました。設置・運用・管理が株式会社によって行われるという世界的にも珍しい形態でしたが、1.3兆円（2010年時点）の債務が影響し、12年に空港用地の保有・管理以外の業務を新関西国際空港株式会社（新関空会社）に継承し、併せて関空・伊丹の一体運営が行われることになりました。国土交通省は2空港一体運営に際してコンセッションを活用し債務の確実な返済を図ることを決定しました。関空が国際拠点空港としての機能を再生・強化し、2空港一体運営で航空輸送需要を拡大し関西経済の活性化に寄与することを目的としていました。空港コンセッションは、滑走路等の基本施設と旅客ターミナルビル等の所有権を新関空会社に残したまま、民間企業が経営することで効率的な運営を行い、航空ネットワークの充実・強化及び地域の活性化を図ることとされています。

　オリックスはフランスのヴァンシ・エアポート（世界で約50の空港を運営）をパートナーとして、総額2.2兆円で44年間の運営権を獲得しました。関西エアポートは出資比率40％で対等の関係にある2社と地元企業等30社の出資により設立され、2016年4月1日から両空港の運営を始めました。コロナ禍前の2020年3月期までの決算では、年平均500億円の運営権対価等（定額373億円＋収益連動負担金＋固定資産税等負担金等。これが新関空会社の債務支払い等に充当される）を支払ったうえで300億円前後の純利益を計上しています。

　これまでの好調な決算に対し関西エアポートの山谷佳之社長へのインタ

ビュー（2022年1月）では、以下の3点を挙げて説明を受けました[注6]。

①オリックスとヴァンシは似たところがある。例えば経営において、何が必要で何が無駄かを追求する。マルチジョブ化はその1つで、社員には複数の仕事をこなし有効に時間を使って欲しいと考える。投資を行ううえで最適なパフォーマンスを追求し続けることが運営の本質と考えている。

②2012年以降インバウンドの潮目が変わった。(1)関空にLCCが飛ぶようになり近隣のアジアからの誘客がしやすくなった、(2)日銀の異次元緩和により円安になった、(3)アジアを中心に査証の発給緩和が進んだ、(4)ASEANとのオープンスカイ政策の推進の4つを挙げた。国の政策と民間のビジネスがうまくかみ合ったことが関空に恩恵をもたらした。

③関空の後背地である関西は、大阪のミナミ、京都、高野山などコンテンツの魅力にあふれている。ヴァンシの持つ海外航空会社のネットワークに対し集客提案がしやすく、航空会社のマーケティングに貢献できる。こうしたことから国内線と国際線の比率が2対8となり、外国人の利用者が7割を占める真の国際空港となったのである。

とのことでした。コロナ禍の2020年から22年度は純利益ではマイナスになったものの、関空等の運営権の返上はせず、2023年は4年ぶりに155億円の当期純利益を計上し、黒字化しました。

　石田哲也氏（2012年）はコンセッションのメリットを行政側、事業者側に分けて以下のように示しています（表2）。行政側のメリットとして、公共施設の所有権が発注者に残るため民営化等をした後においても関与し続けることができるとともに、民のノウハウ・資金を活用することが可能になることが挙げられます。一方、事業者側から見れば、(1)コンセッション契約を中心に発注側、事業者、地域という三者がお互いに約束事を決めてインフラを運営していくため、事業に一定の安定性が確保される、(2)コンセッションでは資産の所有権が移転しないため、簿価によることなくキャッシュフローベースの評価が可能、(3)コンセッションにより適切なリスク分担

表2　コンセッション導入のメリット

行政側メリット	民間事業者メリット
1. 公共施設の所有権が発注者に残るため民営化等をした後においても関与し続けることができるとともに、民のノウハウ・資金を活用することが可能 2. 運営権設定に伴う対価の取得 3. 民間事業者の技術力や投資ノウハウを活かした老朽化・耐震化対策の促進 4. 技術職員の高齢化や減少に対応した技術承継の円滑化 5. 運営リスクの一部移転	1. コンセッション契約を中心に発注側、事業者、地域という三者がお互いに約束事を決めてインフラを運営していくため、事業に一定の安定性が確保 2. コンセッションでは資産の所有権が移転しないため、簿価によることなくキャッシュフローベースの評価が可能 3. コンセッションにより適切なリスク分担が可能 4. 運営権に対する抵当権の設定による資金調達の円滑化

(出所：石田哲也、2012年)

が可能、と整理しています。

　民間事業者は事業経営や資金調達ができても、必ずしもすべての事業に関するリスクを自らコントロールできるとは限りません。地域経済が観光や産業振興を通じて発展しない限りインフラ事業も伸びが期待できないため、国・地域と事業者の事業・リスク分担が必要となりますが、コンセッションにおいてはそれが可能だ、という指摘です。

2 前田建設工業による展示場運営

　2018年に総合建設業の前田建設工業は、中部国際空港島に開業するAichi Sky ExpoのコンセッションをフランスのGLイベンツ社（以下、GL社）とともに獲得しました。従来日本では、大規模な展示場はバイヤーが少ない東京以外の地域では運営が難しいとされてきました。愛知県は製造業が集積する立地を世界に発信し、日本の技術・産業・研究の中心地であるという産業特性を生かしていくために、国際展示場を建設することにしたのです。

　SPCである愛知国際会議展示場株式会社はGL社51%、前田建設工業

49％で、代表企業は GL 社が行うべき事業だという認識で出資割合が決まったとのことです。ぶち抜きで5万 m²、中部国際空港隣接で出展者にとってメリットとなる日本唯一の常設の保税展示場をつくりました。そこで、民間からのより積極的な提案やノウハウを活用した、受け身とはならない展示場運営ができるようにと、展示場のリスクが十分に許容できる範囲になるよう、愛知県は当初の経営リスクに対する負担を取る覚悟でコンセッションの設計をしたとのことでした。

　GL 社は展示会産業における世界トップクラス企業で、契約当時世界24か所で展示場やコンベンションセンターなど39施設を管理運営しており、うち10か所では新規立ち上げの実績もありました。催事の企画・主催だけでなく（オーガナイザー機能）、施設の管理・運営も実施する（オペレーター機能）など、ワンストップで事業推進できる企業です。前田建設工業は日本の MICE 関連企業にも声をかけましたが、うまく話が進みませんでした。しかし、提携先を探していることが GL 社に伝わると、日本での事業の常識にとらわれない企業だけに議論が進んでいったと言います。外資系企業が日本企業とともに、日本の展示場施設の管理運営に携わることができるのも、コンセッションのメリットを生かせるからに他なりません[注7]。

　ヨーロッパでは、ヴァンシがヨーロッパ最大のゼネコンですが、売上の3分の1、利益の3分の2はコンセッションで稼いでいると言います。「ゼネコン（総合建設業者）は職人を抱えているわけではなく、現場をマネジメントするのが本業」だとすれば、コンセッションはゼネコンにとって新たな事業領域です。2020年度末の時点（内閣府）で、空港は北海道7空港、関空・伊丹2空港のバンドリング（複数空港の運営権を一括して付与する方式）を含め12事業、MICE 施設は愛知県以外に横浜市のパシフィコ・ノースなど4事業がコンセッションで行われています。コンセッションは上下水道や文教施設にも活用され、観光施設に特有のものではありません。しかし、空港や MICE 施設は、国や地域の産業振興を目的とするインフラとして整備

されるもので、併せてその施設までのマストラ（マストランジット：大量輸送交通機関）が整備され、一定数のホテル、飲食施設が誘致されていきます。加えて MICE 施設運営の成功は、ビジネストリップの需要を大きく伸ばすだけでなく、MICE 開催テーマ分野のキーパーソン等が国内外から集まることで、新たなビジネスマッチングや人的ネットワークの構築などが想定され、観光需要以外の戦略的な相乗効果も期待できます。

　経済活動の便益が取引当事者以外に及ぶことを「外部性」と呼び、「外部経済」とは、プラスの外部性、つまり取引当事者以外に便益が及ぶ場合を指して言います。空港の設置や国際会議場の建設によって地域の活性化が生み出されていくわけで、これらのインフラは、地元の観光事業者への波及効果が高いだけに、ツーリズムクラスターとしての中核となるものと言えるでしょう。

　本章では、二神恭一氏（2008 年）によって紹介されたミネソタ大学のアン・マークセンの分類によるクラスターを参考に 3 タイプのツーリズムクラスターについて考察をしました。次章では、それ以外の新たなタイプの 2 つのクラスターについてまとめて参ります。

【謝辞】
　本章は JSPS 科研費 18K11855 の助成を受けたものです。

第12章
新たなタイプの
ツーリズムクラスターの形成施策

　本章の「新たなタイプ」というのは、規制緩和政策によって生じる集積と観光ファンドによって造られていく集積のことをいいます。観光の規制緩和の詳細は、第9章で紹介しました。ここでは新たなタイプの宿泊業を紹介していきたいと思います。観光ファンドは地方創生を目的に各地で組成されましたが、ここでは、瀬戸内広域で観光ファンドを活用しながら、地域の魅力向上と観光消費の拡大に取り組む瀬戸内ブランドコーポレーションを取り上げて解説します。

① 規制緩和型集積〈タイプ5〉
アルベルゴ・ディフーゾと日本の事例

　イタリアに、アルベルゴ・ディフーゾ（Albergo Diffuso）という宿泊形態があります。アルベルゴは「宿」、ディフーゾは「分散した」という意味があり、直訳すると「分散した宿」という宿泊施設です。町のあるところにレセプションがあり、宿泊する部屋やレストランは他に点在している、という特徴のある宿泊形態です。イタリアでも地方では人口の流出が続き、空き家が増えています。日本でも同様ですが、2018年の規制緩和でアルベルゴ・ディフーゾと同様の宿泊施設を造ることができるようになりました。ここでは、その事例を紹介しながら、日本での宿泊業の規制緩和を通じた集積の可能性を見ていきたいと思います。

1 人気のアルベルゴ・ディフーゾ
サント・ステファノ・ディ・セッサーニオ

　アルベルゴ・ディフーゾのアイデアは 1976 年にヴェネツィア北部フリウリで起きた地震によって、被災した住民がまちを出ていってしまうことで増えた空き家を観光に活かすということから発案されたと言います（中橋、森、2018 年）。その後 20 年近い時を経て宿泊業としてこの業態が認可されることになります。もともと村の再生という考え方から発案されているため、地域の文化や営みを大切にし、宿の部屋に元からあった調度品を再生して使っているところが多いと言われています。

　写真 1, 2 は、ローマから車で 2 時間弱のところにあるアブルッツォ州サント・ステファノ・ディ・セッサーニオ（Santo Stefano di Sessanio）という中世の城塞集落のアルベルゴ・ディフーゾの写真です。2019 年 9 月の訪問時、29 の客室、ワインバー、レストラン、フロントといった施設が、集落全体に点在していました。家畜小屋、ワイン貯蔵室、農夫や羊飼いの住居など、集落内の複数の建物を、中世からの原型を守りながら宿泊施設として利用しているのです。かつての地下牢は結婚式会場として、魔女狩りの時代の

写真 1　城塞都市の面影を残すサント・ステファノ・ディ・セッサーニオ （写真：筆者撮影）

隠れ家だった場所は会議室として利用されています。

　このアルベルゴ・ディフーゾを経営しているのは、セクスタンティオ（Sextantio）社といい、セールス＆マーケティング担当のミケーレ・チェントンセ（Michele Centonse）氏と保全・修繕を担当するアヌンツィア・タラスキ（Annunzia Taraschi）氏から話を伺いました[注1]。話は同社創設者のダニエレ・キルグレン（Danielle Kihlgleni）氏が初めてこの地へ旅行をした時から始まります。中世のイタリアは、サラセン人（イスラム帝国）からの脅威にさらされていたため、各地で城塞都市が造られ、城壁の中に村人が集まって暮らしていたのですが、キングレン氏が訪れた時はその城塞都市が中世の時のまま残っていました。しかし、廃屋化して見捨てられたような状況を目の当たりにし、「この村を守らねば」という情熱が彼を後押しし、空き家となっている物件の一部を購入したとのことです。彼はその物件をモダンな修繕ではなく、元あったように修復すべきと考え、建築だけでなく暮らしのあり方についても研究し再生をしていきました。そうした日々のなかで広々としたスペースを有するアメリカンタイプのホテルではなく、昔ながらのつくりを保った宿泊施設を造っていこうとしたとのことです。つまり、小さな村々、名も知られていない地域の遺産の保護・保全が彼の考えの中心にあり、その後新しいタイプの宿泊施設にしようと考えたとのことです。

　実際に客室に入ると分かりますが、何百年も前からの生活の跡として、

写真2　中世の部屋と当時の調度品を残した客室 （写真：筆者撮影）

第12章　新たなタイプのツーリズムクラスターの形成施策　　217

暖炉の周辺の壁が真っ黒になったまま残っています。部屋をつなぐ廊下を歩いていると、壁が少しへこみ穴の開いた台が目に留まります。そこはトイレの跡で、その台に座って用を足すのだそうです。何を残し、何をどのように修繕するのかについては近隣の大学の研究者やアブルッツォ州のミュージアムに声をかけ、アドバイスを得ることで学術的な視座から修復・修繕の方針をまとめていきました。他にも、高齢の住民を訪ね、毛糸で編んだベッドカバーやカーペットなど、今に引き継がれている生活雑貨を宿泊施設に採用するなど2年がかりで丹念に情報収集をしたとのことでした。

　このように丁寧にリサーチが行われたことが、成功の鍵となったことは間違いないのですが、一方で、昔の生活の再現は宿泊客にとっては使い勝手の良いものではありません。そのため、宿泊客に向けてのホスピタリティも同時に考えられています。例えば、床暖房を入れ冬でも快適に過ごす、16世紀の配管のままだったものを修繕して全室にトイレをつくり、バスタブを入れた部屋もつくりました。文化的保存とホスピタリティを突き合せた時に、どこで線引きをするかを決めたのは、創設者のキルグレン氏です。中世からの住居を宿泊施設として活用していくうえでは、中世ではもともとホスピタリティという概念がなかったのだから、偽物っぽいものをつくるのではなく、逆に新しい現代風のものを導入してみようという判断に至ったとのことです。そのほうが、何が昔のものかが対比のなかで分かりやすくなり、レベルの高い保存を実現させていくことができるという考え方です。確かに、その視点で客室を見つめると、保存がどこまで徹底できているのかが分かり、逆に強く良い印象を受けるのです。

　2004年から分散型宿泊施設として開業するのですが、反対する住民もいたと言います。しかし、当初20人の住民に1軒のバールと1軒のB＆B（Bed＆Breakfastの宿泊施設）しかないという寒村でしたが、2019年時点では、セクスタンティオ社を除いても20の宿泊施設があり、100人ほどの住民がいる村となりました。毛糸のベッドカバーのことは先述しましたが、1枚を1500ユーロ（18万3120円）から3000ユーロで買い取っていたとのことで

す（ヒアリングをした 2019 年当時の年平均 1 ユーロ＝ 122.08 で換算）。3 人のおばあちゃんがその技法を継承しており、買取金額は 1 人が 1 か月で 1 枚程度しか作れないため、かかった時間の人件費を目安としたとのことです。同社は村人たちが使っていた家屋を買い取り、修復・修繕して客室として再利用しています。客室は、村人たちの住居や商店などの間にありますから、宿泊客は必ずしも宿泊施設に付属するバーやレストランばかりを利用するのではありません。こうした経済波及効果をはじめとした社会的効果もあって、今では反対のプレッシャーはほぼなくなったとのことでした。

　施設運営を始めると様々なデータが入ってきます。黒字化していくためには客室は最低でも 10 〜 12 室は必要だ、とか、客室稼働率は 8 月が 70％、4 〜 10 月 30 〜 40％、11 月・1 月・2 月はクローズする、12 月 8 日は祝日で冬休み期間中の 1 月 6 日まではオープンするなど、ノウハウも身についてきます。セクスタンティオ社はバジリガータ州のマテーラでもアルベルゴ・ディフーゾ（セクスタンティオ・レ・グロッテ・デッラ・チヴィタ：Sextantio Le Grotte della Civita）を経営していますが、ここは市の所有する物件（洞窟）を 30 年にわたって借り受けて経営するなど、イタリア全土の疲弊した地域を復興させるモデルを生み出しているという自負を持っていました。

　アルベルゴ・ディフーゾは地域の観光まちづくりにおいて、空き家対策、観光関連事業者の集積、観光消費の波及、地域文化の保存継承など、経済的価値と社会的価値を創り上げるエコシステムの中核になりうる可能性があります。しかし、その持続性を担保するためには、地域のインフラ整備が欠かせません。少ない人口に見合ったインフラ整備がされているところに、多くの宿泊施設やレストランができるとなれば、上下水道、電気などのインフラに大きな負荷を与えます。サント・ステファノ市長のファビオ・サンタビッカ（Fabio Santavicca）氏は、「市はアルベルゴ・ディフーゾをはじめとするスローな体験をサポートするために、排水設備や水道設備などのインフラを整え、都市の新たなリジェネレーション（再生）を支援していく」と述べておられました[注2]。

2 フロント設置義務と最小設置客室数の緩和
日常を楽しむ SEKAI HOTEL

　宿泊業の生産性向上と多様な宿泊サービス提供の観点から、2018年1月31日に旅館業法の政令改正が行われました。これにより、ホテルで10室以上、旅館で5室以上が必要とされていた最低客室数基準の廃止、最低床面積の緩和に加え、フロント設置義務が緩和されたことで、経営の自由度を高めて多様なサービスの普及を促進することが可能となりました。

　こうした規制緩和によって、まちなかや商店街を丸ごとホテルに見立てたビジネスモデルの展開が容易になっています。住宅のリノベーションを手掛けるクジラ株式会社の子会社である SEKAI HOTEL 株式会社は、大阪市の西九条（2024年現在休館中）と東大阪市の布施（2018年開業）、富山県高岡市（2022年開業[注3]）で空き家を再生し、周辺の銭湯や飲食店等の協力を得てSEKAI HOTEL（分散する客室の総称）の経営を始めました。まさにアルベルゴ・ディフーゾの日本版と言えるでしょう。

　当初、クジラは西九条で空き家を買い取って宿泊施設にリノベーションし、その後、部屋や建物ごとに新しいオーナーに転売して同社が改めて賃借するというビジネスモデルを構築しました。フロントはそのうちの1軒に置いて、客室分散型や民泊で心配されるゴミ捨てや宿泊客の騒音など近

写真3　以前の商店のファサードを残した SEKAI HOTEL 布施のフロント
（写真：筆者撮影（2018年11月頃））

隣とのトラブルへの対応も行い、地域の窓口として不安を解消するようにしています。滞在客には観光拠点としても利用してもらうことを想定しています。語学教室や法律事務所なども事業に加わってもらい、専門的なアイデアを出してサービスを充実しようとしています。客室が長屋など1棟単位なら旅館業法に基づき10人未満の客室を1泊から運営できる「簡易宿所」とします。部屋単位なら、国家戦略特区法に基づき大阪府・市で認められた「民泊」施設として2泊3日以上から受け付けるようにしました。

布施は「昭和の下町」とか「昭和のレトロ感」の雰囲気を残す商店街(布施商店街、約400店舗)を中心に、東大阪の商業の中心地の1つです。そこでは、地元の商店街に溶け込んだSEKAI HOTELでの体験が楽しめます。フロントがある建物は以前の洋品店の看板を残したままにしており(写真3)、その時点で「旅先の日常(Ordinary)に飛び込もう」という強烈なコンセプトを感じます。客室は、商店街のなかにも点在しており、その1つは商店街の吊り下げ看板から以前は和洋菓子店であったことが分かりますが、そのなかはリノベーションされており、モダンな雰囲気の客室になっています。

このホテルでは、商店街の日常のなかに飛び込むための仕掛けが用意されています。その1つがSEKAI PASS(写真4)です。宿泊客はこのパスを首からぶら下げてまちを歩きますので、商店街の人たちはパスを見かけると観光客だと認識できます。商店街の人から「美味しいよ、食べていきなよ」などと声がかけやすいですし、宿泊客側もコミュニケーションが取りやすくまちのコミュニティに飛び込みやすいと言います。

また、SEKAI HOTELの宿泊客には、近くの銭湯、戎湯に無料で入れます。特にインバウンド客には、木桶を持っていくように促すそうです。温泉地の外湯

写真4　SEKAI PASS
(出所：矢崎浩一氏講演資料)

の感覚を味わってもらえる演出なのでしょう。銭湯には昭和20年代の自立式ドライヤーが未だに現役で動いており、3分30円で髪を乾かすのも昭和の体験だと言えましょう。夕食は居酒屋、お好み焼きの店などが提携店になっており、割引やドリンクサービスを受けられるようにしています(図1)。朝食付きプランの宿泊者は近所の喫茶店で厚焼き卵のミックスサンドがついたモーニングセットが食べられるようになっています[注4]。

　商店街の店も好意的で、「まち歩き途中で食べた蒲鉾が美味しいと年末にまた買いに来てくれる」とか、布施以外の人たちが来てくれることで認知度が高まるなど、観光客が賑わいをつくってくれていると評価されているとのことでした。SEKAI HOTEL の矢崎浩一社長は、「損得勘定以外の、人として大切な部分をすごく重要視されている個人事業の方が多いというのもあって、それがあるから観光客の人はすごく面白いというかそれは商店街でやって良かったと思う」(TBS NEWS DIG) と述べています。2023年、SEKAI HOTEL の宿泊数は6357人、SEKAI HOTEL が提携するパートナーショップを利用した人は延べ4268人と、宿泊だけではなく商店街などで地域を楽しんでいることが分かります（SEKAI HOTEL 活動レポート）。

　アルベルゴ・ディフーゾも SEKAI HOTEL も、従来、観光地と呼ばれて

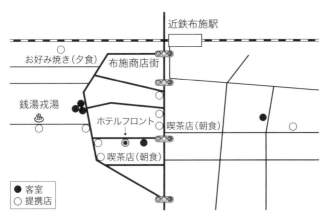

図1　SEKAI HOTEL の分散型客室と商店街の提携店
(出所：SEKAI HOTEL WEB サイト、TBS NEWS DIG を参考に作成)

いなかった地域の固有資源に目を向け、ユニークな宿泊施設を拠点として、その固有資源を観光の対象としていくことができました。地域の飲食店や物販店との協働が、より一層その地域を魅力的にしています。加えて、宿泊施設が宿泊客の囲い込みをしないことで、観光消費がそれらの店に回っていく仕組みも出来あがっていきます。宿泊客、宿泊施設、地域との Win-Win-Win が構築され、新たな観光集積が創り上げられていくのです。

　日本においては、分散型宿泊施設の例は増えてきています。2018 年 6 月には岡山県矢掛町にある古民家を再生した宿泊施設「矢掛屋」が、イタリアの「アルベルゴ・ディフーゾ協会」の認定を受けました。株式会社 NOTE は NIPPONIA ブランドで歴史的建築物の活用を起点に、その土地の文化資産を尊重した宿泊施設を全国 31 地域（2024 年 8 月現在）で活動をしています。他にも古民家を活用した宿泊施設は各地に見られるようになりました。2023 年の住宅・土地統計調査住宅数概数集計（速報集計）では、空き家数は 900 万戸と過去最多、空き家率も 13.8％と過去最高となりました。こうした社会状況を考えると、規制緩和を取り入れた新たなビジネス創出が、地域に社会的価値と経済的価値をもたらす可能性を示唆しています。

② 観光ファンド型集積〈タイプ 6〉

　2014 年 12 月末に、国が「まち・ひと・しごと創生総合戦略」を出した頃は、地域経済活性化支援機構（以下、REVIC）や日本政策投資銀行（DBJ）が中心となりながら各地の地方銀行（紀陽銀行、南都銀行、八十二銀行など）と観光ファンドを組成していました。しかしながら、資金の用意はできても、人材、ノウハウ、情報などのリソースを地域独自の魅力と組み合わせることができなければ、結果はおぼつかないでしょう。

　せとうち DMO[注5]は、瀬戸内エリアのマーケティングを担う一般社団法人せとうち観光推進機構（以下、STA[注6]）と「せとうち観光活性化ファンド」

を活用してプロダクト開発支援を行う株式会社瀬戸内ブランドコーポレーション（以下、SBC[注7]）で構成されています。このうちSBCは、瀬戸内地域の地方銀行7行と日本政策投資銀行（DBJ）及び地域内外の事業会社46社の出資によって2016年に設立されました。ファンドによる瀬戸内の観光関連事業者の支援を行うとともに自主事業も展開しています。STAのマーケティングによって瀬戸内の認知度や訪問意向度が向上し旅行者が来訪しても、観光消費の受け皿となる宿泊施設や多島美を楽しむクルーズなどがなければ、観光消費額も域内調達率も上向くことはありません。

この節では、SBCの事業事例をもとに、観光ファンドによって形成されるツーリズムクラスターの可能性を見ていきたいと思います。

1 SBCの事業方針
テーマとエリアによる価値向上の仕組みづくり

SBCでは、消費者から見た瀬戸内のイメージと地元事業者・自治体が瀬戸内らしいと思えるアイデンティティに添ったテーマで、エリアを横断したプロダクト開発や受入環境の整備が進むように事業展開が図られています。クルーズ・サイクリング・アート・食・宿・地域産品をテーマに、瀬戸内7県（山口・広島・岡山・兵庫・愛媛・香川・徳島）をエリアとして事業が進められています。

事業内容はファンド事業、自主事業、コンサルティング事業、せとうちDMOメンバーズ事業の4事業ですが、ここでは特にクラスター形成に関わる3事業について紹介します[注8,9]。

1 ファンド事業

98億円規模のせとうち観光活性化ファンド（以下、1号ファンド、組成日2016年4月1日）を活用して資金支援を行いますが、SBCによる既存事業の経営支援や新規事業の事業化支援の他、STAによるプロモーション支援も受けられます（図2）。

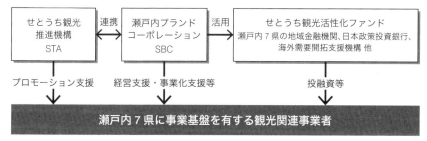

図2　せとうちDMOによる事業者支援　(出所：SBC WEBサイト、2024年4月10日取得)

　投資手法は、普通株式、優先株式、劣後ローンなどで、特に劣後ローンはメザニンローンに分類され、返済順位が後回しになる（劣後する）ことで、貸倒リスクが高くなることを意味します。地元の忍耐強い金融機関（地銀、信金信組など）がその後シニアローン（他の債権と比べると返済順位が高く貸し手のリスクが低い負債）を入れやすくなり、借り手は投資案件の資金調達がしやすくなります。1号ファンドでは、尾道市を出発・寄港地とし、瀬戸内海沿岸における景勝地を周遊するハイエンド向け宿泊型クルーズ船「guntu（ガンツウ）」に優先株式と劣後ローンを組んで建造資金の調達をサポートしたり、香川県宇多津町の四国水族館の事業主体（株式会社四国水族館開発）には、ファンドから匿名組合出資という形態で投資をしたりするなどの実績を残しています。また、外来企業中心型集積（タイプ3）で紹介した、バルニバービが主体となって進めている淡路島西海岸エリア一帯開発プロジェクトの宿泊施設 KAMOME SLOW HOTEL や、ピクニックとバーベキューを楽しめる PICNIC GARDEN などにも、劣後ローンでサポートが入っています。

　1号ファンドの投資期間が終了した後、2023年2月15日には「せとうち観光サステナブルファンド」が2号ファンド（ファンド総額51億円）として組成され、瀬戸内地域の観光関連事業者の資金需要に応えています。

2 自主事業

　SBCのグループ会社による事業開発や事業運営を自主事業と呼んでいます。SBCが観光事業を展開するグループ会社を自ら立ち上げる理由は、

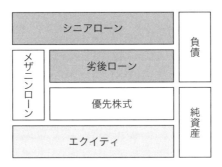

図3 投資手法とバランスシートへの計上方法 (出所：M＆AキャピタルパートナーズWEBサイト)
①シニアローン：他の債権と比べると返済順位が高く、貸し手にとってリスクの低い負債のことを言う。なお、金融機関などからの通常の借り入れは、基本的にはこのシニアローンに分類される
②メザニンローン：シニアローンと比較して返済順位が後回しとなる（劣後する）負債を意味し、劣後ローンなどがこれに該当する。返済順位が後回しになることで、貸し手側は貸倒リスクが高くなるが、その分だけ金利を高く設定するのが一般的である。一方、借り手から見れば、メザニンローンはシニアローンよりも金利が高いがリスクが高くても融資を受けやすい。リターンとリスクの視点で考えれば、シニアローンと株式への出資の中間の投資形態である。
③優先株式：他の株式に比べて優先的返済の立場にある株式のことを言う。多くの場合、配当や会社清算時の残余財産を普通株より優先して受ける権利を有する一方、議決権に一定の制限が付された株式を指す。
④エクイティファイナンス：株式発行で企業が資金調達すること。企業側からすると基本的に株式は返済期限がない。
バランスシート上では①②は負債に、③④は純資産として計上される

　STAのように7県の分担金による補助金や助成金を受け取ることがないため、収益を上げていくことが求められているからです。加えて、従来からの観光地と呼ばれている宮島や萩などのような古典的な観光資源を有している地域では、観光の担い手が大勢いるのですが、観光まちづくりの発展途上の地域では積極的に事業を展開するプレイヤーが見つからないこともあるからだとのことです。

　2022年10月に広島市に開業し、2023年5月の主要7カ国首脳会議（G7広島サミット）の際に、アメリカのバイデン大統領が宿泊した「ヒルトン広島」の運営を行う㈱瀬戸内ホテルズや西山家の邸宅に再投資をし、リニューアルをして旅館としたRyokan尾道西山（広島県尾道市）の運営をする㈱せ

とうち旅館、古民家の宿泊事業を行う㈱古街計画など主要6社を経営しています。

3 コンサルティング事業

SBCは、自治体がDMOを立ち上げる際の事業計画を取りまとめたり、せとうちDMOの会員（せとうちDMOメンバーズ）の事業拡大や新規開発などのコンサルティングを行ったりすることで、マネジメントエリアである瀬戸内の観光事業の拡大に貢献してきました。

2024年3月1日には、しまなみ海道にある生口島に「ボナプール楽生苑」という福祉施設が開業しました。宿泊・レンタルキッチン・障害者の就労支援が一体となった複合コミュニティ施設です。生口島は国内有数のレモンの産地にもかかわらず、それまで搾汁所がなかったとのことです。島には宿泊施設も少ないため、施設内にこれらを整備し、働き口の少なかった障害者に就労の場を提供しました。また、地域の住民が集えるよう料理教室ができるキッチンや交流スペースも組み入れています。

事業を担うのは地元で特別養護老人ホームを手掛ける社会福祉法人ですが、SBCは、この施設の企画から開業準備までを一貫してサポートしました。また、日本財団の助成事業に応募し、472件の応募から採択された6件の1つに選ばれました。法人の理事長によれば「この施設はSBCなしではありえなかった（日本経済新聞オンライン、2024年3月22日配信）」とのことです。

2 観光ファンド型クラスター形成事例

SBCが各種の事業を通じてクラスターの形成につながった尾道市・生口島エリアのプロダクト化の取り組み事例を紹介していきます。

尾道市は先述したように、しまなみ海道というインフラを中心に据えてサイクリング関連の集積が進みました。SBCは2018年に50台分の自転車積載が可能なサイクルシップ「ラズリ」を建造する㈱瀬戸内チャーターに

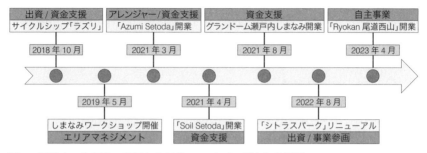

図4　尾道市・生口島エリアにおけるSBCのプロダクト化活動
(出所：瀬戸内ブランドコーポレーション井坂取締役へのインタビュー[注8]の際の提供資料)

出資しました。生口島への片道はサイクリングを楽しみ、復路は生口島の海の玄関口である瀬戸田港からクルーズを楽しみながら帰ってくることができますから、サイクリングの楽しみ方の幅を広げることができます。別の案件では、アマンリゾーツの創業者が新たに旅館を始めようとする際には、複数の金融機関で資金支援ができるようにアレンジャーの役割を果たしたり、東京から移住して事業を立ち上げようとする事業者にはファンドで資金支援をしたりしています。2015年に休園していた農業公園シトラスパークには、グランピング施設を導入して再開園するための出資及び事業参画を行ってきました。また、尾道市の本土側では個人の邸宅を改修した高級旅館を、自主事業で行っています（図4）。

そのなかから特に2つの事例をご紹介します。

1 SOIL Setoda

2019年5月から開催された「しまなみワークショップ」に、東京からファシリテーターとして参加していた小林亮大氏は、自身もリスクを取って地域とコミットしていく必要があると考えるようになりました[注10]。ワークショップを開催するにあたって岡雄大氏が設立した㈱しおまち企画に経営参加し、耕三寺と瀬戸田港をつなぐ参道として栄えた「しおまち商店街」の港側の玄関口の一角に、2階にゲストハウス、1階にレストラン、バーの機能を有した「街のリビングルーム」SOIL Setodaを2021年4月に開業

しました。コロナ禍の開業でしたが、逆に取り上げるネタも少なかったためか、メディアにもよく取り上げてもらうことができ、認知度の向上につながったとのことです。

明けて 2022 年から観光客が動き出し、面での賑わいをつくっていこうと「ショップハウスプロジェクト」をスタートさせました。商店街の空き家をリノベーションし、空き地には新しく建物を建て、1 階が店舗、2 階が宿泊施設という構成で、2 棟の建物を造り、2024 年はさらに 3 棟の開発を行い、計 7 棟というスピード感で展開をしています。観光客が利用する宿泊施設だけでなく、1 階は地元の人たちにも立ち寄ってもらえるよう、レストランや惣菜店、コーヒー豆を焙煎して販売するなどの工夫もしているとのことです。朝 8 時から夜 9 時まで営業し、他の宿泊施設に素泊まりで宿泊した人にも食事を提供するなど、昼間しか開かない店が多い観光地のようにはしたくないとの思いで展開をしています。

5 年ほど前（コロナ禍前の 2018 年、19 年頃）は、サイクリストや観光バスでやって来る年齢層が高めの団体客が多かったものの、Instagram の影響もあり今では個人客、特に 20、30 歳代の若年層が増えてきているとのことです。欧米からのインバウンド客の宿泊利用も多く、年間を通すと約 50％がインバウンド客とのことです。SOIL の稼働率も年間ベースで 90％に向上しており、生口島ではこれまで宿泊施設が少なかったこともあって、周辺に新しく宿泊施設ができ始めています。

こうした働く場ができてきたことで、SOIL Setoda 開業前と比べると、130 人くらいの人口増になっているとのことです。その多くは、20、30 歳代の若手とのことですから、

写真 5　SOIL Setoda ／ 1 階がレストラン、2 階が宿泊施設 (写真：筆者撮影)

小林氏は次の投資を彼らの定住につながる分野に向けようと考えています。「景観の良い町に移住してきたものの、家族のことを考えると教育環境、医療環境において東京などに比べて不足を感じれば、子育てがしづらいのでは思えてしまう。そうした思いを持たせないようにしていくことも必要では」と、小林氏は先を見据えています。

　SBC は当初、SOIL Setoda に対してファンドを活用しての資金支援を行うことで、地元金融機関がシニアローンを出しやすい環境を作っていました。その成功で、新たな事業を手掛けるにあたっては、ファンドの支援がなくても地元金融機関からのローンが借りやすくなっています。こうした新規の事業者に対して、SBC は資金供給の最初のリスクマネー（メザニンローンやエクイティ）とシニアローンへのつなぎの役割を担うとともに、瀬戸田でのクラスター形成の基盤づくりに一役買ったと言えるでしょう。

2 Azumi Setoda

　瀬戸田港前の SOIL Setoda から商店街に向かって歩いていくと、瀬戸田を拠点に製塩業や海運業を営んでいた豪商堀内家の邸宅を改装した宿 Azumi Setoda が見えてきます。ここは、ラグジュアリーリゾートホテルで名高いアマンリゾーツの創業者、エイドリアン・ゼッカ氏がアマンの日本法人代表であった人たちとともに新しい宿を造ろうと、SBC からの紹介を受けて瀬戸内各地を回っているなかで見つけた物件です。当時の堀内邸は尾道市に寄付されており、アマンの日本法人代表であった人たちによって設立された株式会社ナル・デベロップメンツが尾道市から入札で買い取りました。SBC はアレンジャーとして関係者の調整を担い円滑な資金調達ができるようにするとともに、ファンドを入れて資金支援を行いました。

　このように Azumi Setoda はゼッカ氏が瀬戸田を気に入り、日本の旅館をイメージして造った宿です。Azumi ブランドの第 1 号であり、株式会社 Azumi japan が運営を受託しています。また、Azumi Setoda がある通りの向かいには、yubune という宿泊も可能な公衆浴場があります。宿泊客だけで

なく他の宿泊施設の客も、地元の住民も入浴できる交流の場となっています。一方、開業前のワークショップで地元の商店街などとの話し合いももたれ、地元の方たちにも観光消費がまわるように yubune には飲食機能は入れていません。

　インバウンド客の割合が5割を占めており連泊が多いため、1泊は宿の外で食事をするケースが多いと言います。地元の商店街は好意的で、提供するメニューを変えて高価格帯のものも出すようにするなど、対応に変化が出てきているとのことです[注11]。Azumi Setoda が中核となって地域にお金が循環する仕組みが構築されようとしています。

　尾道市・生口島でのプロダクト化の活動を見ると、SBC はファンドからの出資だけでなく地元の金融機関からのシニアローンも入れて資金調達をサポートし、そのグループ会社も含めた人材・情報・ノウハウの提供を行いながら、地域にツーリズムクラスターのすそ野を広げていることが分かります。単にファンドから資金を提供するだけでは地域での観光事業はまわりません。STA によるプロモーション支援や SBC がこれまでに培ってきた経営管理やマーケティング、効率的な施設管理などのノウハウを生かし、旅行者ニーズの変化に対応したアドバイス、地域に密着した金融機関とともに事業資金を支える体制が、観光事業を創業、拡大しようとする事業者に求められているのです。

写真6　Azumi Setoda 外観
（写真：筆者撮影）

写真7　yubune の銭湯の入り口
（写真：筆者撮影）

第12章　新たなタイプのツーリズムクラスターの形成施策　　231

3 銀行法改正に伴う地域金融機関と観光の関わり

　観光ファンドだけでなく地方創生の推進にあたっては、2016年、2019年と続く銀行法の業務範囲規制が緩和されていくことで、地域金融機関では様々な金融サービスの提供が可能になっていきました。そもそも銀行には、他業を営むことは禁止だという考え方がありました。銀行は与信をし、資金の提供を行うという重要な役割を担っているがゆえに、安定性と中立性が求められるからです。銀行が本業以外の業務を行い、そこで本業の経営基盤を脅かすような経営の悪化が見られれば破綻リスクにさらされることになります。また、銀行の取引先との業務の競合は、利益相反や優越的地位の乱用につながりかねない危険性が指摘されます。そのため、他業禁止の趣旨を踏まえ、銀行子会社や兄弟会社を通じた他業への参入規制も設けられていましたし、一般の事業会社への出資にも制限[注12]がありました。

　2021年5月19日成立／同年11月22日施行の銀行法改正は、「少子高齢化、DXなどの経済環境の変化に加えて、新型コロナウイルス感染症の深刻な影響を受けている企業に対する金融機関の支援の多様化と質的向上をめざしたもの」（青木、2022年）と考えられています。この改正のうち業務範囲規制に関する改正点は、①付随業務の拡大、②銀行業高度化等会社[注13]の業務の拡大、③出資規制の緩和、④外国子会社・外国兄弟会社の業務範囲の拡大です。金融庁の法律案改正の説明資料（金融庁、2021年3月）によれば、以下のように解説されています。

　①の銀行本体の付随業務では、「銀行業の経営資源を活用して営むデジタル化や地方創生など持続可能な社会の構築に資する業務」が追加されました。自行アプリやITシステムの販売、データ分析・マーケティング・広告、登録型人材派遣、幅広いコンサルティング・マッチングなどが認められています。

　②の銀行業高度化等会社の業務拡大では、「一定の銀行業高度化業務」の

みを行う銀行業高度化等会社、という枠組みが設けられ、フィンテック[注14]、地域商社、自行アプリやITシステムの販売、データ分析・マーケティング・広告、登録型人材派遣、ATM保守点検、障害者雇用促進法に係る特例子会社が営む業務、成年後見が認められました。なお、2024年の改正では、一定の高度化業務のなかにGX（グリーン・トランスフォーメーション）業務が追加されました。加えてこれら一定の銀行業高度化業務以外を行う他業銀行業高度化等会社という枠組みも設けられました。

③の出資規制の緩和では、銀行が出資を通じて地域の「面的再生」などを幅広く支援することができるよう、非上場の地域活性化事業会社に対しては、議決権100％の出資が可能となりました。コロナ禍で経営が苦しい観光産業に対し、「銀行等が社会経済において期待される役割を充分に果たす」ことを求めていると考えられます。

④においては、国際競争力強化の観点から、銀行が買収した外国子会社・外国兄弟会社について、現地における競争上の必要性があれば、業務範囲規制にかかわらず継続的に保有することができることとする、と規制緩和が進みました。

こうした銀行法の改正が段階的に進み、2021年の改正を受けて、地方銀行では新たな子会社が設立されています。このなかで特に地方創生を切り口にしている会社を公開資料とWEBサイトから確認したいと思います。

1 カンダまちおこし株式会社

資本金8000万円、岐阜市に本店を置く十六フィナンシャルグループが99％、ミュージックセキュリティーズ㈱が1％出資した「他業銀行業高度化等会社」（銀行法第52条23第1項第14条に規定された銀行持株会社の子会社）です。他業銀行業高度化等会社とは、前述の②の後段の会社です。「他業」について、個別にどのような業務が可能なのかの記載はなく、銀行の創意工夫次第で幅広い業務を営むことが可能です（金融庁、2021年、p.3）。そのため、こ

の会社の事業内容は以下の 5 つが記されています。

・観光マーケティング（DMO）支援事業
・ソーシャルインパクト投資事業
・ふるさと納税支援事業
・リノベーションまちづくり事業
・多様な働きかた支援事業

ここでは、観光マーケティング支援に関わる例を見ていきましょう。

同社 WEB サイトによれば、2020 年に始まる新型コロナウイルスの影響で、長良川温泉の宿泊者数は 2019 年の 30.5 万泊から、2020 年は 14.4 万、2021 年は 11.5 万泊まで減少しました。また、地域の観光の目玉である鵜飼観覧船乗船客数も、2019 年の 9.1 万人から、2021 年には 1.4 万人まで減少したとのことです。「長良川温泉旅館協同組合」は、地域全体の魅力・収益力を向上させるためのデータ分析や戦略策定など、DMO 機能を実装するため「マーケティング委員会」を立ち上げました。

同社は、長良川温泉独自の宿泊統計を月次化していったとのことです。各施設の宿泊者数、申し込みルート、個人・団体の別、食事の有無などを共有するようになり、各旅館・ホテルがこれまで自社のデータだけで判断していたものが、地域全体のデータを見て傾向を把握できるようになりました。岐阜県では下呂温泉がこうした取り組みをすでに行っており、データの共有は 2011 年の東日本大震災の年でも有効に機能したことはよく知られています[注15]。また、全館共通の宿泊客対象アンケートを設定し、宿泊客の属性（年代、出発地、情報媒体等）、観光消費額、満足度、リピート意向等を含むデータを取ることができるようになったとのことで、セグメントされたデータを共有できるようになりました。

こうした取り組みを梃に、2021 年度には観光庁の「既存観光拠点の再生・高付加価値化推進事業」の補助金を活用し、地域全体で 2 億円超の再投資が面的に行われたとのことです。例えば、岐阜麦酒醸造が伊奈波神社、岐阜善光寺の参道に、補助金を活用したクラフトビール醸造所「タップルー

ム YOROCA」をオープンしたり、岐阜市が直営する「鵜飼観覧船事業」が、補助金を活用して高級観覧船の造船を行い、2022年5月に新船3隻を投入したりに活用されたとのことです。地元金融機関が銀行法の規制緩和により、地域の観光集積を呼び込む原動力になっています。

2 ふくいヒトモノデザイン株式会社

　資本金9000万円、福井銀行100％出資の他業銀行業高度化等会社です。この会社の事業は、以下の2つが事業内容になっています。
　　・旅行商品企画・販売促進などの観光事業
　　・地場産品のプロモーションや販売などの物販事業
　永平寺を舞台にした座禅体験といった着地型体験商品の販売や地元産のオリーブオイルの特徴を活かした商品づくりと販売に向けてクラウドファンディングのサポートを行うなど、地域商社としても活動をしています。
　2022年度観光庁の「DXの推進による観光・地域経済活性化実証事業」の採択を受け、コンソーシアムの中核として事業を牽引したことと思います。アンケート、Googleレビュー、Instagram投稿などからデータを収集し、観光スポットごとの課題を分析することで改善案を提示するなどデータに基づくマーケティングを展開しようとしていることが分かります。一方で、事業の実施にあたっては自社内だけではなく、東京の企業等のサポートを得て進めています。ふくいヒトモノデザインの社員は、事業実施時点の資料では、常勤役員1名、従業員5名（福井銀行出向者4名、福井市役所派遣出向者1名）で構成されていました。社内に専門人材が不足している可能性もあるようです。
　地方銀行は地域経済が活性化し資金需要を生むことで、本業の融資環境も改善し本体の収益にも良い影響が出るわけですから、地域活性化を事業目的とする「他業銀行業高度化等会社」は、今後も設立が続いていくことと予想されます。しかし、これまで銀行では他業を営むことは禁止をされていたため、専門知識を持つ人材は不足する可能性が高く、専門人材の中

途採用もしなければならなくなることでしょう。また、銀行の文化を変えていくことも必要です。子会社・兄弟会社への出向が、昇進には不可欠だという人事制度でなければ、本業以外に目を向け学ぶ姿勢がつくられていくことはないでしょう。是非、観光で地域創生を志す地域の金融機関は、新たな文化を創り上げて頂きたいものです。

③ ツーリズムクラスターにおける DMO・観光行政の役割

　観光は誰と一緒に、どのような目的で行くのかによって選択する観光資源は変わります。自然景観が豊かである、歴史文化に彩られている、そういう地域は従来から観光地と呼ばれていました。そうした地域は観光を生業とする人たちも多く、観光消費が地域で循環する仕組みも出来あがっているところが多いでしょう。しかし、新たに観光地域づくりをしていく地域は、地域資源を磨き上げて魅力あるものにしていくだけでなく、企業誘致や観光消費につながる地元事業者を育てていくことも必要です。前章と本章の考察から、ツーリズムクラスターにおける DMO と観光行政の役割を整理したいと思います。

　コア企業型集積（タイプ 2）やインフラ中核型集積（タイプ 4）では企業誘致やインフラ施設の開放が求められます。こうした判断や推進の責務と権限は行政側にあり、観光行政は庁内調整とともに外部の関係機関への働きかけを行わなければなりません。

　一方で、地域創発型集積（タイプ 1）の勝沼ワインクラスターのように、本業はワイン造りでありながら観光資源として地域の世界観や自らの仕事の場を地域観光に提供するということには、観光客のリスペクトと消費が必要です。こうした地域関係者との調整や旅行者へのプロモーションは、DMO のような旅行者への接点を持っている組織がその役割を果たすことが求められます。

外来企業中心型集積（タイプ3）は、そこで働く従業員の心理を考えれば、地域よりも本社に顔が向き、勤めている企業にコミットするというのは分からない話ではありません。その点を考慮したうえでの対応を観光行政はしなければなりません。企業が特定の地域に集積することで取引が効率的になり生産性が向上する「集積の経済」の効果があるのですから、地元からの仕入れやサービスを利用することで調達コストを下げる可能性があることを知ったうえで、地域外の企業と対応していくべきでしょう。また、本章で示した「イメージの上書き」の可能性の良し悪しをDMOは意識したうえでマーケティング活動をすべきです。

　規制緩和型集積（タイプ5）は、行政の積極的な対応が必要です。SBCの井坂氏は、「行政はインフラ整備と規制緩和が観光振興において最大の役割ではないか」と指摘します。DMOや民間ではできないことを積極的に政策として取り組むことが求められます。規制緩和によって、新たな事業が立ち上がります。それがきっかけとなって、集積が生まれていきます。

　観光ファンド型集積（タイプ6）は、今のところSBCが中心となっている地域でしか見当たりません。日本では、訪日外国人客が増えた2012年以降、日本人も含めた旅行消費額に対し、宿泊業・飲食業の生産額の伸びは大きく下回っています。従来からの事業者だけでなく、より高い付加価値[注16]を生み出す企業群が求められており、ツーリズムクラスターを生み出す観光ファンドを支えるDMO（SBCに対するSTAの役割）の役割が、今後より高まっていくことでしょう。

　一方、銀行法の改正により優秀な金融マンが他業との関わりをより強く意識する機会が増えてきます。自治体の政策にも影響を及ぼしながら、観光産業の生産性向上とともに観光集積の構築に貢献して頂ければと思います。

【謝辞】
　本章はJSPS科研費18K11855の助成を受けたものです。

終　章
地域エコシステムとしての役割

　ここまで観光振興による地域活性化の目的、DMOが担うデスティネーション・マーケティング、観光行政が行うデスティネーション・マネジメントについて述べてきました。終章では、これまでの振り返りとともに、今後想定される課題を見据え、地域エコシステムとしての観光行政とDMOについて言及したいと思います。

① 地域が人を呼ぶ時代、地域を商品化することの両面性

　コロナ禍が明けて、2023年は訪日外国人客数が約2507万人と前年比で2000万人以上の急増となりました。2024年度も8月時点で2401万人と23年の同月比58％増で推移をしています。新型コロナが終息し平常に戻った時に、日本に行きたいと答える人が2022年の時点でアジア64％、欧米豪29％（日本政策投資銀行・(公財)日本交通公社：訪日外国人旅行者の意向調査、2022年）もいただけに、ここまでは、自然の成り行きとも言えるでしょう。海外の方々は、日本に対していったいどのような評価をしてくれているのかを、Microsoftが開発した生成AI、Copilotにプロンプト（AIに対する指示・質問）して洗い出してもらいました（表1）。

　私はAIがまとめたこれらの内容を読んでいくうちに、第9章の図1と被っていると気づきました。「街なかの清潔さが保たれている、皆礼儀正

表1　海外の方々の日本に対する評価[注1]（生成AI Copilotに著者がプロンプトしたもの）

【私たちの日常に対する評価】

①清潔さと整頓：日本は非常に清潔で整然とした国として知られています。公共の場所や交通機関、街なかの道路などでゴミが少なく、きれいに保たれていることが外国人に好評です。

②礼儀正しさと丁寧な接客：日本人は礼儀正しく、丁寧な接客を心がけています。外国人旅行者は、ホテルやレストラン、観光地でのサービスが素晴らしいと感じています。

③安全性と治安：日本は治安が良く、外国人が安心して旅行できる環境です。夜間でも比較的安全であることが評価されています。

④公共交通機関の効率性：日本の電車やバスは時間どおりに運行され、効率的で便利です。外国人は交通機関の使いやすさを高く評価しています。

⑤食文化と新鮮な食材：日本の食文化は世界的に有名で、外国人は寿司、ラーメン、刺身などを楽しんでいます。また、新鮮な食材が手に入ることも魅力です。

【集客コンテンツの魅力について】

⑥温泉：日本は温泉の宝庫です。美しい自然のなかで温泉に浸かる体験は、外国人にとって特に魅力的です。有名な温泉地には箱根、草津、道後などがあります。

⑦伝統的な工芸品：日本の伝統的な工芸品は美しく、繊細な技術で作られています。和紙、陶磁器、漆器、着物などは外国人に人気があります。

⑧四季折々の風景：日本は四季折々の美しい風景が楽しめます。桜の花見、紅葉、雪景色など、季節ごとに異なる風景が外国人を魅了します。

⑨アニメとポップカルチャー：日本のアニメやマンガは世界的に有名で、外国人旅行者はアキバ（秋葉原）を訪れてオタク文化を楽しんでいます。

⑩日本の庭園：日本庭園は美しく、独特の美意識を持っています。代表的な庭園には金閣寺の庭、岡山後楽園、兼六園などがあります。

（出所：Copilot、2024年4月27日時点）

しく店の接客もよい。日本が好きになった。また来たい」という言葉は、外国人にインタビューするテレビ番組やYouTubeで訪日外国人をインタビューするチャンネル[注2]などで、よく見聞きするようになりました。こうした内容は、私たち日本人の日常そのものです。地域では旅行者をもてなすために、特に気を使っているわけでもなく、私たちが日常生活を営むなかで自然とこなしていることがほとんどでしょう。「地域の日常で顧客満足

をつくる」と言っても良いと思います。これらに、温泉や四季折々の景観や、アニメ・ポップカルチャーなどの観光資源が加わることで、訪日客の旅行先が決まっていきます。

　ニューヨークタイムズの「2024年に行くべき52か所」に山口市を推薦したクレイグ・モド氏（第6章参照）は、「設計されていない場所を見たい。祇園とかに行ったら、旅行者のために設計されていて、本当の住民の生活はあまり見かけられない。山口市みたいなところはちょっと違って、本当のそのままの生活を覗けるし、そのままの壁のない、隠しのない挨拶もたくさんできるから、それが本当に重要なところだと昔から思ってます」とNHKの取材（2024年）で答えています。さらに、「20年前と比べて、今、日本に来ている旅行者が全然違う種類になっている。5回とか10回目とか20回目、日本に来ている旅行者がすごく増えてるから。彼らはオーセンティック（真正）っていう経験したくて……」との印象を持っているようです。

　モド氏の「訪日経験が多くなればなるほど本当の住民の生活に関心を持つ」という考えは、AIが拾い出してきた評価と類似します。私たちの生活文化が評価されることはうれしくもありますが、これは「地域を商品化」することにもつながることでもあるということは、オーバーツーリズムの議論でも分かりました（第10章参照）。なおかつ、SNSによって情報の拡散も早く、観光地ではない地域に容量オーバーの旅行者が押し寄せることもあるということも知りました。

　モド氏は「オーバーツーリズムになってないから住民にはちょっと余裕があるので、旅行者に対しての優しさもたぶん上がっている」とも述べています。正直な思いを述べられたと思いますが、いささか皮肉にも聞こえるのは私だけでしょうか。

　観光は地域に経済的価値をもたらします。特にインバウンドは、製品輸出と捉えると自動車産業に次いで2位（2023年）とインパクトのある数字になってきました。観光が地域を活性化させていく可能性は十分あると言って良いでしょう。2023年時点では、訪日外国人の延べ宿泊者数は三大都市

圏注3では 8243 万人泊、地方部では 3191 万人泊と 72％対 28％です。今後、観光庁は地方部への誘客を強化することで、持続的な観光へと舵を切る（現状のオーバーツーリズムの解消）としています。

　この状況にある今こそ、観光行政は地域における持続的観光とはどうあるべきかを考える時です。旅行者の満足度と地域住民の生活の満足度をトレードオフにしないことが必要です。DMO と同じことをしている暇などありません。DMO もプロとして成果（アウトカム）を出していけるようにしなければなりません。やることはやっているというアウトプットを出すためだけの組織ならば、見直しをする時です。また、地域住民も観光とどう向き合っていくのかを考える時ではないでしょうか。

② 地域内部の関係者と行政・DMO の関係

　前節では、地域が旅行者を呼ぶ魅力を持っていることとともに、観光は地域を商品化するという両面性があることを記しました。このことは、観光における地域の利害関係者（ステークホルダー）は、「(1)本業としての観光関連事業者」「(2)観光関連事業者からの域内調達により収益を上げる可能性のある観光周辺事業者」だけではなく、それ以外の「(3)地域住民」も地域内部の関係者だと考えられることを示しています。それぞれの立場によって、観光に対するスタンスの違いは明確に分かれます。観光行政や DMO には多様な関係者との合意形成や連携が求められ、デスティネーション・マーケティングにあたっても、地域内部の利害関係者との調整が必要です。

　人気のある観光資源のうち、自然資源や歴史的景観の多くは公共財です。桜、海水浴、紅葉、雪景色のような自然資源、白川村の合掌造りの里などの歴史的景観は、誰もが（非排除性）気軽に季節を楽しめ、同時に多くの人が利用する（非競合性）ことが可能です。また、自然資源は季節性が高いものが多いために期間が限定され、オーバーツーリズムの状態になりやすい

こともしられています。

　公共財としての観光資源とは別に、東京ディズニーリゾートやパシフィコ横浜のような観光施設、MICE施設、宿泊施設などの私的財は、有料利用で予約客を受け付け、キャパシティに合わせた制限を設けることが可能です。しかし、桜の名所（奈良県の吉野山など）や真夏の海水浴のように来場制限が設けられないようなケースでは、その季節限りの私設駐車場や外部からの事業者が入ってくることがあります。例えば、地域住民が海水浴場に近い土地を駐車場とし、シーズン中に一定の収入を得ることは合理的な判断でしょう。しかし、地域の人が皆同じことをすれば、公共交通機関ではなく自家用車で来る人が増え、周辺道路が大渋滞を起こします。地域住民はシーズン中、旅行者の車による渋滞に巻き込まれ、日常の買い物にも苦労することになるでしょう。

　経済学に「合成の誤謬」という理論があります。個人にとって合理的で最適な選択をすると、他の人も同様の選択をするようになります。その結果、社会的な状況や地域全体においては非合理な状況となり、最適な選択にはつながりません。そして、結局は個人にとっても最適な選択とはならなくなってしまいます。

　先述の利害関係者三者は、表2のように整理することができます。行政とDMOが信頼を構築すべき利害関係者です。①の中核的利害関係者は、地域の宿泊施設、飲食施設、旅行中の体験提供事業者、土産・特産品販売などが当てはまります。DMOに対する期待は最も高く、消費者に対して地域の認知度・訪問意向度を高め、他の観光地より優位に立てるよう地域の強力なプロモーションを求めています。彼らはDMOの行うマーケティング活動に協力し、自らもマーケティングを行っています。

　②の戦略的利害関係者は農業や漁業者のように観光を本業とはしていませんが、ホテルなどとの連携で特産品や食材の域内調達を行うことで、観光を通じて付加価値を生み出す人たちです。観光振興の本来の目的は地域の経済的価値を大きくしていくことで、旅行者数を増やし観光消費額を向

表 2　行政・DMO にとっての利害関係者分類

①	中核的利害関係者	本業としての観光関連事業者
②	戦略的利害関係者	本業ではないが、中核的利害関係者と連携を図ることで観光事業に価値を生み出せる者。農家、漁業関係者などの観光周辺事業者
③	環境的利害関係者	マネジメントを行うエリアにある中核的、戦略的以外の利害関係者（例：住民など）

(出所：Carroll, A. B., Buchholtz, A. K. 1999 の利害関係者分類から柏木（2018 年）が DMO 向けに整理をしたもの)

上させ域内調達率を高めることが必要ですから、重要なステークホルダーです。

③の環境的利害関係者は地域住民です。近年、通訳案内士法の改正で一定の品質確保を前提に、通訳ガイド制度が見直され、誰もが有料でガイドをできるようになりました。自家用車の有償運送を旅行者向けにも行っていることは第 9 章で紹介をしたとおりです。誰もが観光に携わることができるようになりました。一方で、生活の場に旅行者が訪れるようになり、オーバーツーリズムの批判も出始めていますから、地域における観光のメリットや自らも観光による恩恵を享受できることを伝え、連携のあり方を考えていかなければなりません。第 10 章で紹介したコミュニティ・ベースド・ツーリズムもそのあり方の 1 つでしょう。

大正大学の柏木千春教授は、観光行政と DMO にとって、中核的利害関係者はある意味「戦友」とも言える存在だが、戦略的利害関係者は「良き協力者」に、環境的利害関係者は「良き理解者」になってもらうことが必要だと言います。そのためには、意見や認識のギャップを押めるよう、課題がある時は早めに情報を提供するとともに、正直でオープンな説明を心がけタイムリーにコミュニケーションを取る必要があると指摘しています。

観光行政や DMO は自らがマネジメントするエリアにおいて、誰が利害関係者なのか、その人たちとは誰がどのようにコミュニケーションを取るのか、住民の観光への積極的な関与や協力関係をどのように作るのかにつ

いて、しっかりとした議論が必要です。

③ 三セク経営の課題からの脱却

1 | DMO経営の課題

　こうして整理を進めてくると、観光行政とDMOには大きな期待がかけられていることが分かります。しかし、それぞれが役割を果たし、期待に応えきれているのかと問いかけると、そうとは言い切れないDMOもあるのではないでしょうか。この節では、DMOがその期待に応えきれていないのはなぜかの糸口を探ってみたいと思います。なお、この節は九州産業大学の室岡祐司准教授との共同研究の成果を使用しています。

　DMOの課題の多くは、人材と財源[注4]にありますが、それを乗り越え成果を出しているDMOもあります。その違いがどこにあるのかを整理していくと、名高い歴史・文化資源や美しい自然景観を有する、従来から「観光地」と呼ばれている地域ではないところに、期待に応えきれないDMOが多いのではないかと思います。「観光まちづくり途上地域」とでも呼べるような地域です。こうした地域は、スポーツや地域産業、食、医療、芸術、イベントなど、時代の価値観が反映された観光資源を活用したニューツーリズムを基盤としています。こうした途上地域は財源を自治体の補助金や委託金に頼るケースがほとんどで、宿泊税や入湯税、入湯税の超過課税といった特定財源を議論することも単独では難しい地域です。自ずと財源が限られているため、以下のような課題[注5]が見えてきます。

　①職員の高齢化
　　DMOとして成果を出していくために即戦力の人材を求めたいのだが、自治体からの予算で運営するため報酬の上限が自治体の職員の年俸を超えられない。しかし、一定の専門性や経験を有していることを求人

条件とすると、定年退職をした人や間もなく定年を迎える人を採用することになるため自ずと高齢化してくる。

②偏った専門性

一定の専門性は必ずしも時代が求める専門性ではない場合が多い。例えば、デジタル・マーケティングの知見がなければ、マーケットへの訴求力に欠けるが、年齢の問題からくる「壁」やこだわりなどが認められる。そのため、新しい知識の習得、面倒なことが忌避される傾向にある。

③人間関係の固定化

小規模のDMOの場合、異動がない組織であること、三セクであるため1年更新の雇用契約であっても基本的には毎年更新を基本とすることから人の入れ替わりがない。そのため、人間関係は組織の雰囲気も固定化させる。

報酬が高止まりし、一方で実績が出なくても役員の地位にあることで他の職員と報酬に差が出ていることが、不満を募らせる要因にもなる。

こうした組織課題は、業務執行において受け身となり、行政から降りてきた案件をこなすだけの組織となることにつながります。成果目標を立てられず、観光振興による地域の活性化に貢献できる組織になりえないのではないか、という仮説が見えてきました。そこで、近畿運輸局、九州運輸局の協力のもと、2021年12月から22年2月にかけて、室岡准教授とともに近畿地区8、九州地区8の小規模DMOを中心にDMOの経営課題についてヒアリングを行いました。その結果をまとめたものが、図1です。

ヒアリングから明らかになった小規模DMOの組織課題を整理すると、上記の3点が確認されるとともに、以下の3点が明らかになりました。

①観光行政側の人材不足

「観光まちづくり途上地域」を中心にジレンマが存在することが明らかになった。DMOの人材不足だけでなく、行政側でも観光を理解する職員が不足し、何が課題なのかが分かっていない。DMO人材に投入

「観光まちづくり途上地域」の小規模DMOの主な課題（ヒアリング内容と結果）

①組織構成	②構成メンバーの専門性	③組織の人間関係	④人事評価制度の有無と活用	⑤観光行政との役割分担	⑥財源と予算項目
職員の高齢化	偏った専門性	事業が内製化できず外部委託に頼る	人間関係の固定化	行政職員の観光に対する理解不足による常勤理事・幹部職員のモチベーションの低下	人事評価制度が存在しない	株式会社のDMOであっても、所有と経営の分離ができていないため、口出しが多い	自治体の下請け組織という認識	DMOの業績評価は誰が行うべきなのか	予算ありきで事業内容が決まるため、戦略が生きない	宿泊税など、新たな財源化における地域調整の難しさ
組織設計・業務分掌・人材などの新陳代謝が進まない	行政、民間からの出向者の職務と知見の不一致	スタッフの資質・スキルの課題	専門性連鎖の途切れ	少ない新卒採用で若手が少ない		雇用や人事評価が市の意向・基準で決まる	周辺地域との連携の不足	組織ではなく経営者個人に対する評価が強調される	予算範囲内を前提に決定される給与	

図1　ヒアリング結果の全体概要　(出所：室岡准教授作成)

できる財源が不足しており、DMOが地域の観光振興の舵取りを担うことを期待していても人材が確保できないのが現状である。

②プロパー職員の葛藤

　三セクであるDMOは、本来組織の利益追求を目的とする手法ではなく、地域の公共的な観光振興事業をコストミニマムに実行し、成果を出すための手法である。だからこそ、自治体の観光政策の実現のために「付託された公共性の高い業務を、効果的・効率的に実行する自主性を持ったプロ集団でなければならない（宮本康夫、1995年）」はずである。しかし、DMOは三セク経営が主流である限り、これまでも外郭団体（三セク）において指摘のあった出向者とプロパー職員の葛藤（ヒエラルキー意識）、給与面での格差（黒字化している組織は自治体職員を上回る例はあった）は解消されづらい。

③観光まちづくりを経営学的視点で捉えることの困難さ

　独自財源を持ちづらいため給与面での格差が解消しないとすれば、マーケティング能力、インバウンド誘致のための語学力、組織経営におけるマネジメント能力に秀でた人材を確保するのは「観光地域づくり

途上地域」においては難しい。

(公財) 日本交通公社の山田雄一氏 (2024年) は、「地方創生以降、観光の政策レベル上昇に伴い、観光振興の手段として位置づけられたのがDMOだ」とし、「デスティネーション・マネジメント／マーケティングが従来の観光振興と大きく異なるのは、観光を経営学的な視点で捉え、多様な利害の衝突のうえに成立することを前提とする」からだと述べています。DMOに限らず観光行政も、政策レベルの上昇に対応した人材とそれに見合う財源を用意していくことが求められると言えるでしょう。

一方で、特に「観光まちづくり途上地域」において、人材と財源をすぐに用意することは難しいと思います。図2と図3は近畿運輸局の協力で全国のDMOに行ったアンケート結果の一部です（回答数110）。図2は「観光事業を進めていくうえでの課題」ですが、「マーケティング、ブランドの知

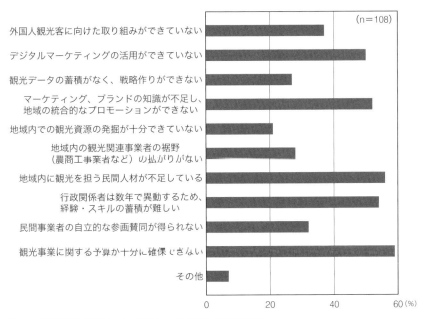

図2　観光事業を進めていくうえでの課題（複数回答）
（出所：近畿運輸局との共同アンケートをもとに筆者作成）
＊近畿運輸局の協力のもと、2022年10月28日時点で登録されている登録観光地域づくり法人310団体を対象にGoogleフォームでアンケート調査を実施。うち110団体が回答。回収率は35.5％であった。

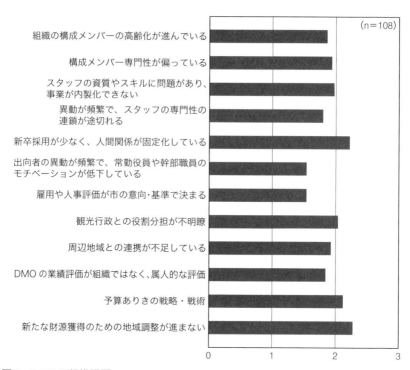

図3　DMOの組織課題
(出所：近畿運輸局との共同アンケートをもとに筆者作成)

＊ scoreは、「そう思う」を3点、「どちらとも言えない」を2点、「そう思わない」を1点とした場合の合計得点を回答数で除したもの。平均は2点。

識が不足し、地域の統合的なプロモーションができない」「デジタル・マーケティングの活用がほとんどできていない」「行政関係者は数年で異動するため、経験・スキルの蓄積が難しい」という項目に回答が多く寄せられています。「観光事業に関する予算が十分に確保できていない」ため、山田氏が指摘するように経営学的視点での対応ができないのでしょう。また、図3は「DMOの組織課題」ですが、「人間関係が固定化している」「スタッフの資質やスキルに問題があり、事業が内製化できない」「予算ありきの戦略・戦術」であると回答をしており、小規模DMOへのヒアリング結果が、多くのDMOにとっても課題になっていることが分かります。

2 | 新たな経営方式の実践

　私が非常勤の理事長をしている東大阪ツーリズム振興機構（以下、東大阪DMO）でも同様でした。そこで、東大阪DMOでは、2023年に組織のマネジメントのあり方を大きく切り替えることにしました。マネジメント・コンサインメント（Management Consignment）方式と呼び、「業務執行にかかわる意思決定機関（理事会）の管理と業務執行の監督の下、理事会がDMOの業務をより効果的・効率的に推進できる組織に委託し、受託した組織がDMOの組織運営と業務執行の推進を担う手法」として、組織運営と業務の執行をプロフェッショナルな企業に任せていこうというものです。

　国においては第三セクター経営に対する補完としてPPP（官民連携：Public Private Partnership）の議論があり、観光関連施設のコンセッションやPFIなど新たな領域を切り開いてきましたが、観光まちづくりの分野においても新たな制度を立ち上げる時期になったのではないかと考えます。そのうえで、DMOにおけるマネジメント・コンサインメントは、DMO職員のスキルやノウハウの不足に対し、人材育成の内製化ではなく、「公共的な観光振興事業をコストミニマムに実行できる企業の養成」と捉え、DMO運営のメニューの1つと考えるべきではないかという考えを示しました。そのうえで、マネジメント・コンサインメントによる課題解決のメリットとして、以下の3点を提示しました。

①組織人員の一定の流動化
　必要な人材が必要な時に調達できる可能性が高まり、年齢構成なども固定化することは避けられる「組織人員の一定の流動化」です。

②必要な専門性の確保
　地元と人間関係を構築したり、その地域の特性を把握したりする「フロントオフィス機能」と必要な時に必要なスキル・ノウハウ・ノウフー[注6]を提供する「バックオフィス機能」を分けて考え「必要な専門性

の確保」を行うことです（図4）。

特に地域外の事業者と契約した際、地域との関係性構築に課題が考えられます。例えば、地域との関係性を深めていくフロントオフィス機能の人材は、コミュニケーション力を持つ人材が強みを発揮できる分野です。一方で、デジタルでのデータ収集と分析・プロモーション企画・WEBサイト整備などバックオフィス機能は、必ずしも専属である必要もなく必要な時に必要な人材を共有することで、事業のコストが割安になって経営資源を有効に利用できることも想定できます。効果的・効率的な運用が可能となるのです。

③良い緊張感のある関係

指定管理者制度と同様に3～5年の期限で入れ替わる可能性がある組織には、成果を出すことが求められることから、成果を出さずとも安定的な雇用が維持される組織とは違い、行政側との「良い緊張感のある関係」ができると考えられます。

観光庁及び近畿運輸局に対しては、ヒアリング調査結果を共有したうえ

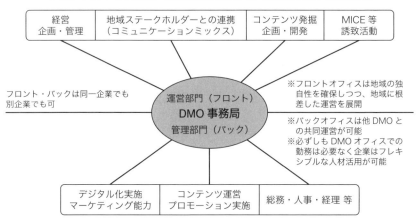

図4　マネジメント・コンサインメントにおける組織運営に必要な機能　(出所：筆者作成)

で、「観光地域づくり途上地域」にあるDMOの新しい組織体制の可能性として、マネジメント・コンサインメントのコンセプトを提示し、登録DMOのマネジメントのあり方として了解を求めました。2022年5月に観光庁から「各地の小規模DMOへの対応策の1つになりうる」との連絡を受けました。

　一方、事業者に対しては、旅行会社、広告代理店、鉄道事業者、コンサルタント会社、電力会社傘下の地域支援会社などへ事業参入のサウンディング注7を実施した結果、参入する企業が複数あるという確信が取れました。そこで、東大阪DMOは2023年5月に6社からの提案を受け、そのなかから大手広告代理店のグループ会社に委託を決定しマネジメント・コンサインメント方式の実施に至っています。2023年度はこれまで実施できなかった業務をはじめ、アウトプット（体験商品の造成、WEBサイト改修など制作した結果）を望んだことはすべてできました。次年度以降は、アウトカム（成果）が伴う事業実施を目標としています。

　本来DMOは、自治体の観光政策の実現のために、付託された公共性の高い業務を、効果的・効率的に実行する自主性を持ったプロ集団であるべきです。しかし、DMOの置かれた経営環境は、地域の観光資源、財源、地域の利害関係者、配置された人材など、地域や自治体によってまちまちです。その状況を把握し、あるべき成果を出すために、どのような形態を取っていくのかをしっかり議論し、置かれた環境下で成果を出すために、どのような組織をつくりマネジメントをしていくのかを判断するのも行政側の役割ではないかと思います。

④ 観光地域をオーケストレイトするために

　観光による地域振興は、集客・消費・地域内での調達によって成り立ち

ます。そのためには、DMOによるデスティネーション・マーケティング、観光行政によるデスティネーション・マネジメントの取り組みが必要だということを述べてきました。DMOと観光行政が中心となって、地域の観光関連事業者・観光周辺事業者・住民など各種の利害関係者と協働し、ある時は事業者間の競争も生み出しながら観光まちづくりに向けての戦略を実践していくことが求められます。その一方で、オーバーツーリズムの問題などに見られるように、地域コミュニティとのコミュニケーションも欠かすことができません。

このように、現在の地域観光は、事業推進や問題解決のために地域の人や様々なセクターをつないで、関係性の構築をすることが必要です。実務においては、観光行政やDMOは未来志向で仕事を進めていかなければ周囲の関係者はついてきてくれませんし、オーバーツーリズムのような負の側面も含め、地域の出来事に目を背けては信頼を得ることもできません。特にDMOは、地域観光の担い手となるプレイヤー（企業・団体、住民、行政）のプラットフォームとして、プレイヤーをオーケストレイトしていく気概を持たなければ、「地域エコシステム（地域独自の生態系）」の中核としての役割を果たせません。ここでいうオーケストレイトとは、望む成果を出すためにリソースを動員し、よりよく機能させていくことを言います。オーケストレイトの前提にあるのはプロフェッショナリズムです。デスティネーション・マーケティングのプロとして、デスティネーション・マネジメントを司る観光行政の先導役として、地域に経済的価値と社会的価値を創出するのです。観光庁の言う「司令塔」とはこのことだと私は思います。

【謝辞】
　本章の研究の一部はJSPS科研費23K11663の助成を受けたものです。

■注

序章

1 **観光対象**とは旅行者が魅力を感じ、観光行動の目的となるモノ（あるいはコト）を言う。人が観光資源に知恵や資金を投入し、時間をかけることで観光対象化していく。本書では「集客コンテンツ」「観光コンテンツ」とは観光対象のことを言う。
2 本書でいう「地域」は観光目的地のことを指しているので、**デスティネーション**を当てはめる。
3 本書では、地域観光の担い手となる構成要員（企業・団体、住民、行政）のプラットフォームとして、経済的価値とともに社会的価値を創造するために、組織間の競争と協調の関係を規定する仕組みを生態系に例えて**地域エコシステム**という。
4 現状の **DMO** に対する**課題**については、第 1 回の「世界水準の DMO のあり方に関する検討会」資料 1、pp.18 参照のこと。http://www.mlit.go.jp/kankocho/iinkai/sekaisuijun-dmo.html
5 2015 年 4 月 22 日に野田義和東大阪市長と面談した際、市長の「東大阪の観光は、住んで良し、訪れて良しだけでなく『稼いで良し』でもありたい」との発言から筆者は触発を受けた。
6 日本政策投資銀行・(公財)日本交通公社「訪日外国人旅行者の意向調査」2022 年
7 2021 年のヒアリング、なお、役職は当時のもの。
2021 年 4 月 9 日本航空株式会社産学連携部長 生稲芳彦氏、担当部長 長谷川正人氏
2021 年 5 月 7 日株式会社日本旅行執行役員東日本営業本部長 関昌博氏
2021 年 5 月 12 日株式会社 JTB 総合研究所取締役執行役員 小里貴宏氏
2021 年 7 月 13 日西日本旅客鉄道株式会社営業本部副本部長 財剛啓氏
2021 年 9 月 17 日株式会社リーガロイヤルホテル取締役 田沼直之氏、経営企画部長 福田和師氏
2021 年 10 月 29 日株式会社プロアクティブ代表取締役社長 小島史寛氏
8 なお、2024 年は会社名をふせるよう依頼を受けた会社が多いため、ここでは記さない。
9 5 章注 1 参照
10 5 章注 2 参照

第 1 章

1 本書では旅行先において消費活動が伴うあるいは伴うと想定される人を旅行「客」と表示し、観光行動をする意思があり今後その「客」となる可能性のある人を旅行「者」と表示する。観光客ではなく旅行者と表示するのは、レジャーのみならず MICE、ビジネス出張で当地を訪れることも含め目的を問わないという趣旨である。本書ではこれらを包含する意味で、「旅行者」で統一する。
2 JAF は観光を行うことを目的としたドライブなら、1 日あたりの走行距離は高速道路利用で 300km を推奨している。これは車で周遊する場合であり平均時速を 1 時間 60 ～ 70km としているため、USJ のように目的地が 1 つだけという場合は、鈴木の提示した 1 日あたり 400km と考えるドライバーが多いであろう。
3 田辺市熊野ツーリズムビューローは日本の一般的な DMO や観光協会と違い、人件費を行政からの補助金や助成金に頼るのではなく、旅行事業からの自主事業収入や業務受託収入から収益を上げ人件費を支払っているため、コロナ禍ではそれらの事業がストップしたことで地元銀行等から融資を受けた。

4　OTA（Online Travel Agency）とは実店舗を持たずインターネット上だけで旅行商品の取引が完結する旅行会社。店舗を持っている旅行会社のオンライン販売は OTA とは呼ばない。

第 2 章

1　**吉野山の協力金**の詳細は拙著「吉野山の大渋滞の解消」『観光のビジネスモデル』2011年を参照のこと。
2　**地域自然資産法**は入域料等の民間資金を用いて自然環境保全を推進することを目的として 2015 年に施行された。集められた資金は自然環境維持の他、自然が損なわれる恐れがある開発用地の購入などに使われる。
3　**風俗**とはある時代の社会や地域、階層に特徴的に見られる、衣食住など日常生活のしきたりや習わしのこと。
4　**コーポレートゲームズ**とは 1988 年にイギリスのスポーツフォーライフ社によって設立された国際スポーツフェスティバル。日本では 2014 年から（一社）スポーツフォーライフ・ジャパンが東京で開催をしている。コロナ禍前は 2 日間で 10 以上の競技に毎年 1 万人が参加していた。
5　**利用料金制**とは施設の使用料を運営管理者の収入とできる制度のこと。利用料金制採用により、効果的・効率的な管理及び利用者サービスの向上が見込まれる施設に適応される。**コンセッション**は条例により利用料金が定められている料金収入代行制の公共施設にはなじまない。
6　SPC：Special Purpose Company の略。特定の目的のために設立される法人で、「特別目的会社」と訳される。親会社などの本体から必要な資産だけを切り離し（オフバランス）、特定の事業のために資金調達が行われる。
7　スティーブン・タイト（シーザーズ・エンターテインメント国際ビジネス開発プレジデント）「第 1 回（関西）統合型リゾート産業展」での講演、2019 年 5 月 15 日、インテックス大阪。
8　**観光まちづくり研究会**（財団法人アジア太平洋観光交流センター、2000 年）の観光まちづくりの定義。研究会の主査は観光政策審議会観光まちづくり部会の部会長代理であった東京大学の西村幸夫教授が務めていた。

第 3 章

1　SIT は Special Interest Tour の略。日本の海外旅行においてワールドカップ・サッカーの観戦ツアーやコンサート等の鑑賞ツアーなど目的に特化した旅行のことを指している。しかし、近年では「リピーターが増え海外旅行自体が成熟化したことから、パッケージツアーでも目的を絞った旅行が増え、あえて SIT と呼ぶ領域の旅行は少なくなった（JTB 総研）」とも言われている。
2　**エイジング**とは美術セットなどを経年変化して見えるように加工すること。新しく作られた美術セットでも、映画やテレビの設定に応じて、経年変化したように見せることでリアリティが生まれる。

第 4 章

1　旅行は誰と行くかによって**旅行の目的**も行先も変わる。同じ「私」でも、孫を連れて家族で行くのか、趣味を同じくする友人と行くのか、老夫婦で旅行に行くのかによっ

2 **観光事業のマネジメントの特性**は、次の8つを挙げることができる。このうち、サービスビジネス全般にみられる特性は（1）無形性、（2）不可分性、（3）異質性、（4）消滅性の4点で、観光ビジネスに特徴的に表れるのは（5）アセンブリー性（集合性）、（6）季節性、（7）立地性、（8）資本集約性の4点である。詳細は、拙編著『1からの観光事業論』（2017年）の1章「観光事業のマネジメント特性」を参照のこと。
3 観光庁の「訪日外国人消費動向調査2019」調査の「観光・レジャー目的」の訪日客についてまとめた参考6（国籍・地域（21区分）別1人1回当たり旅行消費単価）と参考7（国籍・地域（21区分）別平均泊数を利用（いずれもExcelファイル）。
4 Googleアナリティクスには有料版もあるが、収集しているデータ量が膨大なWEBサイトやアプリを運営している企業などの使用が想定されている。
5 **探索的な分析**とは観光庁やJNTO等の2次データ、あるいはランドオペレーターなどへのヒアリングデータ等をもとにデータを可視化し（図6が可視化されたデータ例）、仮説（問い）を立てること。

第5章

1 パリ・ヒアリング（肩書は当時のもの、以下同じく）。
2013年8月5日　パリ市会議・観光局（OFFICE DU TOURISME ET DES CONGRES DE PARIS）レジャー部門プロモーション／マーケティング・マネージャー、パトリシア・バーセルミー。
Patricia Barthélemy：OFFICE DU TOURISME ET DES CONGRES DE PARIS, Responsable Pôle Promotion/Marketing Loisirs
2 ニューヨーク・ヒアリング。
2020年3月4日　ニューヨーク市観光局（NYC & Company）マネージング・ディレクター（ツーリズム・マーケット・ディベロップメント）マキコ・マツダ・ヒーリー
Makiko Matsuda Healy: Managing Director, Tourism Market Development, NYC & Company
3 原産国のイメージが消費者行動や市場に与える影響を**原産国効果**という。このうち原産国のイメージが商品やサービスのイメージに波及し、購買行動に影響を及ぼすことを**ハロー効果**、逆に、商品やサービスから共通の特徴を確認し、それらが原産国のイメージを形成することを**サマリー効果**という。
4 **SAF**はSustainable Aviation Fuelの略で、「持続可能な航空燃料」を意味している。主に、飲食店や家庭などから排出される廃食用油、植物や藻類、廃材などの木質系セルロースから作られる。
5 人が感じ取るサービスなどの良し悪しの判断は絶対的な基準があるわけではなく、個人がその時点で順応している水準にしたがって相対的に判断される。リチャード・オリバー（Richard L. Oliver）は**「期待不確認モデル」**のなかで、事前に形作られる期待が商品・サービスの購買や消費によって感じ取った評価に一致するか、あるいはそれ以上の評価を得た場合を正の不一致と呼び、その消費者は満足を得るとした。
6 社会のニーズや問題に取り組むことで社会的価値を創造し、その結果、経済的価値が創造されるというアプローチのことを、マイケル・ポーターは**「共通価値の創造（Creating Shared Value、以下CSV）」**と呼んでいる。観光の具体的な事例は、拙著『CSV観光ビジネス―地域とともに価値を創る』を参照のこと。

第 6 章

1. **OOH**（Out of Home Media）は家庭外で接触する広告メディアの総称。交通広告や屋外広告を指し、電車内のつり広告、車体ラッピング、駅のデジタルサイネージなどがある。
2. **ゴールデンルート**とは訪日外国人旅行者にとって定番となっている旅行ルートのことを言う。通常は東京、富士・箱根、名古屋、京都、大阪方面のルートを指している。
3. **コンベンションオーガナイザー**とは会議や見本市・展示会などの MICE 事業を企画・主催し、実施する人や団体のことをいう。
4. **インセンティブハウス**とは、インセンティブの企画から旅行手配、表彰式・パーティ演出に至るまでを一括して請け負う専門業者のことをいう。
5. **SEO** は Search Engine Optimization の略で、検索エンジンの最適化と訳されている。Google などの検索エンジンで、検索結果の上位に表示されるようにしていく「キーワード選定」「ページ構成」「ページタイトル最適化」などの各種施策のことをいう。
6. **ストレートニュース**とは記者やアナウンサーなどの感想や意見を含まない、ファクトのみを伝える客観性の高いニュース。署名記事やコラム、評論家による論説、社説などは含まれない。
7. 2014 年に米国の PR プランナーであるジニ・ディートリッヒ氏が提唱したもので、**PESO** は 4 メディアの頭文字から名づけられた。
8. **UGC**（User Generated Contents）はユーザーの手によって制作・生成されたコンテンツの総称。

第 7 章

1. **オムニチャネル**とは旅行の予約を自宅からオンラインで行い、会社近くの店舗で説明と関係書類を受け取るといったような手配をできるようにするなど、消費者がいつでもどこでも、情報チャネルと販売チャネルを組み合わせて都合の良いものを選択できるようにすること。タッチポイント（顧客との接点）が顧客の意思決定のプロセスごとに何通りもの組み合わせで提供される。
2. ここでいう**メディア**とはマスメディアのような情報の媒介者とメールやパンフレットのような伝達メディアの 2 つの意味を包含している。
3. **妥協効果**とは高いサービスを提供する旅館だが高価格であったり、低価格ではあるがサービスは期待できなかったりという両極端の選択をするよりも、バランスの取れた水準の選択で失望を回避することを言う。
4. **コンテンツ・マーケティング**はインバウンド・マーケティングとも言われるが、なにも訪日外国人向けのマーケティングを指す言葉ではない。消費者が自発的に企業に興味・関心を持ち、購買するようになるまでの一連のマーケティングプロセスの考え方を言う。

第 8 章

1. **PMS**：Property Management System の略称。プロパティマネジメントシステム。予約や客室管理を行う際に利用する宿泊施設用システム。
2. **Rev. per** は Revenue Per Available Rooms の略称。レブパーと読む。客室売上を客室総数で割ったもので、1 部屋あたりの売上を指標化したものである。
3. **ADR** は Average Daily Rate の略称。客室 1 室・1 日あたりの平均販売単価のことで、宿

泊売上合計額を稼働している客室数で割ったものである。
4 この項は、有馬グランドホテルの梶木実社長へのインタビューをもとに、『日経グローカル』(No.423、2021.11.1) に掲載した原稿に加筆をしたもの。

第9章

1 **全国通訳案内士試験**については観光庁の代行機関として毎年試験を実施しているJNTOのWEBサイトを参照。
2 **事業者協力型**とは、一般旅客自動車運送事業者が、法第79条の2第1項第5号に掲げる運行管理及び施行規則第51条の2の2に掲げる車両整備管理について協力する自家用有償旅客運送のことを言う。
3 **範囲の経済性**とは企業が営む事業の範囲が広いと経済効率が高まることを意味している。事業を単独で行うよりも複数の事業活動を行い何らかの経営資源を共有することで、事業のコストが割安になって経営資源を有効に利用できる。範囲の経済が生まれるのは、基本的には企業内の未利用資源を活用するからである。1つの事業を行うのに必要とされる資源が、その事業だけでは完全利用できないとき、未利用資源として新しい事業を割安で手掛ける元手となる。
4 日本経済新聞「銀座・羽田に白タクの列／狙いは訪日客　交通消費6000億円」2024年2月25日朝刊大阪本社版。
5 例えばコンビニで昼食にサンドイッチを買おうとした際、コンビニがサンドイッチを購入者に渡すのを給付という。それに対して購入者がコンビニに代金を払うことを**反対給付**という。本文の場合、ガイドから運送サービスの提供を受けても、ツアー参加者は運送サービスの代わりに金銭を渡す義務がないということ。
6 こうした概念を「Creating Shared Value (CSV)：共通価値の創造」という。5章注6参照。

第10章

1 日本観光経営学会第1回年次大会（2020年1月11日、阪南大学）特別講演「オーバーツーリズムの現場から対応を考える〜京都市観光部長の経験をもとに」。
2 航空便の多様化の結果、日本では2012年にピーチアビエーション、ジェットスター・ジャパン、エアアジア・ジャパン（2014年に設立された同名の会社とは別法人）の3社がLCCとして営業を開始し、日本の空がコモディティ化したと言われている。
3 民族の習慣や宗教、文化の違いとして、例えば、タイ人の子どもの頭を「かわいい」と言って撫でる行為は、頭は精霊が宿る場所として神聖視している彼らにとって、タブーを犯していることになる。
4 オーバーツーリズムの結果、スペインでは収益性の高いホリデーレンタルアパートの出現により**住宅の家賃が高騰**し、永住者は手頃な価格帯のアパートを見つけることができなくなっている。
5 ハワイ・ツーリズム・オーソリティの詳細については、拙著『DMO―観光地経営のイノベーション第3章』を参照のこと。

第11章

1 ツーリズムクラスターも産業クラスターの1つである。本稿では、マイケル・ポーターの定義である「ある特定の分野に属し、相互に関連した、企業と機関からなる地理

的に近接した集団」(1999 年) を援用して議論を進める。経営学の分野において、ポーターの研究はクラスター分野の有力なパラダイムとなっていると指摘されている (藤田、2011 年)。

2 一般社団法人淡路島観光協会 CMO 高木俊光氏へのインタビュー (2023 年 7 月 6 日、肩書はインタビュー当時、以下同様)。
3 瀬戸内地域の認知度の低さから、訪問意向度が 27.9%（2013 年）しかなかったため、2020 年に訪問意向度 50%を目標に、瀬戸内 7 県による推進プロジェクト（**瀬戸内ブランド推進連合**）を立ち上げ、プロモーション活動や観光プログラムの造成を進めた。
4 一般社団法人しまなみジャパン専務理事 合田省一郎氏へのインタビュー(2018 年 10 月 12 日)。
5 **社会サービスプロバイダー**とは、インフラの整備だけでなく、公共インフラを梃としたサービスを提供する「サービスプロバイダー」としての役割も担う企業を指している。
6 関西エアポート株式会社代表取締役社長 山谷佳之氏へのインタビュー (2022 年 1 月 6 日)。
7 前田建設工業事業戦略本部コンセッション部長 鷺徳次氏へのインタビュー(2018 年 10 月 31 日)。

第 12 章

1 セクスタンティオ社 (Sextantio) セールス＆マーケティング担当ミケーレ・チェントンセ (Mr. Michele Centonse) 氏、保全・修繕担当アヌンツィア・タラスキ (Ms. Annunzia Taraschi) 氏へのインタビュー (2019 年 9 月 5 日、肩書は当時のもの、以下同じく)。
2 サント・ステファノ市長ファビオ・サンタビッカ (Fabio Santavicca) 氏、市会議員（ツーリズム部門担当）チーロ・ラニエリ (Ciro Ranieri) 氏へのインタビュー (2019 年 9 月 6 日)。
3 地元で 100 年を超える歴史を持つ有限会社大野組とのパートナーシップ契約で開業に至った。(出所：クジラ株式会社 2022 年 8 月 10 日プレスリリース。https://prtimes.jp/main/html/rd/p/000000027.000026458.html)
4 SEKA I HOTEL 株式会社代表取締役社長 矢崎浩一氏へのインタビュー((2021 年 3 月 25 日、矢崎氏は同日に近畿運輸局主催の研究会で「旅先の日常に飛び込もう」をテーマに講演)。
5 せとうち DMO の成り立ちについては、拙著『DMO―観光地経営のイノベーション』の第 6 章「地域金融機関とともに作るせとうち DMO」を参照されたい。
6 STA は The Inland Sea, SETOUCHI Tourism Authority の略。一般社団法人せとうち観光推進機構。
7 SBC は SETOUCHI BRAND CORPORATION の略。株式会社瀬戸内ブランドコーポレーション。
8 株式会社瀬戸内ブランドコーポレーション取締役 井坂晋氏へのインタビュー (2024 年 2 月 19 日)。
9 同エリアプロデュース事業部マネージャー佐藤耕平氏へのインタビュー (2024 年 2 月 20 日)。
10 株式会社しおまち企画代表取締役 小林亮大氏へのインタビュー (2024 年 2 月 20 日)。
11 Azumi Setoda フロントオフィス マネージャー 箱崎綾子氏へのインタビュー (2024 年 2 月 20 日)。
12 **銀行による一般の事業会社への出資制限**とは、いわゆる「5%ルール」「15%ルール」

のこと。5%ルールは、銀行とその子会社が国内事業会社の議決権を合算して5%を超えて取得・保有することを原則禁止した銀行法上の規制（銀行持株会社は15%）のこと。銀行が本業以外で健全性を損なうことを防止する狙いで1998年に新設された。銀行が出資を通じて産業を過度に支配しないよう独占禁止法にも同様の規定がある（日本経済新聞きょうのことば、2023年11月23日）。
13 金融庁によれば、「**銀行業高度化等会社**とは、IT等の活用による銀行業の高度化・利便性向上に資する業務や、地域の活性化その他持続可能な社会の構築に資する業務を営む会社のこと」としている。
14 日本銀行は、**フィンテック**（FinTech）とは、金融（Finance）と技術（Technology）を組み合わせた造語で、金融サービスと情報技術を結びつけた様々な革新的な動きを指すと解説している。身近な例では、スマホなどを使った送金もその1つである。
15 **下呂温泉の取り組み**の詳細は拙著『DMO―観光地経営のイノベーション』を参照のこと。
16 ここでいう**付加価値**とは、企業による事業の結果として生み出された製品・サービスなどの価値のなかで、それぞれの会社がその活動自体から生み出した価値を言う。

終章

1 生成AIが参考としたと表示のあったWEBサイト
「なぜ日本に？外国人旅行者が日本を旅行する20の理由」2023年9月26日掲載
https://japanwonderguide.com/blog-reason-to-visit-japan/
「外国人旅行者が日本に求めるものとは？訪れる理由や対策方法」2023年7月18日掲載
https://column.omotenashi.work/column/jobchange/53374
「はじめて日本に来た時の印象は？外国人にアンケートした結果」2021年12月3日掲載
https://insights.japanspark.com/20211203/survey-on-cultural-difference
など
2 **訪日外国人をインタビューするチャンネル**としてはグローバルマインドセットch【外国人インタビュー】、カチョックTV・ティナチャンネル、日本食冒険記 Tokyo Food Adventures など多くのチャンネルがある。
3 2025年の観光白書では、**三大都市圏**を東京都、神奈川県、千葉県、埼玉県、愛知県、大阪府、京都府、兵庫県の8都府県とし、それ以外を**地方部**としている。
4 DMOの課題である**人材と財源**の詳細については、拙著『DMO―観光地経営のイノベーション』の「第9章 多様で安定的な財源への取組」「第10章 DMO人材の育成」を参照のこと。
5 DMOの理事長を兼職している筆者に対し、室岡准教授がインタビューをするなかで明らかにしていった。
6 **ノウフー**：「誰ならできるか」「誰がエキスパートか」など、誰がどのような知識を持っているのかを共有すること。またはそのための仕組み。
7 **サウンディング**とは、発注者側の意向、考えを相手に伝えたうえで、その内容についての反応を得ること。相手の意向や考えを聞くヒアリングとは違い、対話を行いながら検討を進めていく手法である。

■参考文献

序章

- Mckinsey & Company WEB サイト "The comeback of corporate travel", July 7. 2021
- UNWTO "*A Practical Guide to Tourism Destination Management*", 2007, pp. 2
- 青木昌彦『青木昌彦の経済学入門』ちくま新書、2014 年
- 内田純一「イノベーティブ地域を創るコンテクストデザイン―地域と産業クラスター」原田保編著『地域デザイン戦略総論』芙蓉書房出版、2013 年
- 観光庁「世界水準の DMO のあり方に関する検討会」中間とりまとめ、2019 年 3 月 29 日公表
  http://www.mlit.go.jp/kankocho/iinkai/sekaisuijun-dmo.html より取得
- 神戸観光局『神戸で開催された MICE に関する調査レポート』2023 年 9 月
- 捧富雄「観光と観光事業」羽田耕治編著『地域振興と観光ビジネス』JTB 能力開発、2008 年
- 高橋一夫「日本版 DMO 導入の議論の本質」観光情報学会誌『観光と情報』2019 年、第 15 巻、第 1 号、pp. 21-34
- 高橋一夫『DMO―観光地経営のイノベーション』学芸出版社、2017 年 a
- 高橋一夫「欧米型 DMO のマネジメント特性の日本への適用―日本の観光振興組織構造の実態分析」『第 32 回日本観光研究学会全国大会学術論文集』2017 年 b、pp. 5-28
- 高橋一夫「観光マーケティングのすすめ第 1 回―デスティネーション・マーケティングで地域活性化」『日経グローカル』2019 年 4 月 1 日、No. 361、pp. 50-51
- 戸部良一、寺本義也、鎌田伸一、杉之尾孝生、村井友秀、野中郁次郎『失敗の本質』ダイヤモンド社、1984 年
- 西村幸夫『文化・観光論ノート』鹿島出版会、2018 年
- 野中郁次郎『経営管理』日本経済新聞社、1980 年
- 松山一紀「帰属意識と忠誠心、そして組織コミットメント」『近畿大学商経学叢第 60 巻』第 1 号、2013 年、pp. 3-106

第 1 章

- Edmund Jerome McCarthy, *Basic Marketing, a Managerial Approach*, R. D. Irwin, 1960.
- Steven Pike, "*Destination Marketing - Essentials*", Routledge, 2015.
- ドン・E. シュルツ、ロバート・F. ロータボーン、スタンレー・I. タネンバーム『広告革命 米国に吹き荒れる IMC 旋風―統合型マーケティング・コミュニケーションの理論』電通、1994 年
- 鈴木忠義『現代観光論』有斐閣双書、1984 年
- せとうち観光推進機構・瀬戸内ブランドコーポレーション「日本版 DMO のフロントランナーとして、せとうち DMO の目指すもの」2016 年 11 月 2 日付資料
- 藤田健「観光のマーケティング・マネジメント」高橋一夫・柏木千春編著『1 からの観光事業論』碩学舎、2016 年
- ボニータ・M. コルブ『都市観光のマーケティング』多賀出版、2007 年
- 安島博幸「観光対象に『飽きること』と観光地の盛衰に関する考察」『日本観光研究学会第 19 回全国大会論文集』2004 年
- 安島博幸「観光地の発展・衰退に関する理論的考察」日本観光研究学会研究分科会、2004 −2006 年度成果報告書『人文諸科学による観光への接近』2007 年 2 月
- 安島博幸「地域の観光まちづくり事業」高橋一夫他編著『1 からの観光』碩学舎、2010 年

第 2 章

- 高橋一夫「瀬戸内国際芸術祭・大地の芸術祭による活性化―アートによるツーリズムが生み出した価値」高橋一夫編著『CSV 観光ビジネス―地域とともに価値をつくる』学芸出版社、2014 年
- 高橋一夫「吉野山の大渋滞の解消―新しい公共による交通需要マネジメント」石井淳蔵、高橋一夫編著『観光のビジネスモデル』学芸出版社、2011 年
- 内閣府「特定複合観光施設区域整備法に係る説明会」2018 年 12 月資料
- 西村幸夫『文化・観光論ノート』鹿島出版会、2018 年
- 文化庁「文化財保護制度の見直しについて」2019 年 1 月
- 溝尾良隆「観光と観光資源」岡本伸之編『観光学入門』有斐閣アルマ、2001 年、p.120

第 3 章

- 切通理作「昭和ブームを支えるヴァーチャルな懐かしさ」『中央公論』2006 年 7 月号
- 小口孝司・花井友美「観光者の欲求・動機とパーソナリティ」橋本俊哉編著『観光行動論（観光学全集第 4 巻）』原書房、2013 年
- 高橋一夫「国際交流時代の旅行商品―旅行事業と観光文化」北川宗忠編『観光文化論』ミネルヴァ書房、2004 年
- 友岡邦之「地域戦略に動員される文化的資源」『社会評論』2009 年、60 巻 3 号
- 橋本和也『地域観光文化論―新たな観光学への展望』ナカニシヤ出版、2018 年
- 堀野正人「都市における演出空間と観光」『2007 年奈良県立大学研究季報』2007 年、17 (3/4)、pp.83-94
- 堀野正人「観光の都市空間の創出と解読」『地域創生学研究』奈良県立大学編、2009 年、20 (3)、pp.5-30
- 増田辰良『観光の文化経済学』芙蓉書房出版、2000 年
- 安村克己「文化観光における真正性と商品化の問題」徳久球雄他編『地域・観光・文化』嵯峨野書院、2001 年
- 山下晋司『文化人類学キーワード』1997 年、有斐閣双書
- 「素朴な感動　軽視する風潮」日本経済新聞、1997 年 1 月 25 日朝刊 36 面

第 4 章

- Howard, J. A., *"Marketing Management"*, Homewood, 1957（田島義博訳『経営者のためのマーケティング・マネジメント』建吊社、1960 年）
- Stephen W. Litvin, Laurie Lynn Alderson, "How Charleston got her groove back: A Convention and Visitors Bureau's response to 9/11", *Journal of Vacation Marketing*, 2003, 9 (2), pp.188-197.
- UNWTO *"International Tourism Highlights"*, 2019.
- 石井淳蔵『マーケティングを学ぶ』ちくま新書、2010 年
- 鎌田裕美「分析から導かれる訪日旅行者誘致の戦略」古川一郎・上原渉編著『1 からのデータ分析』碩学舎、2022 年
- 観光庁「平成 27 年度 ICT を活用した訪日外国人観光動態調査事業実施報告書」2016 年 3 月
- 観光庁「ICT を活用した訪日外国人観光動態調査に関する手引き」2017 年 3 月
- 小里貴宏「旅行業」高橋一夫・柏木千春編著『1 からの観光事業論』碩学舎、2016 年

- じゃらんリサーチセンター『とーりまかし』2015年12月号
- 鈴木忠義『現代観光論』有斐閣双書、1984年
- 田畑昌平「伝統的マーケティングとデジタル社会のマーケティング」廣田章光・大内秀二郎・玉木了編著『デジタル社会のマーケティング』中央経済社、2019年
- ㈶日本交通公社「観光推進組織による地域発観光プログラムの現状と課題（表5、元資料：資料：㈶日本交通公社「観光プログラムの流通・販売に関するアンケート調査」、2014年）」『観光文化』2015年1月、224号
- 余田拓郎・首藤明敏『実践BtoBブランディング』日本経済新聞社、2006年

第5章

- 青木幸弘『ブランド・ビルディングの時代』電通、1999年
- 青木幸弘「地域ブランド構築の視点と枠組み」『商工ジャーナル』2004年8月号
- 池尾恭一「消費社会の変化とブランド戦略」青木幸弘、小川孔輔、亀井昭宏、田中洋編著『最新ブランドマネジメント体系』日経広告研究所、1997年
- 伊坂正人「観光に対するデザインアプローチ」『静岡文化芸術大学研究紀要』2001年3月31日、第1巻
- 石井淳蔵『ブランド―価値の創造』岩波新書、1999年
- 石井淳蔵『進化するブランド―オートポイエーシスと中動態の世界』碩学舎、2022年
- 岩井琢磨・牧口松二著、内田和成監修『物語戦略』日経BP社、2016年
- 香川県観光交流局「平成23年香川県観光局動態調査報告」2021年
- 岐阜県経済局観光課「観光マーケティング調査報告書」1996年
- 金春姫「原産国イメージと消費者行動の理論」古川一郎、上原渉編著『1からのデータ分析』碩学舎、2022年
- 小口孝司・花井友美「観光者の欲求・動機とパーソナリティ」橋本俊哉編著『観光行動論（観光学全集第4巻）』原書房、2013年
- 高橋一夫「観光ブランド戦略―行きたい価値を構築する取組み」谷口知司編著『観光ビジネス論』ミネルヴァ書房、2010年
- 高橋一夫「デジタル時代のデスティネーション・ブランドの構築」『日経グローカル』2019年10月7日、No.373
- デービッド・アーカー著、阿久津聡訳『ブランド論』ダイヤモンド社、2014年
- 百十四経済研究所「『うどん県。それだけじゃない香川県』プロジェクトについて」2013年

第6章

- PR TIMES「アライドアーキテクツ、『企業のUGC活用における実態調査2021』を実施」2021年2月24日プレスリリース
  https://prtimes.jp/main/html/rd/p/000000043.000058547.html（2023年9月15日閲覧）
- 観光庁「訪日外国人消費動向調査年次報告書」2019年
- 共同通信社、共同通信PRワイヤー他『広報担当者のためのプレスリリースの書き方』共同通信社、2015年
- じゃらんリサーチセンター、駒沢女子大学「Z世代を対象にした『旅マエ』に利用するメディア調査」2023年9月
- 電通パブリックリレーションズ編著『自治体PR戦略―情報発信でまちは変わる』時事通信社、2016年

- 外川拓「プロモーション戦略の基本―ローソンクルー♪あきこちゃん」西川英彦、澁谷覚編著『1 からのデジタル・マーケティング』碩学舎、2019 年
- 日本政策投資銀行・(公財) 日本交通公社「アジア・欧米豪 訪日外国人旅行者の意向調査」2019 年〜 2022 年

第 7 章

- Itamar Simonson, "Choice Based on Reasons: The Case of Attraction and Compromise Effects", *Journal of Consumer Research*, 1989, 16 (2), pp. 58 – 174.
- Cint Japan・JTB 総合研究所共同調査「旅マエ〜旅ナカにおける訪日旅行者の行動変化と持続可能な観光への意識調査」2023 年 10 月 23 日
- イタマール・サイモンソン、エマニュエル・ローゼン著、千葉敏生訳『ウソはバレる―「定説」が通用しない時代の新しいマーケティング』ダイヤモンド社、2016 年
- 浦野寛子「プロモーション戦略の拡張―トリップアドバイザー」西川英彦・澁谷覚『1 からのデジタル・マーケティング』碩学舎、2019 年
- 岸志津江・田中洋・嶋村和恵著『現代広告論 第 3 版』有斐閣アルマ、2017 年
- 経済産業省「トラベルテックの導入に関する調査等事業」2020 年 3 月
- サイバーエージェント次世代生活研究所「2023 年 Z 世代 SNS 利用率調査」2023 年 12 月
- 髙橋一夫「観光地域の情報発信―ターゲットの段階で使い分け―観光マーケティングのすすめ 第 5 回」『日経グローカル』2019 年 8 月 5 日、No. 369
- 髙橋一夫「デジタルマーケティングにおけるチャネルとプロモーション―観光マーケティングの進め 第 6 回」『日経グローカル』2019 年 9 月 2 日、No. 371
- 外川拓「プロモーション戦略の基本―ローソンクルー♪あきこちゃん」西川英彦・澁谷覚『1 からのデジタル・マーケティング』碩学舎、2019 年
- 原田曜平『Z 世代―若者はなぜインスタ・TikTok にハマるのか?』光文社新書、2020 年
- 藤崎実「WOM マーケティングのメカニズムに関する研究― Amplified WOM 実現の方法論」『日本マーケティング学会カンファレンス・プロシーディングス』2017 年、vol. 6、pp. 47 – 48
- 藤代裕之「まんべくん騒動にみる『炎上マーケティング』の教訓」2011 年 9 月 1 日、日本経済新聞オンライン
https://www.nikkei.com/article/DGXNASFK3000T_Q1A830C1000000/
- 山本晶『キーパーソン・マーケティング』東洋経済新報社、2014 年

第 8 章

- 井門隆夫「旅館業の現状と課題―事業承継のあり方に関する考察」『地域政策研究』2017 年 11 月、第 20 巻第 2 号、pp. 61 – 80
- 髙橋一夫「DX が支える老舗旅館のおもてなし―観光業界はコロナを乗り越えられるか 第 8 回」『日経グローカル』2021 年 11 月 1 日、No. 423、
- (一社) 豊岡観光イノベーション経営企画グループ長 (当時) 佐野祥子氏及び緑風閣中田翔真氏講演「豊岡観光 DX の取り組み」東北自治研修所、2023 年 6 月 15 日
- 日本経済新聞社「宿泊データを共有し経営改善につなげる豊岡の観光 DX」2022 年 9 月 28 日、大阪本社版朝刊
- マイケル・ウェイド、ジェフ・ルークス、ジェイムズ・マコーレー、アンディ・ノロニャ著、根来龍之監訳『対デジタル・ディスラプター戦略―既存企業の戦い方』(Kindle 版) 日本経済新聞出版、2017 年、pp. 3 – 54

第 9 章

- 厚生労働省「職業情報提供サイト（日本版 O‒NET）」
- 国土交通省 WEB サイト「ほこみち指定個所一覧」、2024 年 3 月 31 日時点
  https://www.mlit.go.jp/road/hokomichi/index.html（2024 年 8 月 29 日取得）
- 国土交通省物流・自動車局旅客課長「道路運送法における許可または登録を要しない運送に関するガイドラインについて」2024 年 3 月 1 日発出、国自旅第 359 号
- 首相官邸「第 24 回未来投資会議議事要旨」2019 年 3 月 7 日、pp. 9‒10
- 日本政策投資銀行・(公財) 日本交通公社「アジア・欧米豪 訪日外国人旅行者の意向調査 2022 年度版」2022 年
- トラベルジャーナル「着地型観光に追い風―無償運送規制緩和がもたらす変化」2024 年 5 月 27 日号
- 藤田健「観光のマーケティング・マネジメント」高橋一夫・柏木千春編著『1 からの観光事業論』碩学舎、2016 年
- 松本大地（商い創造研究所代表）「北欧流歩いて楽しい街づくり―歩道が生む生活感、居心地快適」『日経 MJ』2021 年 6 月 11 日付

第 10 章

- The Asahi Shimbun Globe＋「オーバーツーリズム対策、ついにホテル新設禁止へ　アムステルダムが選んだ苦渋の決断」2024 年 5 月 9 日
  https://globe.asahi.com/article/15259640（2024 年 7 月 12 日取得）
- Butler, R. W. "The Concept of a Tourist Area Cycle of Evolution: Implications for Management of Resources", *Canadian Geographer*, 1980, (24): pp. 5‒12.
- Doxey, George V. "When enough's enough: The natives are restless in Old Niagara". *Heritage Canada*, 1976, 2(2), pp. 26‒27.
- UNWTO "'Overtourism'?‒ Understanding and Managing Urban Tourism Growth beyond Perceptions, Executive Summary", 2018（日本語版「オーバーツーリズム（観光過剰）―都市観光の予測を超える成長に対する認識と対応要旨」）
- 阿部大輔「オーバーツーリズムを超えて―やさしい経済学①〜⑩」日本経済新聞、2024 年 5 月 14 日〜27 日連載
- 池知貴大「住民からの観光への支持を獲得するために」(公財) 日本交通公社 WEB サイトコラム、2019 年 1 月 15 日、vol.387
  https://www.jtb.or.jp/researchers/column/column-residents-support-ikeji/（2024 年 7 月 12 日取得）
- 今森光彦『カラー版 里山を歩こう〈Part2〉わき水の里から琵琶湖へ』岩波ジュニア新書、2008 年
- 遠藤英樹「観光社会学の対象と視点」須藤廣・遠藤英樹『観光社会学―ツーリズム研究の冒険的試み』明石書店、2005 年
- 観光経済新聞オンライン「水光熱費の無駄を排除―施設協会と旅館協会がシンポ（新潟カレッジ成果報告会）」2017 年 12 月 5 日
  https://www.kankokeizai.com/（2024 年 7 月 12 日取得）
- 沓掛博光、敷田麻実「エコツーリズム推進における適地性と発展プロセスの比較研究」『日本観光研究学会全国大会学術論文集』2008 年、23 巻、pp. 201‒204
- 高坂晶子『オーバーツーリズム―観光に消費されないまちのつくり方』学芸出版社、2020 年

- 日本経済新聞オンライン「外国人旅行者増で住民困惑　レトロな街並み大阪・中崎町」2018 年 8 月 21 日
- 日本経済新聞「サーベイ訪日外国人増えてほしい 55％」2015 年 2 月 2 日、大阪本社版朝刊
- 橋本和也「観光における文化の商品化」安村克己他編『よくわかる観光社会学』ミネルヴァ書房、2011 年
- 股張一男「持続的な市民主体のまち歩き観光『長崎さるく』」髙橋一夫他編著『CSV 観光ビジネス―地域とともに価値をつくる』学芸出版社、2014 年

第 11 章

- マイケル・ポーター『競争戦略論Ⅱ』ダイヤモンド社、1999 年
- 石田哲也「いま、何故『コンセッション』なのか？…三位一体と成長戦略」関西空港調査会（編）『平成 24 年度空港経営研究会報告書』2012 年、pp.23－28
- 伊丹敬之・松島茂・橘川武郎『産業集積の本質』有斐閣、1998 年
- 影山将洋・徳永澄憲・阿久根洋子「ワイン産業の集積とワインクラスターの形成―山梨県勝山地域を事例として」『フードシステム研究』2006 年、第 12 巻 3 号、pp.39－50
- 髙橋一夫「ツーリズムクラスター概念の提示とクラスター間の結節機能の必要性―勝沼のワインツーリズムを事例とした一考察」『第 33 回日本観光研究学会全国大会学術論文集』2018 年 12 月 16 日開催、pp.17－20
- 髙橋一夫「地元とのコラボレーションで関空はコロナに打ち勝つ」『日経グローカル』2022 年 2 月 7 日、No.429
- 藤田誠「産業クラスター研究の動向と課題」『早稲田商学』2011 年、429 号、pp.101－124
- 二神恭一『産業クラスターの経営学』中央経済社、2008 年
- 待兼音二郎「しまなみ海道が『サイクリストの聖地』になった理由」ダイヤモンドオンライン、2017 年 2 月 23 日

第 12 章

- SEKAI HOTEL 活動レポート 2023 年のデータ
  https://www.sekaihotel.jp/report/（2024 年 7 月 6 日取得）
- TBS NEWS DIG「昭和レトロ体感　商店街まるごとホテル―空き店舗リノベで地域の魅力発信 Biz スクエア」2023 年 3 月 4 日
  https://www.youtube.com/watch?v=47YNgSHZgLU
- M＆A キャピタルパートナーズ WEB サイト「シニアローンとは？」
  https://www.ma-cp.com/about-ma/senior-loans/（2024 年 6 月 23 日取得）
- 青木ふみ「銀行の業務範囲規制をめぐる経緯と論点」国立国会図書館『調査と情報―ISSUE BRIEF』2022 年 1 月 6 日、No.1165
- カンダまちおこし WEB サイト
  https://www.kanmachi.co.jp/project/consulting/p3283/（2024 年 7 月 7 日取得）
- 金融庁「新型コロナウイルス感染症等の影響による社会経済情勢の変化に対応して金融の機能の強化及び安定の確保を図るための銀行法等の一部を改正する法律案」説明資料、2021 年 3 月
- 中橋恵、森まゆみ『イタリアの小さな村へ―アルベルゴ・ディフーゾのおもてなし』新潮社、2018 年

- 日本経済新聞オンライン「(中国圏リポート)瀬戸内ブランドコーポレーション『稼ぐDMO』異彩放つ」2024年3月22日配信
- ふくいヒトモノデザイン資料「観光DX推進を通した福井県における稼ぐ観光の実現に向けて」2023年9月21日
- ふくいヒトモノデザインWEBサイト
  https://www.fukuihmd.co.jp/index.html（2024年7月7日取得）
- 二神恭一『産業クラスターの経営学』中央経済社、2008年
- 山田雄一「観光消費による付加価値を地域還元」『日経グローカル』2023年12月4日、No.473

終章

- Carroll, A. B., Buchholtz, A. K., *Business and Society; Ethics and Stakeholder Management (3rd ed.)*, Southern-Western College Publishing., 1999.
- NHK山口放送局WEB特集「山口 NYタイムズ"世界で行くべき52か所"山口市―推薦のクレイグ・モドさんに聞く」2024年5月20日
  https://www.nhk.or.jp/yamaguchi/lreport/article/000/63/（2024年7月15日閲覧）
- 内田純一「イノベーティブ地域を創るコンテクストデザイン―地域と産業クラスター」原田保編著『地域デザイン戦略総論』芙蓉書房出版、2013年
- 柏木千春『観光地の交通需要マネジメント―価値共創に向けた協働のネットワーク』碩学舎、2018年
- 高橋一夫「地域の利害関係者と調整する『意図に対する期待』必要に」『日経グローカル』2020年3月2日、No.383
- 高橋一夫『DMO―観光地経営のイノベーション』学芸出版社、2017年
- 高橋一夫、室岡祐司「DMO経営における実践可能なマネジメント手法の実証的研究―A-DMOの研究を起点として」『第38回日本観光研究学会全国大会学術論文集』2023年、pp.17-22、
- 宮木康夫『第三セクター経営の理論と実務』ぎょうせい、1995年
- 安村克己「文化観光における真正性と商品化の問題」徳久球雄他編著『地域・観光・文化』嵯峨野書院、2001年
- 山田雄一「DMOが有効に機能しない理由―制度導入を優先し本質理解せず」『日経グローカル』2024年2月5日、No.477
- 渡部幹「アキレスと亀と信頼の醸成」土木学会誌編集委員会『土木学会叢書2　合意形成論―総論賛成・各論反対のジレンマ』2004年、p.49

■索引

■英数

ADR ……………………………………149
AICATS（アイキャッツ）………………135
Aichi Sky Expo ……………………53, 212
API 連携 ………………………………149
Azumi Setoda …………………………230
Copilot …………………………………238
CRM（Customer Relationship Management：顧客関係性マネジメント）………146
DMO の守備範囲 ………………………22
DMS（Destination Management System）…108
DX ………………………………………144
DX 推進の要件 …………………………145
GI（Geographical Indication：地理的表示）………………………………………99
GIANT …………………………………209
GL イベンツ社 ……………………53, 212
Google アナリティクス …………………86
Google ビジネスプロフィール …………129
GPS データ ………………………………88
IBTM World ……………………………112
ILTM カンヌ ……………………………112
IMEX America …………………………112
IR（Integrated Resort）…………………53
IR 推進法 ………………………………53
IR 整備法 ………………………………53
ITB ベルリン …………………………112
KPI ………………………………………31
MEO（Map Engine Optimization：マップ検索エンジン最適化）……………………129
OOH（Out of Home Media）……………109
OTA（Online Travel Agency）…………108
PESO モデル ……………………………120
PMS（Property Management System）…148
PR TIMES ………………………………122
PR エージェンシー ……………………114
SEKAI HOTEL 株式会社 ………………220
SIT ………………………………………67
SNS データ ………………………………88
SOIL Setoda ……………………………228
SPC（特別目的会社）……………………52
TIC（Tourist Information Center）……108
TID（Tourism Improvement District）…15
TrueView インストリーム広告 ………132

UGC（User Generated Contents）………122
UN Tourism ………………………………9
UNWTO …………………………………9
VSEO 対策（Video Search Engin Optimization）…………………………………132
Z 世代 …………………………………140
4C ………………………………………42

■あ

アーンドメディア ……………………121
愛知国際会議展示場 ……………………53
アイデンティティ ……………………103
青木幸弘 ………………………………101
明日の日本を支える観光ビジョン ……159
アセンブリー性（集合性・複合性）……98
アニメツーリズム ………………………93
阿部大輔 ………………………………186
有馬温泉 ………………………………151
有馬グランドホテル …………………150
アルベルゴ・ディフーゾ（Albergo Diffuso）………………………………………215

イースター ………………………………84
井門隆夫 ………………………………150
石井淳蔵 …………………………………94
一般社団法人せとうち観光推進機構 …223
イメージ ………………………………103
イメージの上書き ……………………206
いらだち度モデル ……………………180
インセンティブハウス …………………113
インフラ中心型集積 …………………207
インフルエンサー ……………………141

ヴァンジ・アエアポート ………………52, 210
うどん県 ………………………………101

営業（人的販売）………………………110
エイジング ………………………………70
エクイティファイナンス ………………226
エコツーリズム …………………………194
演出された真正性（Staged Authenticity）…68

オウンドメディア ……………………121
オムニチャネル ………………………136
オリックス …………………………52, 210

索引　267

■か
外国子会社・外国兄弟会社の業務範囲の拡大
　　　　　　　　　　　　　　　　　…232
階層性の原則 　………………………16
ガイドブック 　………………………111
外来企業中心型集積 　………………204
傘ブランド 　…………………………101
柏木千春 　……………………………243
カスタマー・ジャーニー 　……120, 132
株式会社NOTE 　……………………223
株式会社瀬戸内ブランドコーポレーション
　　　　　　　　　　　　　　　　　…224
簡易宿所 　……………………………221
環境的利害関係者 　…………………243
観光行動の目的 　………………………63
観光状況 　………………………………68
観光対象 　………………………………11
観光地域づくり法人 　…………………10
観光地のライフサイクル（The Tourism
　Area Life Cycle） 　………………184
観光デザイン 　…………………94, 105
観光の定義 　……………………………22
観光ビッグデータ 　……………………87
観光ファンド型集積 　………………223
観光まちづくり途上地域 　…………244
関西エアポート株式会社 　……52, 210
カンダまちおこし株式会社 　………233

記者クラブ 　…………………………116
絆 　……………………………………104
規制改革 　……………………………159
規制緩和型集積 　……………………215
帰属意識 　………………………………15
期待感 　…………………………………97
キュレーションサイト 　……………119
業務範囲規制 　………………………232
協力金 　…………………………………48
キルグレン, ダニエレ 　……………217
銀行業高度化等会社 　………………232
銀行法 　………………………………232

クールジャパン 　………………………93
クジラ株式会社 　……………………220
クチコミ 　…………………………129, 138
クックパッド 　………………………122
クライシス・マネジメント 　…………76

クリエイティブ戦略 　………………109
クレンジング処理 　……………………89
クロスチャネル 　……………………135

原産地呼称認証 　……………………199
原初の感動 　……………………………67

広域連携DMO 　………………………10
広告 　…………………………………109
合成の誤謬 　…………………………242
行動変数（ビヘイビアル） 　…………38
コーエン 　………………………………68
コーポレートゲームズ 　………………51
ゴールデンルート 　…………………110
コスト・リーダーシップ戦略 　……196
国家戦略特区法 　……………………221
古典的な組織管理の主要原則 　………16
コミュニティ・ベースド・ツーリズム　193
固有価値 　………………………………69
コンセッション 　………………52, 209
コンタクトポイント 　…………130, 134
コンテンツ・マーケティング 　……137
コンバージョン（Conversion） 　…108
コンベンションオーガナイザー 　…112

■さ
サイモンソン 　………………………137
讃岐うどん 　…………………………100
差別化戦略 　…………………………196
サマリー効果 　…………………………93
さるくガイド 　………………………193
サン・セバスチャン 　…………………50
産業クラスター 　……………………196

シェアードメディア 　………………122
自家用有償旅客運送 　………………162
事業者協力型自家用有償旅客運送 　…163
シニアローン 　………………………226
シビックプライド 　…………………103
しまなみ海道サイクリングロード 　…208
社会サービスプロバイダー 　………209
社会的価値 　…………………………105
住宅宿泊事業法案（民泊新法） 　…161
出資規制の緩和 　……………………232
シュルツ 　………………………………41
情景再現展示 　…………………………70
消費者の旅行目的 　……………………97

人為的（Contrived）……………………69
シングルチャネル ……………………135
人口統計的変数（デモグラフィック変数）…37
真正（Authenticity）……………………68
真正性の否定（Denial of Authenticity）…68
真正な物語 ……………………………71
身体的価値 ……………………………34
心理的変数（サイコグラフィック変数）……38

鈴木道夫 ………………………………80
ステルス・マーケティング ……………141
ストルターマン, エリック ………………144

政治的リスク …………………………32
精神的価値 ……………………………34
生成 AI ………………………………238
セクスタンティオ（Sextantio）社 ……217
セグメント ………………………………74
絶対価値 ……………………………137
せとうち DMO ………………………114, 223
せとうち観光活性化ファンド …………223
瀬戸内国際芸術祭 ……………………49
瀬戸内ブランド推進連合 ……………209
全国通訳案内士試験 …………………159
専門化の原則 …………………………17
戦略的利害関係者 ……………………242

そうだ 京都、行こう。 ………………109
ソンクラーン ……………………………84

■た
高島市新旭町針江地区 ………………194
高山市 …………………………………82
他業銀行業高度化等会社 ……………233
妥協効果 ……………………………137
竹富島 …………………………………48
ダッシュボード ………………………149
立山黒部アルペンルート ……………207
田辺市熊野ツーリズムビューロー ……40
タネンバーム ……………………………41
旅アト ……………………………104, 129
旅ナカ ………………………………128
旅マエ ……………………………104, 127
探索的な分析 …………………………89

地域 DMO ……………………………10
地域エコシステム ……………………13

地域経営 ………………………………10
地域自然資産法 ………………………48
地域性 ………………………………101
地域創発型集積 ……………………199
地域団体商標制度 ……………………99
地域連携 DMO ………………………10
知覚価値 ……………………………104
地理的変数（ジオグラフィック変数）…36
チャールストン ……………………75, 76
中核的利害関係者 …………………242

ツーリズムクラスター ………………196

ディスカバリー広告 …………………132
デジタル・トランスフォーメーション
　（Digital Transformation）…………144
デスティネーション・ブランド ………92
デスティネーション・マネジメント …157
統合型マーケティング・コミュニケーション …41
統合型リゾート ………………………53
ドクシー, G …………………………180
特定複合観光施設 ……………………53
豊岡観光イノベーション ……………146
トラベル・トレード …………………128
トラベル＆レジャー …………………113
トリップアドバイザー ………………122
トリプルメディア ……………………120

■な
ナショナルジオグラフィックトラベラー
　……………………………………76, 114
南部靖之 ……………………………204

西村幸夫 ………………………………60
日本三名泉 …………………………151
入域料 …………………………………48
ニューヨーク市観光局（NYC & Company）…91
ニューヨークタイムズ ………………113
認知度 …………………………………96

ヌエバ・コッシーナ（新しい食）………50

■は
パーチェス・ファネル ………………126
パイク …………………………………29
橋本和也 ……………………………178

索引　269

パソナグループ	204	ミッション	30
バトラー, リチャード	184	未来投資会議	165
パブリシティ	114	民泊	221
パブリック・リレーションズ（PR）	114		
パリ市会議・観光局（OFFICE DU TOURISME ET DES CONGRÈS DE PARIS）	91	室岡祐司	244
		命令一元化の原則	16
バルニバービ	204	メザニンローン	226
ハワイ・ツーリズム・オーソリティ	195	メディア戦略	109
バンパー広告	132		
販売促進	109	モド, クレイグ（Mod, Craig）	114

■や

必須 KPI	31	矢掛屋	223
平田オリザ	49	矢崎浩一	222
		安島博幸	33
ファムトリップ	110	安村克己	68
風俗	49	山谷佳之	210
ブーレーズ, ピエール	67		
ふくいヒトモノデザイン株式会社	235	優先株式	226
富士山保全協力金	48		
付随業務の拡大	232	吉野山	48
二神恭一	197		
プッシュ・モチベーション	65	■ら	
プル・モチベーション	65	ラスキン, ジョン	69
ブレジャー	22		
プレスカンファレンス	116	リサーチャー	119
プレスリリース	115	リトビン（Litvin）	76
分子調理法	50	利用料金	52
		旅行形態	73
ペイドメディア	122	旅行者	29
		旅行者のまなざし	195
訪問意向度	96		
ポーター, マイケル	196	レシピのオープンソース化	50
ぽけかる倶楽部	75	レスポンシブ・デザイン	121
堀野正人	70	レップ事務所（レプレゼンタティブ・オフィス：代表事務所）	110
		レブパー（Rev. per）	149
■ま			
マークセン, アン	197	ローゼン	137
前田建設工業	53, 212	ロータボーン	41
マスターズ甲子園	51	ローミングデータ	88
増田辰良	69	魯迅	72
まち・ひと・しごと創生総合戦略	159		
まち全体が1つの大きな温泉旅館	150	■わ	
マネジメント・コンサインメント（Management Consignment）方式	249	ワーケーション	22
マルチチャネル	135		
まんべくん	141		

あとがき

　この本の企画は2019年5月に学芸出版社の前田裕資さんに持ち込んだことから始まりました。出版の意図は「はじめに」に記したとおりなのですが、翌年からのパンデミックで人の流れが止まり、執筆を中断することにしました。コロナ禍が明け、人の動きが見えてきた2022年から再度書き出したのですが、当初から数えると足掛け5年となり、前田さんには辛抱強く待っていただきました。深く感謝申し上げます。

　観光産業は、災害も含め外からの影響を受けやすい産業だと思います。しかし、Go Toトラベルなど旅行をしてもいいというシグナルが出され、右肩上がりに宿泊者数が増えていく様をみると、旅行に対する欲求の強さに改めて驚きもしました。2023年以降のインバウンドの急激な回復も、「移動すること」「未知の文化や景観に対する好奇心」という人間の根源的な欲求の強さを示すものだと思います。

　こうした人々の「満たされざる欲求」を地域に還元することが、観光による地域活性化ですから、その役割を担うDMOと観光行政は高い志をもって「観光の真の産業化」にあたらなければなりません。

　本書の再校をしていた9月末に観光庁がDMOの登録要件を見直し、「観光地経営戦略」の策定を必須として戦略の中で求めるKPIも変更することが会議で出されました。その内容は、マーケティング力であり、組織経営力であり、利害関係者をマネジメントする力を求めるものと言えます。私は、本書がこうした観光地経営を担う皆さん方の肥やしになることを願っています。

　出版にあたっては、九州産業大学の宰岡裕司さん、大正大学の柏木千春さんに原稿を読んでいただき様々な指摘を頂きました。瀬戸内ブランドコーポレーションの井坂晋さんには金融分野における私の知識不足を補って頂きました。紙幅の都合でお一人おひとりのお名前は書けませんが、多くの方にご指導・ご協力を頂きましたこと、この場を借りて感謝申し上げます。

2024年10月24日　髙橋一夫

■著者略歴

高橋一夫（たかはし かずお）

近畿大学経営学部教授（同大学院商学研究科教授）
1959年生まれ。大阪府立大学大学院経済学研究科博士前期課程修了。1983年JTB入社、西日本営業本部営業開発部長、東日本営業本部イベント・コンベンション営業部長、コミュニケーション事業部長を歴任。2007年から流通科学大学教授、2012年より現職。スポーツコミッション関西の幹事として「ワールドマスターズゲームズ関西2027」を招致。2020年より東大阪市のDMOである（一社）東大阪ツーリズム振興機構の理事長を兼職。
主な編著書に『DMO観光地経営のイノベーション』（日本観光研究学会賞（2017年度著作賞）受賞）、『1からの観光事業論』、『CSV観光ビジネス』（日本観光研究学会賞（2015年度著作賞）受賞）、『旅行業の扉』（(公財) 日本交通公社「一度は読みたい観光研究書＆実務書100冊」（2016年）選定）、『観光のマーケティング・マネジメント』、『観光のビジネスモデル』など。

［本書ホームページ］
https://book.gakugei-pub.co.jp/gakugei-book/9784761529154/

DMOと観光行政のためのマーケティングとマネジメント

2024年12月10日　第1版第1刷発行

著　者　高橋一夫
発行者　井口夏実
発行所　株式会社学芸出版社
　　　　京都市下京区木津屋橋通西洞院東入
　　　　電話 075-343-0811　〒600-8216
　　　　http://www.gakugei-pub.jp/
　　　　info@gakugei-pub.jp
編集担当　前田裕資
組版担当　真下享子
装　丁　美馬智
印　刷　イチダ写真製版
製　本　新生製本

JCOPY　〈(社)出版者著作権管理機構委託出版物〉
本書の無断複写（電子化を含む）は著作権法上での例外を除き禁じられています。複写される場合は、そのつど事前に、(社)出版者著作権管理機構（電話 03-5244-5088、FAX 03-5244-5089、e-mail: info@jcopy.or.jp）の許諾を得てください。
また本書を代行業者等の第三者に依頼してスキャンやデジタル化することは、たとえ個人や家庭内での利用でも著作権法違反です。

Ⓒ 高橋一夫 2024　　　　　　　　　　Printed in Japan
ISBN 978-4-7615-2915-4